*A*ls Präsident der Balearischen Landesregierung empfinde ich Stolz und Genugtuung über das Erscheinen des vorliegenden Fernsehbegleitbuches zu der ZDF-Serie „Hotel Paradies". Stolz und Genugtuung, weil Absicht und Leitfaden der Serie mit den politischen Richtlinien unserer Landesregierung in Sachen Fremdenverkehr voll übereinstimmen.

Wir wollen die wachsenden Ansprüche unserer Besucher erfüllen. Wir bemühen uns um den organischen Ausbau eines Angebots von Golfplätzen und Sporthäfen. Wir entwickeln „Urlaub auf dem Lande" in alten Fincas. In Anbetracht der ZDF-Serie dürfen wir feststellen, daß Produzent, Autor und Regisseur und alle, die daran mitwirken, mit uns im Bunde sind.

„Hotel Paradies" macht das Miteinander von anspruchsvollem Tourismus und volkstümlicheren Urlaubsvorstellungen deutlich und gibt ein getreues Bild der Vielschichtigkeit unserer Gästeschar. Wir haben die feste Absicht, die jährliche Besucherzahl von siebeneinhalb Millionen Gästen zu halten. Unsere ökologischen und geographischen Gegebenheiten aber zwingen uns, weiteres quantitives Wachstum zu bremsen und unser Augenmerk auf kleinere Urlaubergruppen zu richten, die höhere Ansprüche an uns stellen. Das würde unseren Inseln auch wirtschaftlich nutzen.

Das Modell, das „Hotel Paradies" auf dem Bildschirm in der Bundesrepublik und anderen Ländern zeigt, entspricht dem Modell der Landesregierung, dem Modell, das unsere Zukunft definiert.

Wir wollen nicht nur Sonne und Sand ins Feld führen, sondern auch die andere Seite des Tourismus mit allen Schönheiten unserer Inseln: Die weiten Naturlandschaften, die wir mit unserer Umweltpolitik schützen, unsere Berge, das Meer mit all seinen Chancen für Sport und Erholung.

Wenn Mallorca als Rahmen für das „Hotel Paradies" gewählt wurde, wollen wir das „Mallorca-Paradies" schaffen, das Urlauber aus ganz Europa genießen können: Ein Paradies mitten im Mittelmeer.

Gabriel Cañellas Fons
Präsident der Balearischen Landesregierung

VORWEG GESAGT

Mallorca ist eine Insel mit zwei offiziellen Landessprachen: Kastilisch („Spanisch") und Katalanisch („Mallorquin"). Wie es dazu kam, steht auf Seite 126. Viele Bezeichnungen und viele Ortsnamen auf Mallorca ändern sich laufend. Aus Deya wurde Deiá. Aus San Telmo wurde Sant Elm, aus Lluch wurde Lluc, usw. Wir haben die Schreibweise verwendet, die 1989 am gebräuchlichsten war.

Eine Liste der alten und der neuen Ortsnamen finden Sie auf Seite 220. Dort haben wir auch andere Begriffe in beiden Sprachen aufgeführt und übersetzt.

Straßen heißen mal Calle, dann wieder Carrer. Beides wird von den Mallorquinern gleich abgekürzt: C/. Straßenname und Hausnummer werden durch ein Komma getrennt. (s/n heißt: ohne Hausnummer). Ctra. ist die Abkürzung für Carretera und heißt Landstraße.

Bedenken Sie: Die Öffnungszeiten, die wir angeben, stimmten 1989. Sie können sich auf Mallorca schnell ändern. Dasselbe gilt für die Telefonnummern. Leider.

Mallorca hat eine einheitliche Vorwahl, es gibt keine Ortsnetzkennzahlen. ☎-Vorwahl Mallorca: 003471

ZEITGEIST VERLAG

© 1990 by

ZEITGEIST VERLAG
Hubert Bücken GmbH
Rheinallee 119
4000 Düsseldorf 11
Tel. 0211-556255

Vertrieb: Geo Center München (D)
Dr. Hain Wien (A)
AZED Basel (CH)

ISBN 3-926224-20-7

Das Titelfoto zeigt das Landhaus S'Estaca zwischen Deiá und Valldemossa (➜ S.118)

Herausgegeben
von **GRIT BOETTCHER**

Autoren: GABRIELE KUNZE
Hansjochem Kunze
Hubert Bücken
Ernst A. Rauter
Axel Thorer
Wolfram Seifert
Claudia Lück
Regina Goldlücke
Ulrich Heinemann-Rufer
Herbert Heinrich
Kirsten Coburger
Susanne Jacobshagen
Beatrice von Witzleben
Herbert Lichtenfeld
Grit Boettcher
Frank Elstner
Heinz Winkler
Klaus Wildbolz
Knut Hinz
Michael Prinz von Preussen
Krystian Martinek
Sandra Kreisler
Tony Marshall

Redaktionelle
Mitarbeit: Claudia Lück
Erika Heinemann-Rufer

Layout: Rudolf Schulz

Grafische
Gestaltung
und Gesamt-
herstellung: Udo Ring und Monika Sack,
Publishing Partner Bochum

Umschlag-
gestaltung: Udo Ring

Titelfoto: Peter Langenbach

Illustrationen: Ingrid Mizsenko

Druck: pdc Paderborn

DER INHALT

GRIT BOETTCHER:

WILLKOMMEN IM

HOTEL PARADIES

Unser Hotel ist ein Traum, entstanden in der Phantasie eines Autors. Sie werden es, wenn Sie nach Mallorca kommen, vergeblich suchen. In der Serie wird auch nicht gesagt, in welchem Ort es stehen soll.

Viele werden erkennen, daß ein großer Teil der Aufnahmen in Deiá gemacht wurde, dem romantischen Künstlerdorf im Nordwesten der Insel. Kaum verändert seit Jahrhunderten und von tausend Meter hohen Bergen umrahmt. Ein Dorf, das so ganz anders ist, als die Urlaubsorte, von denen das falsche Image der Insel geprägt wurde.

Auch ich hatte Fotos überfüllter Strände vor Augen. Und ich war immer wieder verblüfft, wieviele unberührte Landstriche diese Insel hat. Ich habe nicht gewußt, daß es auf Mallorca im Winter schneebedeckte Gipfel gibt und im Sommer Buchten, in denen man über Stunden alleine sein kann.

Ein Vierteljahr werden Sie durch das Fernsehen zu Gast sein im HOTEL PARADIES. Ich heiße Sie herzlich willkommen. Und auch wenn es das Hotel in dieser Form nicht gibt: Die märchenhaften Landschaften, die freundlichen Menschen, die wunderschönen Strände - das ist Mallorcas Realität. So nah für alle, die die Sonne suchen - zwei Stunden Flug nur ab Deutschland.

Zu diesem Buch: Viele Autoren und Fotografen haben daran mitgearbeitet. Es informiert Sie aktuell und umfassend. Und es räumt auf mit vielen Vorurteilen. Denn Mallorca ist anders als sein Ruf. Selbst dort, wo es Auswüchse gab, wird der Korrekturhebel angesetzt: in den Neunziger Jahren wird vieles auf der Insel anders werden.

Jetzt ist der beste Zeitpunkt, die Sonneninsel kennenzulernen oder wiederzuentdecken. Ich bin sicher: Auch Sie finden Ihr ganz persönliches HOTEL PARADIES.

Die Hoteliersfamilie Lindemann vor dem Hotel Paradies. Von links: Sohn Michael (Patrick Winczewski), Opa (Friedrich W. Bauschulte), Max Lindemann (Klaus Wildbolz), Oma (Jane Tilden), Lisa Lindemann (Grit Boettcher) und der gehbehinderte Sohn Frank (Axel Malzacher).

DIE HANDLUNG

Gedreht wurde 1988 und 1989. Dann waren 26 Folgen der Serie HOTEL PARADIES im Kasten. Erster Sendetermin: 16. Januar 1990. Das muntere und oft dramatische Geschehen in Kurzform:

Eine verträumte Bucht, dahinter die mallorquinischen Berge. Hier, im HOTEL PARADIES, sind Max und Lisa Lindemann zu Hause. Das deutsche Ehepaar sorgt für das Wohl seiner Feriengäste, nimmt Anteil an ihrem Leid und Glück und wird oft genug selbst in Abenteuer verstrickt.

Zum Familienclan gehören die beiden Söhne Frank - er sitzt nach einem tragischen Unfall im Rollstuhl - und Michael, der sich lieber durchs Leben blödelt, anstatt die Zeit mit Arbeit zu vertun. Opa Lindemann, längst Rentner, bringt indes die Familie immer wieder mit seiner Pingeligkeit und listigem Starrsinn auf die Palme. Mit wahrer Wonne aber streitet er sich mit Lisas Mutter, der „Zimtziege". Im großen und ganzen indes herrschen paradiesische Zustände im HOTEL PARADIES.

Doch kann der Frömmste nicht in Frieden leben, wenn es dem bösen Nachbarn nicht gefällt. In diesem Fall ist das der dicke Kroll.

Vor vielen Jahren hat er das HOTEL PARADIES an die Lindemanns verkaufen müssen. Jetzt will er es zurück haben. Jeder faule Trick ist ihm willkommen, um die Besitzer zum Verkauf zu zwingen. Mal kauft Kroll den Fischern ihren gesamten Fang ab, so daß der Küchenchef vom HOTEL PARADIES mühsam ein Mittagessen improvisieren muß. Mal macht er sich am Wasserwerk zu schaffen, so daß morgens die Duschen trocken bleiben. Max Lindemann hat alle Hände voll zu tun, die Attacken des dicken Kroll abzuwehren.

Dann taucht Rosita auf. Sie hatte sich einst von ihrem Ehemann Kroll getrennt und wurde jetzt selber von ihrem argentinischen Liebhaber verlassen. Kroll zeigt sein wahres Gesicht: Ein einsamer Mann, vernarrt in seine Ehefrau Rosita, aber zu stolz, um über den eigenen Schatten zu springen. In seiner Not wendet sich Kroll ausgerechnet an den Menschen, den er haßt und von Herzen um sein Glück beneidet: an Max Lindemann. Und Max hilft.

Er, ein tüchtiger wenn auch nicht immer sieghafter Held, kämpft sich durch den Alltagsärger eines Hoteliers. Wütend reagiert er allerdings, als sich sein Sohn Michael in die ebenso schöne wie manchmal zickige Kroll-Tochter Sarah verguckt. Aus dem Flirt wird eine ernsthafte Liaison.

Und dann geschieht das Unvorstellbare. Lisa Lindemann, die brave Ehefrau, der gute Engel vom HOTEL PARADIES, geht eigene Wege. Die Hobbymalerin wird von dem neuen, smarten Geschäftsführer des Hotels, Phillip Jasny, als echte Künstlerin entdeckt. Eine erste Ausstellung ihrer Bilder beschert der attraktiven Lisa neben Ruhm und Geld auch die Begegnung mit ihrem ehemaligen Kunstprofessor und Liebhaber Gregor Dellbrück. Max versteht die Welt nicht mehr: Plötzlich muß er Lisas „Gemale" als Kunstwerk akzeptieren und sie obendrein mit einer ganzen Schar von Verehrern teilen.

Dabei hat die adrette Lisa eigentlich mehr als genug zu tun mit Buchhaltung, Management und Gästebetreuung. Auch sorgt sie sich um ihren Sohn Frank. Überraschend begegnet er dem Mädchen wieder, das vor Jahren seinen Badeunfall verursachte. Natalie ist entsetzt, als sie Frank im Rollstuhl wiedersieht. Zudem wird sie von den Lindemanns mehr als ablehnend empfangen. Und doch soll dieses junge Mädchen für Frank zu einem doppelten Glücksfall werden.

Sorgen bereitet auch ein geheimnisvolles Pärchen, das sich im HOTEL PARADIES eingenistet hat. Der Mann, Jens Hartmann, taucht fanatisch nach einem legendären Goldschatz in dem gesunkenen Frachter vor der Küste. Die Frau, Renate Feller, hat eine mysteriöse Beziehung zum Autoverleiher Harald Kuhn, einem Versicherungsbetrüger. Wiederholt muß Kuhn vor Versicherungsagenten und Erpressern fliehen. Michael Lindemann, dessen Herz für rassige Motoren und Mädchen schlägt, freundet sich mit Kuhn an und entdeckt sein Geheimnis ...

Und was treibt Opa? Der wandelt auf Freiersfüßen. Und Oma findet das ganz herrlich!

Irgendwann allerdings merkt Lisa Lindemann: ein Hotel gut zu führen, für die Familie und die Gäste dazusein, und auch noch eine Karriere als Malerin anzustreben - das geht über ihre Kräfte. Max löst das Problem auf elegante Weise ...

Sie mögen sich nicht. Das behaupten die beiden alten Herrschaften zumindest. Opa Lindemann (Friedrich W. Bauschulte) ist der Vater von Hotelier Max. Und Oma (Jane Tilden) die Mutter von Lisa. Beide sind verwitwet. Warum das Bild gar nicht nach Haß aussieht? Nun, die Serie hat 26 Folgen. Und da können sich zwei Menschen, jeder für sich liebenswert, ja nicht immer nur angiften. Im Gegenteil: irgendwann wird man denken, die jungen Leute können von ihnen noch was lernen. In Punkto Liebe und so.

Dreitausend Maler soll es auf Mallorca geben. Und Lisa Lindemann (Grit Boettcher) ist die 3.001te. Sie entdeckt ihr altes Maltalent wieder. Max Lindemann (Klaus Wildbolz) fragt sich allerdings, warum ausgerechnet Sarah Kroll (Sandra Kreisler) das Modell sein muß. Sie ist zwar die Freundin ihres Sohnes Michael. Aber auch die Tochter ihres ärgsten Konkurrenten. Immerhin, das Gemälde scheint Lisa gut zu gelingen. Jedenfalls wird's geklaut.

Zwischen Frank Lindemann (Axel Malzacher) und Natalie (Daniela Lohmeyer) hat es gefunkt. Beide kennen sich seit Jahren, hatten sich aber aus den Augen verloren. Natalie erfährt erschrocken, daß Frank mittlerweile behindert ist. Er kann sich allenfalls an Krücken fortbewegen, die meiste Zeit aber sitzt er im Rollstuhl. Das Mädchen erinnert sich an einen Unfall vor einigen Jahren. Frank war damals ihr Retter. Zahlte er für seinen Mut so teuer? Aber noch ist zum Glück nicht aller Serien Ende ...

Ein Gläschen in Ehren: Lionel Horck, ein reicher Kunstmäzen, der auf der Insel lebt, bittet zu einer Vernissage. Horck (Ivan Desny) hat eine junge Künstlerin entdeckt und gefördert. Erstmals werden ihre Bilder gezeigt. Butler-Darsteller Chris Howland hat zu Mallorca übrigens eine besondere Beziehung: Er hatte hier schon Anfang der Sechziger Jahre ein Hotel aufgebaut - die Villa Columbus in Paguera. Heute gehört es seiner Ex-Frau.

Wolfgang Wahl, der nette Nachbar aus der „Schwarzwaldklinik", spielt diesmal den Serienbösewicht Agostos Kroll. Und Caterina Valente , die gut behütet auf Palmas altem Marktplatz Plaza Mayor steht, ist seine Filmehefrau. Beide hatten sich zerstritten, lebten getrennt. In der Serie geht der Streit weiter – bis zum Happyend.

Ein frisch getrautes Paar verläßt die romantische Kirche von Port d'Andratx. Zwei Angestellte des HOTEL PARADIES' haben nach vielen Schwierigkeiten geheiratet: Anna, die spanische Tochter des Chefkochs, und Tommy, ein junger Deutscher. Er hatte sich mit einem kleinen Schwindel die Stelle im Hotel erschlichen. Die Darsteller: Alexandra Wilke und Bobby Hirsch. Der Pfarrer ist echt.

Mit allen Mitteln will Großhotel-Besitzer Kroll das kleine Hotel der Lindemanns schlucken. Nur mit einem hat er nicht gerechnet: Daß sich sein Töchterchen Sarah (Sandra Kreisler) ausgerechnet in Michael Lindemann (Patrick Winczewski) verliebt.

Einer der schönsten Plätze für ein Dinner for Two: die Terrasse des Hotels Villa Italia in Port d'Andratx. In der Bucht schaukelt die Dschunke, die zum Hotel gehört, und hinter der Landzunge grüßt die unbewohnte Insel La Dragonera. Aber dafür hat Dr. Andreas Helm (Karl Heinz Vosgerau) sicher keinen Blick. Er hat seine neue große Liebe Katinka (Irina Wanka) groß zum Essen eingeladen. Beide sind Gäste im HOTEL PARADIES.

Krimi Nummer zwei: Nachdem häufig Geld aus dem HOTEL PARADIES verschwunden ist, stellt Max Lindemann dem Dieb eine Falle. Und wer tappt hinein? Ausgerechnet die gehbehinderte alte Frau Findeisen. Aber wer hätte das gedacht: die Falten und das graue Haar sind nur eine Maskerade. Mutter Findeisen ist in Wahrheit eine berüchtigte junge Fassadenkletterin (Heidi Brühl).

Krimi Nummer eins: Harald Kuhn (Eike Domroes) hat auf der Insel einen Autoverleih mit Reparaturwerkstatt aufgemacht. Eines Tages kommt ein Mensch namens Ewald Stronk (Diether Krebs) in seinen Laden. Und er erkennt: „Mensch, du bist doch Klaus Feller." Offensichtlich ist er einem Versicherungsbetrug auf die Schliche gekommen. Er wird zum Erpresser, läßt sich sein Wissen abkaufen. Lange hat er allerdings nichts davon.

Krimi Nummer drei: Der Taucher Jens Hartmann (Krystian Martinek) hat den ersten Goldbarren aus einem gesunkenen Schmuggelfrachter geborgen. Da taucht ein Polizeiboot auf. Im Beisein seiner Freundin Renate Feller (Andrea L'Arronge) muß er den Fund zurück ins Meer fallen lassen.

Es wird viel geliebt im HOTEL PARADIES. Das Herz von Hotelmanager Philip Jasny (Juraj Kukura) entflammt heftig für die hübsche Galeristin Gabriela (Monika Woytowicz). Nun ist der etwas undurchsichtige Philip wirklich ein Frauentyp, und sogar Lisa Lindemann fühlt sich in der Gegenwart ihres Geschäftsführers sichtlich wohl. Kein Wunder, daß Ehemann Max bald wilde Eifersuchtszenen inszeniert.

Das Hipplemädchen Isolde (Anja Jaenicke) streift unglücklich und rastlos durch Mallorcas Berge. Zwar hat sie der reiche Kunstmäzen Horck eingeladen und ihr alle Möglichkeiten geboten, ungestört zu malen. Aber Isolde wird von einer inneren Unruhe getrieben. Im Gebirge trifft sie den Ziegenhirten Alfonso (Gaspar Cano), der so schön auf der Flöte spielen kann. Isolde fühlt sich zum erstenmal verstanden und geborgen.

DIE DARSTELLER

Joerg Adae • Charlotte Adami • Jale Arikan • Claudia Arnold • Jan Arnod • Robert Atzorn • Gerd Baltus • Klaus Barner • Friedrich W. Bauschulte • Vincenzo Benestante • Edgar Bessen • Julia Biedermann • Roberto Blanco • Lothar Blumhagen • Elert Bode • Grit Boettcher • Kornelia Boje • Victoria Brams • Volker Brandt • Franziska Bronnen • Christian Brückner • Heidi Brühl • Claudia Butenuth • Gaspar Cano • Eva Christian • Ivan Desny • Peter Doering • Eike Domroes • Martin Dreyer • Gernot Endemann • Beate Finckh • Karin Frey • Gisela Fritsch • Michael Gahr • Dolores Gaos • Rudolf Geske • Fernando Gomez • Henriette Gonnermann • Ilona Grübel • Michael Günther • Michael Habeck • Alfons Haider • Fritz Hammer • Edith Hancke • Gert Haucke • Gabi Heinecke • Dagmar Hellberg • Wilfried Herbst • Klaus Herm • Alexander Herzog • Knut Hinz • Bobby Hirsch • Christoph Holthaus-Kuschel • Chris Howland • Anaid Iplicjian • Anja Jaenicke • Dorothea Kaiser • Pablo Kamolz • Maria Ketikidou • Nino Korda • Diether Krebs • Sandra Kreisler • Lisa Kreuzer • Eva Krutina • Juraj Kukura • Andrea L'Arronge • Claudia Lehmann • Ramona Leiss • Daniel Lohmeyer • Walo Lüönd • Regine Lutz • Lutz Mackensy • Axel Malzacher • Andreas Mannkopff • Georg Marischka • Krystian Martinek • Louise Martini • Alexander May • Gottfried Mehlhorn • Folkert Milster • Joachim Müller • Horst Naumann • Thomas Naumann • Isabel Navarro • Julia Novi • Thomas Ohrner • Ilse Pagé • Tommy Piper • Bettina Redlich • Ursula Marie Rehm • Knut Reschke • Elke Riekhoff • Jophi Ries • Claudia Rieschel • Brigitte Rokohl • Franz Rudnick • Kay Sabban • Jürgen Schilling • Rotraud Schindler • Peter Schlesinger • Christoph Schobesberger • Hans Christoph Schödel • Frank Schröder • Erik Schumann • Ulrike Schwarz • Eike Schweikhardt • Peter Seum • Klaus Sonnenschein • Juan Tabasco • Herbert Tennigkeit • Karin Thaler • Carin Tietze • Jane Tilden • Caterina Valente • Albert Vidal • Karl Michael Vogler • Reinhard von Hacht • Karyn von Ostholdt • Sharon von Wietersheim • Karl Heinz Vosgerau • Wolfgang Wahl • Irina Wanka • Angelika Wehbeck • Alexandra Wilck • Klaus Wildbolz • Patrick Winczewski • Monika Woytowicz • Katja Woywood • Helmuth Zierl •

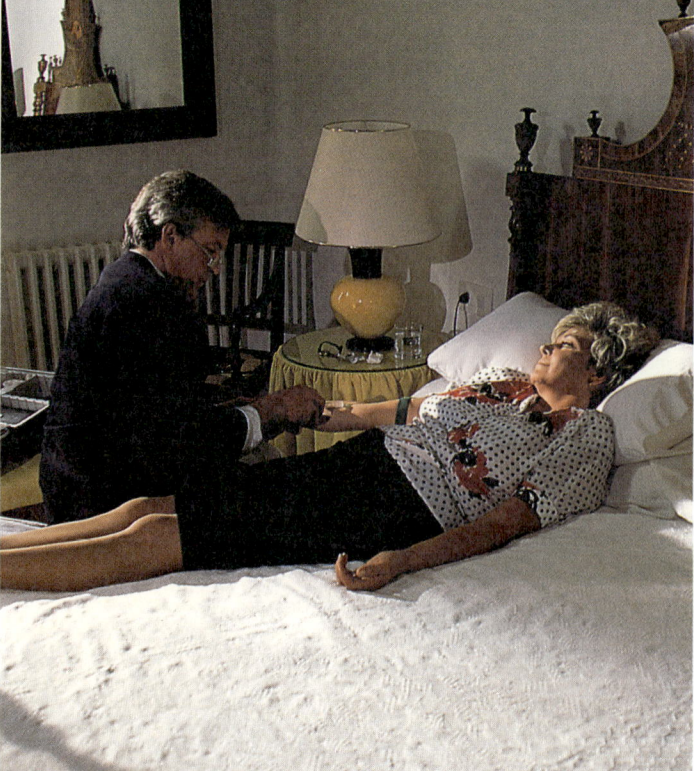

Ein optimistischer Mensch ist Jonas Rowalt (Robert Atzorn), Gast im HOTEL PARADIES. Und Glück hat er außerdem: nicht nur ein prachtvoller Fisch geht ihm an die Angel, sondern auch Renate Feller (Andrea L'Arronge). Renate hat in der Serie einen eindrucksvollen Männerverschleiß. Kein Wunder, daß sich die Polizei für sie interessiert. Und da ist es gut, daß Jonas einen guten Anwalt kennt.

So mußte es ja kommen: Lisa Lindemann (Grit Boettcher) ist zusammengebrochen. Die Sorge um Familie und Gäste, die Malerkarriere, der Ärger mit dem Konkurrenten Kroll und die Eifersucht von Max, das alles ging über ihre Kräfte. Der Arzt kommt, gibt ihr eine Spritze. (Er wird übrigens gespielt von Michael Günther, dem Regisseur der zweiten Staffel.)

Mallorca hat viele Höhlen. In einer lebt der Einsiedler Manfred (Alexander May, r.). Oftmals, wenn's im HOTEL PARADIES größere Probleme gibt, flüchten sich Ratsuchende zu ihm. Tourist Schmundt (Gert Haucke), ein widerlicher Angebertyp, ist dagegen ganz unfreiwillig zum Gast des Einsiedlers geworden. Trotz aller Warnungen fuhr er mit einem Straßenkreuzer durchs Gebirge und blieb prompt hängen.

Was wäre eine Urlaubsserie ohne hübsche Mädchen? Bea (Katja Woywood) ist mit ihrem Vater zu Gast im HOTEL PARADIES. Aber der komische Kauz sieht nur Kreuz Dame und Pik Dame. Sein Töchterchen langweilt sich fürchterlich. Andere Väter, das merkt Bea, sind da von ganz anderer Art ...

Max Lindemann hat einen heroischen Entschluß gefaßt - Lisa zuliebe. Er feiert ihn mit allen Freunden und Mitarbeitern im Zug von Palma nach Sóller. Auf dem Aussichtsplateau auf halber Strecke ist ein Buffet aufgebaut. Alle scheinen plötzlich versöhnt: die Lindemanns, Oma und Opa, Herr Kroll und Gattin Rosita. Mallorcas Klima ist eben prima für die Liebe.

DIE FERNSEH-HOTELS

Das **HOTEL PARADIES** gibt es auf Mallorca nicht. Es wurde vom ZDF geschickt zusammengestellt: von dem einen Hotel die Küche, vom anderen den Park, vom dritten die Zimmer. Hier sind alle Hotels, in denen das Fernsehen filmte.

HOTEL LA RESIDENCIA

DEIÁ
TEL. 639011

Wenn man von Sóller aus nach Deiá hineinfährt, ist es eines der ersten Häuser am Dorfrand. „Früher", sagt Hoteldirektor William Schüler, ein Franzose, „standen hier zwei Bauernhäuser, das eine von 1780, das andere von 1880."

Die Fassaden stehen immer noch. Nur innen, da wurden die Gebäude ausgehöhlt. Es wurden Wände gezogen, Bäder eingebaut, Bodenfliesen und Teppiche in alle Räume gelegt. Man trug Antiquitäten aus ganz Spanien zusammen, möblierte jedes der fünfzig Zimmer individuell. Den Wandschmuck lieferten mallorquinische Maler. Fünf-

zig Originale, sagt William Schüler, hängen in den Räumen. Nachschub gibt's notfalls aus der hoteleigenen Galerie, in der die Maler des Dorfes gerne ausstellen. Sie ist auch Drehort: im Fernsehen wurde aus ihr die Galerie Gabriela.

Das Residencia ist vor acht Jahren eröffnet worden, gebaut von dem Berliner Axel Ball (➔ S. 146). Der hatte zuvor schon das Hotel Es Moli am anderen Ende des Ortes konzipiert. Mittlerweile gehört das Residencia überwiegend dem englischen Plattenkonzern Virgin.

Es liegt nicht am Meer. „Zehn Minuten", so Schüler, „braucht der

Bus bis zum Hotelstrand." Wer es bequemer mag: Das Hotel hat einen Pool, in dem man Bahnen von 32 Metern ziehen kann, ohne zu wenden.

Das Hotel ist ein Haus mit vier Sternen. Bei fünf, lächelt der Direktor, seien die Steuern dreimal so hoch, und außerdem müsse man dann auch noch nachts um vier ein Steak aufs Zimmer bringen, wenn es der Gast wünscht. Trotzdem halten viele Menschen, sogar die von der Konkurrenz, das Residencia für das schönste und exklusivste Hotel Mallorcas. Es ist auch eines der teuersten. Durchschnittspreis 20.000 Pesetas pro

Vorbild und Drehort für HOTEL PARADIES: La Residencia im Bergdorf Deiá. Bis zum Strand sind es allerdings fünf Kilometer.

Nacht inclusive Frühstück. Der Preis gilt für zwei Personen - aber wer kommt in dieses Traumhotel schon alleine?

Gedreht wurde in der Küche des Hotels, in der Galerie und im Innenhof. Außerdem war das ZDF von den Zimmern begeistert: Sie wurden im Studio in Berlin nachgebaut.

Im Restaurant El Olivo wird französische Küche serviert.

17

**HOTEL
ES
MOLÍ**

DEIÁ
TEL.
639000

keit ist das Meer zehn Fahrminuten entfernt. Und so klein, wie das Fernsehhotel ist das Hotel Es Molí auch nicht: Die Kameraleute haben geschickt immer nur die eine Hälfte des Hotels aufgenommen - den großen, neueren Trakt haben sie unterschlagen. Auch der Hoteleingang wurde verlegt. Er ist beim Es Molí direkt an der breiten Auffahrt. Das Fernsehen wählte dagegen einen Nebeneingang, der auf schnellem Weg in die Bar führt.

Soviel nur als Hinweis, damit keiner enttäuscht ist und glaubt, er hätte das falsche Hotel aufgesucht. Daß das Es Molí zu den besten Häusern der Insel gehört, steht auf einem anderen Blatt.

Es war - wie das Hotel Residencia am anderen Ende des Ortes - mal das Herrenhaus eines Bauernhofes. In den Sechziger Jahren kam der Berliner Architekt Axel Ball, damals Mitte zwanzig, auf den Gedanken: Die Sonne scheint auf Mallorca nicht nur am Strand. Und viele Menschen lieben die Romantik eines intakten Dorfes mehr, als den Trubel eines Badeortes. Er baute das Haus aus, zehn Jahre später kam ein neuer Trakt hinzu.

Das Haus hat neben luxuriösen Suiten auch noch relativ einfache

Filmszene am Pool des Hotels Es Molí: Drei Gäste beim Skat.

aber stilvolle Zimmer im alten Teil. Zu den billigsten Häusern der Insel zählt es nicht: Etwa 18.000 Peseten müssen fürs Doppelzimmer gerechnet werden. Immerhin ist es ein Vier-Sterne-Haus.

Einzelne Besucher, die sich das Hotel anschauen möchten, sind willkommen („Vielleicht kommen Sie ja als Gäste wieder.") Angst haben Frau Peters und ihr jugoslawischer Ehemann Ivo vor zu vielen Busbesuchern: „Sie könnten unsere Gäste belästigen. Da würden wir das Tor verschließen."

Aber wie gesagt: Das Es Molí ist ein Traumhotel. Jedoch nur ein Teil vom Hotel Paradies. Der Garten nämlich.

Die meisten Aufnahmen für die Serie HOTEL PARADIES wurden in Es Molí gemacht. Was vor allem daran liegt, daß das Es Molí einen der schönsten Gärten aller Hotels aufs Mallorca hat.

„Die Fernsehzuschauer werden sich trotzdem wundern, wenn sie denken, unser Haus sei das HOTEL PARADIES", sagt Hotelchefin Arne Peters, eine Hamburgerin. Und sie hat recht: Im Fernsehen liegt das Hotel direkt am Strand, in Wirklich-

Blick vom Kirchplatz aufs Hotel. Im Fernsehen wird der rechte Trakt weggeschnitten.

Das Schloß ist zwar 700 Jahre alt. Der mächtige Turm neben der Reception aber erst 200.

Im Fernsehen heißt es Parkhotel Kroll und gehört dem üblen Gegenspieler der netten Familie Lindemann.

In Wirklichkeit gehört es einer britischen Investment-Gesellschaft, die überwiegend in ägyptischer Hand ist. So einfach wie in einer Fernsehserie ist es in der Realität halt nie. Seit 1983 wird das Son Vida von der Hotelgruppe Sheraton gemanagt.

Das Hotel hat eine uralte Geschichte. Schon im 13. Jahrhundert wird das Schloß auf der Anhöhe erwähnt. Benannt ist es nach der Familie Vida, die allerdings schon vor etlichen Jahrhunderten das Zeitliche segnete.

1961 wurde das guterhaltene Schloß zu einem Hotel umgebaut. Es war das erste große Haus, das sich im Landesinneren etablierte. Man sieht zwar das Meer von der Terasse aus - aber davor liegt die Stadt Palma in ihrer ganzen Größe und malerischen Pracht. Um an einen Strand zu kommen, fährt man fünfzehn Minuten.

Doch kaum einer der Son Vida-Gäste möchte einen Strandurlaub machen. Zum Schwimmen gibt es drei Pools, und selbst die sind schwach frequentiert. Die meisten Gäste bringen nur eine Badehose, dafür aber ein Dutzend Schläger

mit, vornehmlich solche, mit denen man Golfbälle von der Stelle treibt. Der 18-Loch-Platz, der als erster auf der Insel entstand, ist zu Fuß in fünf Minuten zu erreichen.

Das Son Vida gehört zu den wenigen Fünf-Sterne-Hotels der Insel (Die anderen: Formentor, Melia de Mar Sol in S'Illetes, Valparaiso und Victoria Sol in Palma). Als einziges darf es sich noch ein GL für Grand Luxus anhängen. Das schlägt sich in den Preisen nieder: 15.400 Pts. kostet in der Hauptsaison das simpelste Einzelzimmer, 80.000

Pts. die Royal Suite. Pro Nacht. Zu den Menschen, die es sich geleistet haben, gehören John Wayne, Brigitte Bardot, Maria Callas, Steve McQueen, Montgomery Cliff sowie die Könige Ibn Saud, Feisal und Kaiser Haile Selassi. Die Araber schätzten das Son Vida eben schon immer. Aber auch die Deutschen: sie stellen heute mit 35 Prozent das größte Kontingent der Gäste.

Gedreht wurde vor allem in der Reception und in den Sälen des Hotels. Sie zieren historische Jagdgemälde.

VILLA ITALIA

PORT D'ANDRATX

TEL. 674011

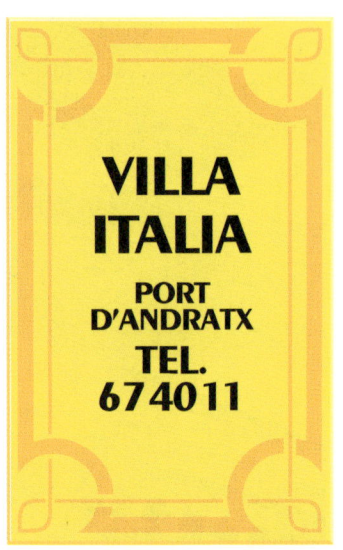

Zwei Italiener haben die gelbe Jugendstilvilla in den Zwanziger Jahren gebaut. Von ihnen hat sie auch ihren Namen. Eigentlich aber ist Mallorcas neuestes Nobelhotel eine Villa Alemania: Ein Deutscher hat das Haus umbauen lassen, das gesamte Personal (Zimmermädchen ausgenommen) spricht fließend deutsch, und auch die Gäste kommen zu achtzig Prozent von Rhein, Main und Isar.

Um 1940 herum war die Villa Italia schonmal ein kleines Luxushotel - Geheimtip für Reiche und Einflußreiche aus Madrid. Nach dem Krieg geriet sie in Privatbesitz. Jürgen Krauss aus Ratingen erwarb das Haus 1985 im Auftrage einer Schweizer Gesellschaft von einem Amerikaner. Er ließ die Fassade stehen. Innen aber sparte er nicht mit neuen Marmorbädern, Seidentapeten, antiken Kristallüstern und Möbeln. Im Juni 1988 wurde die Villa Italia eingeweiht: 44 Betten zum Durchschnittspreis von 135 Mark. Die Luxussuite kostet zwar 1000 Mark, hat aber einen Whirlpool, zwei Marmorbäder, dreihundert Jahre alte Möbel - und ausreichend Platz für sechs Personen.

Das ZDF drehte auf der Terrasse. Dort kann man fürstlich speisen und einen phantastischen Blick genießen. „Ich hätte hier gern mehr gemacht", sagt Produzent Rademann. „Aber bei der Planung war das Hotel noch nicht fertig."

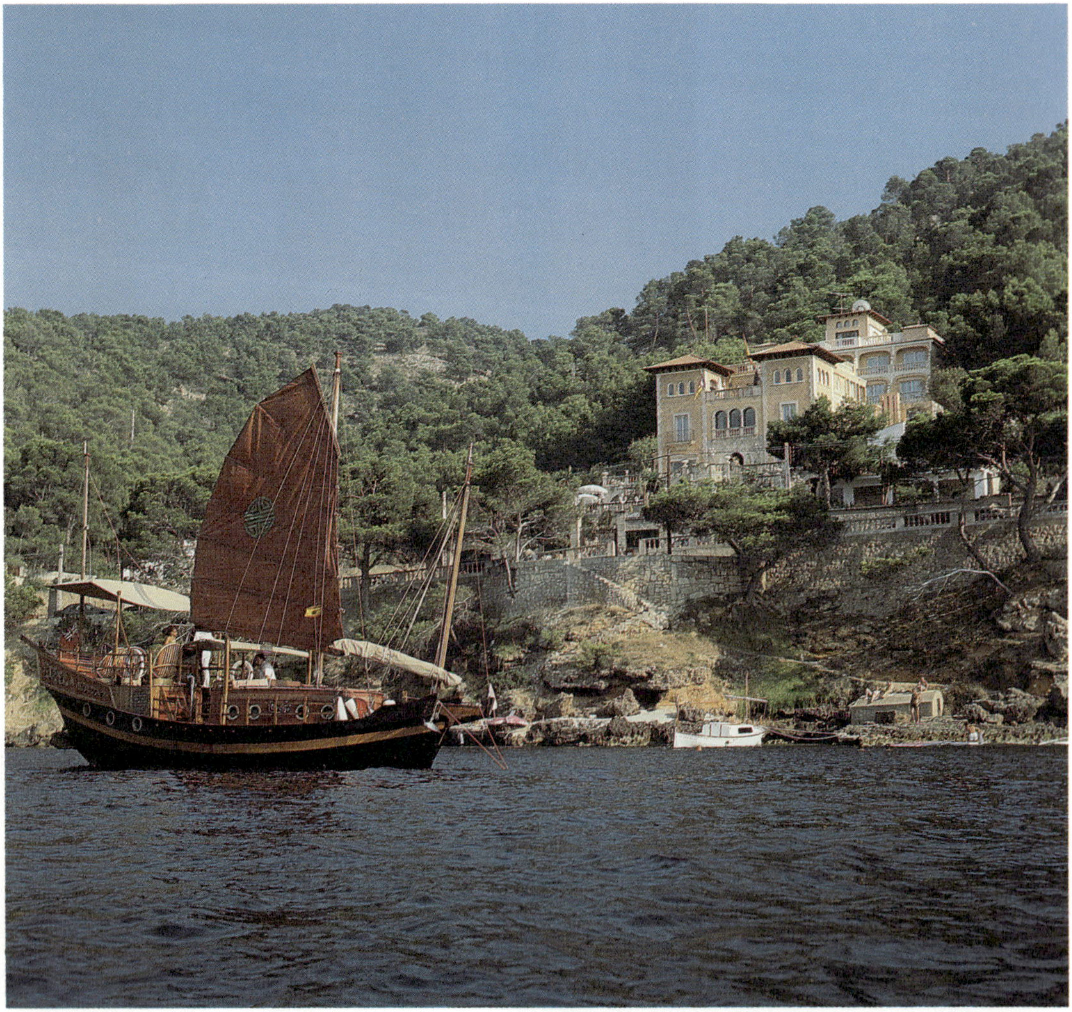

Zur Villa Italia (im Hintergrund) gehört die Dschunke Sheung She. Hotelchef Krauss lädt seine Gäste gerne zu Fahrten in stille Buchten ein.

KLAUS WILDBOLZ:

„MEIN HOTEL PARADIES"

VISTA MAR

VALLDEMOSSA

TEL. 612300

1988 haben wir eine Szene für unsere Serie HOTEL PARADIES im Hotel Vistamar gedreht. Man hatte die einzige Suite des Hotels als Schlafzimmer von Lisa und Max Lindemann ausgewählt. Mich faszinierte das Hotel auf Anhieb und ich beschloß, dort künftig zu wohnen. Das habe ich auch gemacht. Von April bis Oktober 1989 war ich Gast im Hotel Vistamar, zwei Kilometer außerhalb von Valldemossa. Es ist mein wahres, ganz persönliches Hotel Paradies geworden.

Pedro Coll, ein Mallorquiner, hatte die alte, ehemalige Sommerresidenz erst kurz zuvor zu einem kleinen Nobelhotel umgebaut - mit sehr viel Geschick und Behutsamkeit. Das Haus liegt inmitten eines großen Gartens, umrahmt von hundertjährigen Zypressen, Zedern und Palmen.

Im Vistamar ist die Luft selbst im Hochsommer um 3-4 Grad kühler als in Palma. Die Ruhe wirkt grandios. Vom neuen Pool schaut man sechshundert Meter tief hinunter aufs Meer und in den kleinen Fischerhafen Port de Valldemossa. Es ist, als ob man gleich losfliegen könnte, so wie die beiden Seeadlerfamilien auf den benachbarten Felsen.

Das Vistamar hat nur acht Zimmer. In ihnen stehen antike Möbel, es hängen moderne und alte Bilder an den Wänden und zeugen vom Kunstinteresse des Besitzers. Fernsehen und Minibar sind in den Zimmern selbstverständlich. Es ist ein großzügiges Hotel. Aber es hat keinen Schickimicki-Touch, sondern ist von zurückhaltender Eleganz und warmer Gemütlichkeit - geführt von Pedro Coll und seinen Eltern.

Meine Lieblingsplätze im Hotel waren der alte Hof mit Brunnen und Steinbank und die fantastische Veranda, auf der man bei klassischer Musik wunderbar speisen kann.

Daß „mein" Vistamar nur drei Sterne hat, ist mir bis heute unbegreiflich. Wenn ich Pedro darauf ansprach, lächelte er nur geheimnisvoll. Für mich hat es fünf verdient.

Blick vom Garten auf die Südfassade des kleinen Hotels Vistamar.

Der Anchorage Club ist die nobelste Appartementanlage auf Mallorca.

ANCHORAGE CLUB
S'ILLETES
TEL. 401704

wohnen die Leute, die ihr Geld zeigen müssen. Im Anchorage Club diejenigen, die es haben."

Die meisten Wohnungen sind fest verkauft, nur einige kann man mieten. Zwischen 1500 und 3000 Mark kostet ein Appartement pro Woche. Um die umfangreichen Wassersport- und Fitneß-Angebote in Anspruch nehmen zu können, muß man allerdings Clubmitglied sein, und das kostet nochmal ungefähr 600 Mark im Jahr.

Im Club wird unentwegt weitergebaut. Im Sommer sollen weitere 150 Luxuswohnungen fertig werden. Sie sind alle verkauft. Derzeit werden Luxusvillen im mallorquinischen Stil angeboten - Preis ab ca. 800.000 Mark.

Alt und ein bißchen verwunschen sieht die Anlage des Anchorage Clubs Bendinat bei S'Illetes aus. Kaum zu glauben, daß erst 1983 mit dem Bau begonnen wurde. Eine spanische Aktiengesellschaft, die größtenteils dem arabischen Prinzen Nawaf bin Abdul Aziz gehört, hatte die Idee, hier eine luxuriöse Ferienanlage zu errichten. Den Namen Bendinat entlieh die Region, zu der auch Fe-

riensiedlungen und ein Golfplatz gehören, von einem alten Schloß aus arabischer Zeit, das in Privatbesitz ist.

Der Club ist schnell ein Treffpunkt internationaler Prominenz geworden und auf dem besten Wege, der Schickeria-Hochburg Marbella den Rang abzulaufen. Oder wie es Touristikminister Jaume Cladera freundlich formuliert: „In Marbella

Der Club hat ein exquisites Restaurant, das auch fremden Besuchern offen steht. Dem Produzenten der Serie gefiel die Bar des Anchorage-Clubs besonders gut. Sie wurde zur Bar des HOTEL PARADIES umfunktioniert.

PRODUZENT WOLFGANG RADEMANN

DARUM MALLORCA

Frage: Warum haben Sie sich für Mallorca entschieden?

Rademann: Als Herbert Lichtenfeld, der Autor, und ich die ersten Folgen konzipiert haben, wußten wir noch nicht, wo die Serie spielen würde. Es war nur klar, daß es der Mittelmeerraum sein sollte. Ich habe mir viele Inseln angesehen. Kreta, Sizilien, Rhodos, Korfu - das HOTEL PARADIES hätte überall stehen können. Damals kam ich auch zum erstenmal nach Mallorca.

Frage: Sie kannten die Insel noch nicht, als die Serie konzipiert wurde?

Rademann: Nein. Ich war lange dem Vorurteil erlegen, daß Mallorca überfüllt und laut und häßlich sei. Damals zeigte mir Graf Pilati, Chef der TUI auf Mallorca, die Insel. Zum erstenmal habe ich die Berge gesehen und die stillen Küsten. Daraufhin habe ich erstmal Urlaub auf Mallorca gemacht.

Frage: Weshalb gefiel Ihnen Mallorca besser als andere Inseln?

Rademann: Neben den landschaftlichen Vorzügen hat Mallorca auch logistische Vorteile. Die Flugverbindungen von Deutschland nach Palma sind optimal. Wenn man 150 Schauspieler ständig hin- und herzubringen hat, ist das nicht unwichtig. Zudem hat uns die Landesregierung und das Touristikministerium Unterstützung zugesagt. Und ein weiterer Grund ist, daß viele Zuschauer schon einmal auf Mallorca waren und die Serie mit besonderem Interesse anschauen werden.

Frage: Die Urlauber werden vergeblich das HOTEL PARADIES suchen. Warum haben Sie keines der bestehenden Hotels genommen?

Rademann: Ich hatte als Produzent eine Idealvorstellung, wie das Hotel aussehen sollte. Zwar habe ich auf Mallorca viele schöne Hotels gesehen. Aber keines entsprach meiner konkreten Vorstellung. Deshalb haben wir in verschiedenen Häusern gedreht. Beim Film ist das nicht ungewöhnlich.

Frage: Viele Bewohner Deiás und anderer Orte haben Angst vor einer Zuschauerinvasion wie im Glottertal. Werden durch die Serie HOTEL PARADIES schöne Regionen Mallorcas gefährdet?

Rademann: Zum Haus der Schwarzwaldklinik konnte man hinfahren. Das HOTEL PARADIES findet man nirgendwo auf Mallorca. Und wenn mehr Leute durch die Serie erkennen, daß Mallorca besser ist als sein Ruf, dann ist das gut für die Insel. Man kann doch nicht vom anderen Mallorca schwärmen und gleichzeitig sagen: Hoffentlich sieht es sich keiner an.

Wolfgang Rademann ist Deutschlands erfolgreichster Fernsehproduzent. Er drehte u.a. Das Traumschiff, Die Schwarzwaldklinik, Schöne Ferien, Das verrückte Paar.

Wolfgang Rademann entwickelte und produzierte die Serie HOTEL PARADIES. (Produktionsfirma: Klingsor-Film; Regie: Claus-Peter Witt und Michael Günther)

Produzent und Förderer: Wolfgang Rademann mit Touristikminister Jaume Cladera und seinem Sprecher Eduardo Gamero (v.l.)

Millionen Deutsche waren in den vergangenen Jahren auf Mallorca. Viele erkennen Drehorte wieder. Haben Sie richtig hingeschaut? Hier sind die Stellen, an denen gedreht wurde. Zumindest die wichtigsten ...

DIE ANLEGESTELLE

Zum HOTEL PARADIES kommt man am besten mit dem Schiff - direkt vom Flughafen. So hat es sich Autor Herbert Lichtenfeld ausgedacht. Eigentlich schade, aber ein solches Hotel gibt es nicht auf Mallorca. Die Anlegestelle filmte das Team in Cala Figuera - an der Ostküste Mallorcas.

DER STRAND

Mallorca hat viele schöne Strände, keine Frage. Aber der Strand, der in der Serie zum Hotel gehört, ist ein Privatstrand, der in der Nähe des Hotels Punta Negra liegt. An einem öffentlichen Strand hätte man Urlauber bitten müssen, sich während der Dreharbeiten nicht fortzubewegen.

WO ÜBERALL GEDREHT WURDE

ORTE

Deiá
Esporles
Formentor
Fornalutx
Insel La Dragonera
La Pobla
Llucmajor
Palma
Port d'Andratx
Santa Ponça
Valldemossa

STRÄNDE

Privatstrand March bei Ses Salines
Strand Cala Fornells
Strand Nähe Hotel „Punta Negra"
(bei Palma Nova)
Strand Puerto Portals

HÄFEN

Cala Figuera
Port d'Andratx
Puerto Portals
Portopetro (und auf hoher See vor
Portopetro)
Sant Elm

RESTAURANTS

Bar Faro, Port de Sóller
Bens d'Avall, La Muleta
Ca'n Quet, Deiá
Casa Soleada, Camp de Mar
Club de Velas, Port d'Andratx
Honoris, Landstraße nach Bunyola
Karins Steakhouse, Puerto Portals
La Galere, Puerto Portals
La Tortuga, Paguera
Son Moragues, Valldemossa
Sorrento, S'Illetes
Vista Hermosa, zwischen Felanitx
und Portocolom

CAFES/BARS

Bosch, Palma
Ca'n Juan de S'Aigo, Palma
Flanigan, Puerto Portals
La Cartuja, Valldemossa
Los Arcos, Palma

... UND

Flughafen Palma
Kathedrale, Palma
Disco „RIU Center", L'Arenal
Policia Nacional, Palma
„Werkstatt Kuhn", Llucmajor
Töpferei Portol
Glasbläserwerkstatt
Safaripark bei Portocristo
Pueblo Español
Gärten von Alfabia
Cuevas de Drach
Clinica Juaneda, Palma
Altenpflege-Krankenhaus „Llar dels
Ancians"
Mühle Nähe Casa Blanca
Castello di Son Net, Puigpunyent
Motocross-Bahn „Circuito" Casa
Blanca
Eisenbahn Palma-Sóller
Chopin-Museum Valldemossa
Klosterkirche Valldemossa
Miradoros Puyol d'En
La Granja, Esporles
Plateau bei Cala San Vincente
Naturschutzgebiet bei Port de
Pollença
Küstenstraße bei Estellencs

DEIÁ

DAS DORF DER KÜNSTLER

Man schläft lange in Deiá. Noch um zehn Uhr morgens herrscht fast feierliche Stille. Nur der Bäcker hat offen; es gibt wundervolles Brot und die neuen Zeitungen. Am Rathaus steht ein Polizist herum; es passiert nichts. Was sollte passieren?

Auch die Bar Las Palmeras ist schon früh geöffnet. Auf der Terrasse lehnt eine junge Frau in ihr Buch versunken, ein älteres Ehepaar liest Zeitung, ein männlicher Einzelgänger nippt an einem bunten Getränk und blinzelt ins gleissende Frühlicht.

Gelegentlich brummt ein Ausflugsbus vorbei, Richtung Sóller oder Richtung Valldemossa. Er hält nicht. Wenn es ein Bus mit deutschen Insassen ist, und das ist er meistens, verdrehen die Leute die Köpfe. Deiá, das ist ein Drehort der Serie HOTEL PARADIES. Aber auf die Schnelle erkennt man natürlich kaum was wieder. Das Drehhotel La Residencia liegt am Ortseingang versteckt hinter einer hohen Hek-

ke. Das andere, Es Moli, wirkt ganz anders als im Fernsehen. Kein Wunder: das ZDF hat zwei Drittel der Fassade „weggeschnitten".

Man müßte schon aussteigen, ein bißchen rumspazieren. Aber das ist schlecht, wenn man mit dem Bus kommt. „Wir haben keine Busparkplätze", hat der 28jährige Bürgermeister von Deiá gesagt, „und wir werden auch keine anlegen." Deiá soll sich die Ruhe bewahren, die es seit Jahrhunderten ausstrahlt.

Eine Dame mit Hund kommt auf die Terrasse der Bar Las Palmeras. „Bell nicht!" sagt sie. „Und hüpf nicht! Du sollst nicht stören."

Nicht stören ist das wichtigste Gebot in Deiá, zumindest morgens gegen zehn. Denn, wie gesagt, man schläft lange in Deiá. Man schläft gut. Und man wird alt, steinalt. Unten an der Hauptstrasse, am Ortsausgang in Richtung Sóller, zweigt linkerhand ein schmales Sträßchen ab, das zur „Oberstadt"

hinaufführt, wo sich Haus an Haus um den Burgberg, die alte arabische Wehranlage drängt. Dort stehen Rathaus und Postamt.

Und die Kirche. Von hier aus noch ein paar Schritte aufwärts und man erreicht den Friedhof. Auf tönernen Grabplatten, sanft nur eingeritzt, die Namen der Verstorbenen. Man liest, wie alt sie wurden, 89 Jahre, 95 Jahre, manche auch 99 Jahre. Der Älteste, der in Deiá vor nicht langer Zeit verstarb, war der deutsche Maler Ulrich Lehman. Er wurde 102 Jahre alt. Auch der Schriftsteller Robert von Ranke Graves („Ich, Claudius, Kaiser und Gott") der 1929 von England nach Deiá übersiedelte, starb 1985 im biblischen Alter von 90 Jahren. Sein Grab liegt im Zentrum des Friedhofes.

In den verwinkelten Gassen des Drehorts Deiá können und sollen Reisebusse nicht anhalten. ▷

Heute hat der Ort am Fuß des 1062 m hohen Teix (sprich: Tesch) etwa 530 Einwohner, von denen mindestens ein Viertel Ausländer sind: Maler, Musiker, Dichter. Und solche, die so tun, als ob sie es wären. „Zwanzig davon sind wirkliche Profis, die von ihrer Kunst leben", schätzt Kerstin Saleú. Sie ist Dänin, wohnt seit zehn Jahren im Dorf. Ihr gehört die Galeria Max an der Hauptstraße. Jetzt sitzt sie in Christians Bar, ein paar Häuser weiter, und trinkt einen späten Morgenkaffee.

„Deiá", sagt sie, „ist wie ein Spiegel. Man erkennt schnell seine Fähigkeiten und schätzt sich richtig ein." Robert Graves gab damals Menschen, die über mangelnden Erfolg und fehlende Ideen klagten, den Rat: „Geh auf den Teix. Er hat magnetische Wellen, die deine Phantasie beflügeln werden." Viele steigen noch heute hinauf.

Denn in Deiá macht das Leben Spaß, aber weniger das arbeiten. Manch einer verdient daheim in Berlin oder London als Autor oder Maler sein Geld und kommt nach Deiá zum Auftanken. Man tauscht dann einfach die Häuser mit einem, der mal wieder zurück möchte. Günstig kaufen kann man nichts mehr in dem Dorf. Ein Häuschen mit fünf Zimmern kostet mindestens 30 Millonen Pesetas - eine halbe Million Mark beinahe, und dazu kommen die Renovierungskosten.

Wenn man überhaupt ein Haus kriegt. Die Bauern, die vor Jahrzehnten dem steinigen Boden Erträge abkämpften, haben längst ihr Schäfchen im Trockenen oder sind weggezogen. Die neuen Bewohner haben Deiá verändert. Es ist nicht mehr billig, hier zu leben. Es gibt einige Restaurants, die zu den besten aber auch den teuersten auf der Insel zählen, und in den beiden Lebensmittelläden entsprechen die Preise denen von Palma.

Christian, der Chef der gleichnamigen Bar an der Hauptstraße, ist Österreicher. Er lebte lange in Düsseldorf und seit 1980 in Deiá. „Als ich kam", sagt er, „lagen die Kiffer auf der Straße. Deiá war ein Drogenmekka. Was in meinem Laden passierte … da kam ich mir manchmal wie ein Dealer vor." Der Deutsche Axel Ball baute dann auf alten Ruinen die beiden Superhotels an den Ortseingängen. „Damit", sagt der Wirt, „begann eine gute Entwicklung für Deiá. Es kam ein neues Publikum. Menschen, die das Zusammentreffen mit Künstlern und ausgeflippten Individualisten genießen, aber einen gewissen Stil prägen."

So diskutiert in den Bars von Deiá heute der erfolglose Maler aus Amsterdam mit Hajo Friedrichs von der Tagesschau heftigst über das Bild eines anderen Künstlers an der Wand und Hajo gibt ein Bier aus und noch eins und alle sind zufrieden und finden es richtig.

Vielleicht war es immer so. Deiá hat Tradion. Tradition, die man auf das Wirken des Erzherzogs Ludwig Salvator zurückführen mag, der sich in seinen Briefen als „Mann aus Deiá" bezeichnete. Auf Santiago Rusinyol, den Autor von „Mallorca - Insel der Ruhe", der Deiá auf den touristisch wirksamen Namen „Spielzeugdorf" taufte. Oder auf Rubén Darío, den Schriftsteller aus Nicaragua, der 1912/1913 als literarische Frucht seines Deiá-Aufenthaltes „Das Gold von Mallorca" davontrug.

Wer Deiá kennenlernen möchte, hat viele Stufen zu nehmen

Die Bucht von Deià. Tiefblaues klares Wasser, ein Strand aus Felsbrocken und im Sommer zwei Bars. Vor den Hütten knüpfen Fischer noch ihre Netze. Michael Douglas wollte die Bucht kaufen. Die Gemeindeverwaltung hat abgelehnt.

Charles Chaplin war in Deià, die Schauspielerin Ava Gardner, die Schriftstellerin Anaïs Nin (Tagebücher; Das Delta der Venus). Oder die großen latein-amerikanischen Schriftsteller, die ihrem frühen Vorreiter Rubén Darío folgten: Gabriel Garcìa Màrques, Mario Vargas Llosa, Julio Cortazar.

Maler ließen sich nieder, Surrealisten der Wiener Schule wie Erich Fuchs und Arik Brauer. Der Maler Matti Klarwein, dessen Vater die Knesset in Jerusalem baute. Und der Schriftsteller Jakob Lind, der Deià neben London und New York zu seinem Wohnsitz machte. In manchem Sommer tauchte einst auch Pablo Picasso auf, der seinen katalanischen Freund Junyer im benachbarten Llucalcari besuchte.

Durch das Hotel La Residencia wird Deiàs Musikszene belebt. Das Luxushotel gehört überwiegend dem britischen Plattenkonzern Virgin. Unter seinem Segel etablierten sich im Dorf verschiedene Rockgruppen.

Und es kommt viel Prominenz. Mike Oldfield steigt gerne im Hotel ab, Eric Burdon, Elton John. Und mehrfach im Jahr Michael Douglas. Er hat eine mallorquinische Frau, würde gerne auch in Deià wohnen. Vor zwei Jahren hat er der Gemeindeverwaltung ein großzügiges Angebot gemacht: Für viele Millionen Dollar wollte er die ganze Bucht von Deià kaufen, dort eine Supervilla hinstellen. Die Bucht liegt fünf Kilometer abseits von Deià, ohne Hinweis an der Straße.

Die Gemeindeverwaltung hat abgelehnt, der Star hat stumm geschluckt. Aber er kommt trotzdem weiterhin in das Bergdorf.

Heute hätte er eh keine Chance: auf einem hundert Meter breiten Streifen vom Strand aus darf niemand mehr bauen. Ein Gesetz des neuen Mallorcas. In Deià selber hat man längst eine Bremse gezogen: seit Jahren wird im Dorf kein Neubau genehmigt - allenfalls der Ausbau alter Gebäude.

Daß die Fernsehserie neue Besucher nach Deià ziehen wird, das ist allen klar. Manche freuen sich darüber, andere befürchten einen „Glottertal-Effekt" wie ihn die „Schwarzwaldklinik" hervorrief. Einig sind sich alle: Besucher, die sich das Dorf in Ruhe anschauen möchten, sind herzlich willkommen. Leute, die gröhlend einfallen und Apfelsinen von den Bäumen reißen, werden gefürchtet. Aber wird es solche überhaupt geben in diesem Dorf der Künstler und der Stille?

Gegen jedes Leiden weiß die Kräuterfrau in Palma ein Mittel.

In allen Größen gibt es das traditionelle Schmalzgebäck Ensaimada.

Vor der Kathedrale von Palma warten geduldig Droschkenkutscher darauf, Gäste mit der Pferdekutsche durch die Stadt zu fahren.

Die Mönche auf Mallorca nehmen den Tourismus als etwas Gottgewolltes. In einigen Klöstern kann man Urlaub machen.

Mallorcas Mädchen sind hübsch und selbstbewußt und ohne Zukunftsangst. Die Insel ist Spaniens reichste Provinz.

Wie ein gewaltiger Drache schlummert die Felseninsel La Dragonera vor Mallorcas Westküste - unbewohnt von Menschen und

Niststätte von Millionen Vögeln. Die Inselregierung hat allen Bauplänen ein für allemal einen Riegel vorgeschoben: Die fünftgrößte Insel der Balearen bleibt Naturschutzgebiet.

MORGENRÖTE AUF MALLORCA

Europas beliebteste Urlaubsinsel ist eine Insel im Umbruch.
Vieles wird sich Anfang der neunziger Jahre verändern.
Es gibt ein neues Mallorca

VON HUBERT BÜCKEN

für jeden Gast sind 60 Quadratmeter Grünfläche vorgeschrieben. An solchen Luxusherbergen herrscht noch Mangel auf der Insel.

„Mallorca wird trotzdem die Insel bleiben, die sich jeder Deutsche leisten kann", sagt Eduardo Gamero, Sprecher des Touristik-Ministeriums. "Aber wir wollen künftig zweigleisig fahren." Das heißt: Pauschaltouristen: gerne. Millionäre: oh, bitte sehr.

Um ihnen das gewünschte Umfeld zu bieten, ist einiges geplant. Rund um Mallorca werden die Häfen ausgebaut - ein Eldorado für Segler und Motoryachtbesitzer. Und im Landesinnern entstehen Sportzentren und Golfanlagen. Sieben Golfplätze gibt es derzeit. Zwölf weitere sollen in den nächsten Jahren hinzukommen. Nirgendwo in Europa wird es künftig auf so engem Raum soviele Golfmöglichkeiten geben.

Die Touristikmanager rechnen ab 1992 mit niedrigeren Flugpreisen: „Der gemeinsame Markt", so Gamero, „wird den Luftverkehr liberalisieren und die Preise nach unten drücken. Wir haben den großen Vorteil, nur zwei Flugstunden von Deutschland entfernt zu sein. Deshalb werden aufgrund der günstigen Preise immer mehr Deutsche auch mal für ein sonniges langes Wochenende nach Mallorca kommen."

Darauf richtet sich die Insel ein. Der Flughafen soll vergrößert werden. Heute können im Jahr 12 Millionen Fluggäste auf Mallorca abgefertigt werden. In fünf Jahren sollen es 30 Millionen sein.

Wo werden sie wohnen, wenn gleichzeitig Hotels abgerissen werden?

Der Touristikminister sieht keine Probleme: „Diese Leute werden nicht immer zwei oder drei Wochen bleiben wie der klassische Urlauber. Der Kurzurlaub übers Wochenende wird immer beliebter."

William Schüler, Direktor des La Residencia in Deiá, einem der teuersten Hotels der Insel, bestätigt es: „Unsere Gäste bleiben im Schnitt weniger als eine Woche. Aber diese Zeit genießen sie intensiv." Die Nachfrage nach Zimmern in Luxusherbergen hält unvermindert an. Nur Atmosphäre müssen sie haben. Außen Historie, innen Komfort.

Jürgen Krauss, Hotelchef in der Villa Italia in Port d'Andratx, hält längst wieder Ausschau nach neuen alten Häusern: „Ich habe ein Objekt bei Pollença vor Augen", sagt er. „Der Trend geht ins Landesinnere, weg vom Trubel der Küste. Statt großer Hotels lieber das kleine und exklusive Haus, das gemütlich ist und einen guten Service bietet."

Der Strand vor der Tür muß heute nicht mehr sein. Obwohl Mallorcas Küsten zu den saubersten in Europa zählen - acht wurden mit der blauen Umweltflagge der EG ausgezeichnet - gehen viele Urlauber nicht gern an den Strand. Sonnen kann man bequemer am Pool. Das Meer bleibt fürs Auge und die Seele.

Siebzig Prozent der mallorquinischen Küste sind noch unverbaut. So wird es bleiben. Ein Gesetz aus dem Jahre 1988 bestimmt: Kein Haus darf weniger als hundert Meter von der Küstenlinie entfernt gebaut werden. Das gilt nicht nur für Strandlandschaften, sondern auch für Steilküsten. Neue Häuser, die über einsamen Buchten an den Felsen kleben, wird es nicht mehr geben.

Hier und da exerziert der Staat gar ein Exempel und läßt Häuser, die illegal in der Küstenlinie gebaut wurden, wieder abreißen. Dem Gesetz nach müßte ein großer Teil aller Urlaubssiedlungen dem Erdboden gleichgemacht werden. Das wird natürlich genauso wenig passieren, wie ein Mensch daran denkt, den Kölner Dom abzureißen, um an die darunterliegenden Braunkohlenlager zu kommen.

Aber: Hotels an der Küstenlinie müssen einen Durchgang für Spaziergänger schaffen. Privatleute, die ihre Grundstücke sperrten, sollen Wanderern zumindest ein Überklettern der Zäune ermögli-

Schon im Sommer 1989 rieben sich viele Stammurlauber die Augen: Der Strand von L'Arenal ist breiter geworden, die vielbefahrene Strandpromenade wurde zur Palmenallee. Heruntergekommene Hostals blieben geschlossen, und sie werden auch nie wieder öffnen. Die Regierung will das Niveau des Hotels auf eine höhere Ebene heben.

Neue Hotels dürfen auf ganz Mallorca nur noch gebaut werden, wenn sie der Luxusklasse entsprechen. Vier Sterne Minimum, fünf Sterne nach Möglichkeit. Sie müssen inmitten großer Parks stehen:

chen, wenn sie an der Küste wohnen. So möchte es der Gesetzgeber.

Baugrundstücke und schöne Häuser werden knapp. Auch im Landesinnern. Ein Inselmakler: „Vor hundert Jahren bekam der Erstgeborene die Felder im Landesinnern, die anderen Kinder mußten sich auf den kargen Küstenfeldern abmühen. Dann kam der Tourismus. Plötzlich waren die Felder an den Küsten die wertvollsten. Die Bauern im Land machten lange Gesichter. Und heute? Da will man ihre Grundstücke und ihre Häuser - und bietet Superpreise."

In Bergdörfern wie Galilea, eine halbe Fahrstunde von Palma entfernt, kosten Häuser heute soviel wie in München-Grünwald oder Düsseldorf-Oberkassel. Wenn man überhaupt eines bekommt. Und die Bauauflagen sind streng: Neue Häuser müssen dem alten Stil der umliegenden Gebäude angepaßt sein, alte dürfen nicht verändert werden.

Puerto Portals, zwischen Palma und Paguera, ist zu einem der nobelsten Häfen des Mittelmeers ausgebaut worden. Hier schaukeln millionenschwere Yachten an den Piers. Ihre Eigner speisen mit Vorliebe bei Heinz Winkler, im „Tristan". Der Münchener Drei-Sterne-Koch hat bereits vor drei Jahren erkannt, was sich auf Mallorca verändert: „Es lebt eine breite Schicht von gutsituierten und genußfähigen Menschen auf der Insel. Diese Leute wollen Spitzenqualität, auch im Restaurant." Er bietet sie, und hat trotz Menüpreisen von ca. 130 Mark stets ein volles Haus. Auch in den anderen Spitzenrestaurants der Insel muß man unbedingt Tische reservieren. Durch sie wird das Niveau der mittleren Gastronomie mitgezogen, und das kommt Tausenden Urlaubern zugute.

Natürlich ist in der Vergangenheit vieles geschehen, das Mallorcas gutem Ruf als Urlaubsparadies geschadet hat. Dazu gehörte auch die ungestüme Bautätigkeit, ohne Rücksicht auf erholungssuchende Urlauber. Vorbei: Ab sofort darf in den Sommermonaten kein Baulärm mehr gemacht werden.

Der neue Zeitgeist im mallorquinischen Tourismus deutete sich schon vor Jahren an. Nachdem jahrelang viel und vor allem billig gebaut wurde, war nun zunehmend Qualität und Exklusivität gefragt.

Vor acht Jahren bereits entstand bei S'Illetes, unweit von Palma, der noble Anchorage-Club, in dem kleine Wohnungen leicht eine halbe Million kosten. Ein Stück weiter Richtung Paguera baute eine deutsche Firma den Club de Oro, kaum weniger nobel, „mit der exklusivsten Schwimmbad-Anlage der Balearen", wie der Prospekt lobt. Die teuren Wohnungen am Hang waren blitzschnell verkauft.

Das war 1986. Heute dürfte es schwer sein, die Genehmigung zu bekommen, einen ganzen Berghang zu bebauen. Man hat aus Sünden der Vergangenheit gelernt.

Vor der Südwestküste liegt die Insel Dragonera. Seit Jahren plante ein Bankenkonsortium, die Insel zu bebauen. Vogelschützer wehrten sich dagegen. Die Balearische Landesregierung half: Sie kaufte den Banken die Insel ab und erklärte sie zum Naturpark.

Auch am längsten Naturstrand der Insel, der Playa des Trenc im Süden Mallorcas, will seit Jahren eine skandinavische Gruppe bauen. Es lag bereits eine Genehmigung vor. Aber dann stellte die Landesregierung den gesamten Strand unter Naturschutz. Sie mußte zwar 100 Millionen Pesetas Schadenersatz zahlen - aber Es Trenc war gerettet.

Im Nordosten, an der Küste bei Alcúdia, liegt das größte Sumpfgebiet des Mittelmeerraumes, die Albufera. Immer mehr Urbanisationen wuchsen auf sie zu. Bis die Landesregierung 1989 das Gelände aufkaufte und ebenfalls unter Naturschutz stellte.

Früher quälten sich Autos an der Küste entlang. Jetzt wird die Uferstraße von L'Arenal

Mallorcas Straßennetz ist gut. Ehrgeizige Pläne, die Insel mit Autobahnen zu zerschneiden, sind endgültig gescheitert. Nur der Autobahnring um Palma soll bis 1991 vollendet werden. Das größte neue Straßenbauprojekt ist der Tunnel durchs Tramuntana-Gebirge. Er wird Sóller näher an Palma rücken und die Bergwelt schützen.

Der Touristikminister hat es richtig erkannt: „Früher wollten die Urlauber Sonne, Meer, Bequemlichkeit. Heute wollen sie auch eine intakte Umwelt." Er hat Glück: Durch Konzentration der Tourismuswirtschaft auf einzelne Orte ist Mallorca in weiten Teilen unzerstört geblieben.

Das neue Mallorca ist nicht das Mallorca der Betonburgen. Es ist das Mallorca der stillen Berge, der verträumten Dörfer, der abgelegenen Strände.

zur Palmenpromenade.

WIRD L'ARENAL ABGERISSEN?

Ein Interview mit Mallorcas Touristikminister Jaume Cladera

FRAGE: *Was erwarten Sie von der ZDF-Serie HOTEL PARADIES?*

CLADERA: Zunächst mal eine gute Werbung für unsere Insel. Sehr viele Menschen, die schon häufig Urlaub auf Mallorca gemacht haben, werden feststellen, daß sie die wirklich schönen Gegenden der Insel gar nicht kennen.

FRAGE: *Wird sich am Hauptdrehort Deiá ähnliches abspielen wie im Glottertal, dem Standort der „Schwarzwaldklinik"?*

CLADERA: Nein. Es werden sicherlich mehr Urlauber Deià als Ausflugsziel wählen. Aber sie werden nur hindurchfahren. Das Dorf hat ja keine Unterbringungsmöglichkeiten für viele Urlauber.

FRAGE: *Stimmt es, daß Sie das Angebot an Spitzenhotels auf Mallorca ausbauen wollen?*

CLADERA: Ja. Es werden nur noch Hotels der Kategorien „vier oder fünf Sterne" genehmigt. Das bedeutet: großzügige Hotelanlagen mit schönen Gärten. Für jedes Bett müssen 60 Quadratmeter Grundstück eingeplant werden. Ein Hotelier, der Zimmer für hundert Gäste bauen will, muß also 6.000 Quadratmeter Grundstück erwerben. Er muß darüber hinaus Spitzenservice anbieten, große Zimmer, gute Restaurants, ordentliche Swimmingpools, und einiges mehr.

FRAGE: *Was geschieht mit den alten Hotels, die dem neuen Standard nicht entsprechen?*

CLADERA: Wir werden alle Hotelbesitzer, deren Häuser älter als fünf Jahre sind, zur grundlegenden Renovierung zwingen.

FRAGE: *Und wer es nicht tut?*

CLADERA: Der riskiert, daß sein Hotel geschlossen wird.

FRAGE: *Werden Urlauberstädte wie L'Arenal Geisterorte? Werden ganze Straßenzüge verfallen und abgerissen?*

CLADERA: Im Gegenteil. Die Orte werden schöner. Vielleicht übernimmt die Gemeinde solche Hotels, um Wohnungen einzurichten. Einige dieser Häuser wird man sicher abreißen, um Straßen zu verbreitern oder neue Parks zu errichten. Vielleicht wird auf dem Gelände von drei schlechten Hotels ein gutes gebaut.

FRAGE: *Das neue Mallorca wird immer nobler. Vergraulen Sie damit nicht die vielen Gäste, die seit Jahren Mallorca wegen seiner günstigen Preise buchen?*

CLADERA: Nein, wir zielen natürlich nicht nur auf Millionäre. Wir sind und bleiben das Urlaubsparadies für Millionen Menschen. Darauf ist die ganze Infrastruktur der Insel ausgerichtet.

Ihr nächster Urlaub auf Mallorca wird Ihr schönster.

Kontrastreiche Urlaubsinsel voller Lebensfreude. Da gibt es das romantische Mallorca, unberührt an stillen Buchten oder das lebhafte Mallorca mit seinen quirligen Badeorten. Und Sie können wohnen wie Sie wollen. Im familiären Haus oder im komfortablen Hotel. Besonders empfehlenswert sind die Hotels von Riu und Iberotel und der Robinson Club. Welches Mallorca Sie auch erleben möchten, die Veranstalter der TUI haben es in ihren Programmen und das TUI Reisebüro hilft Ihnen, Ihren Mallorca-Urlaub zu finden.

Mit vollen Segeln nach Mallorca.

Sie haben es sich verdient. Urlaub mit der TUI.

ZEUGEN DER GESCHICHTE

Mallorca, die große Insel im Mittelmeer, war stets ein begehrtes Ziel von Eroberern. Manche hinterließen Spuren, andere nur Schrecken.

Vor gut 6.000 Jahren kamen die ersten Touristen nach Mallorca. Es waren Fernreisende aus Afrika oder dem Kaukasus, von starken Winden übers Meer an die Küste getrieben. Um seßhaft zu werden, unternahmen sie zweierlei: Sie vermischten sich mit der Urbevölkerung, die etwa 2.000 Jahre zuvor wahrscheinlich aus Frankreich eingewandert war - oder sie brachten sie kurzerhand um.

Ihre Nachfahren lebten weitgehend unbehelligt von Störenfrieden, wurden erst wieder etwa 2.000 Jahre später von Seefahrern heimgesucht, die diesmal aus dem östlichen Mittelmeer angesegelt kamen, aus Griechenland.

Die Griechen gaben der Inselgruppe den Namen Balearen. Ballein war ihr Wort für Schleuder. Und niemand konnte so hervorragend mit Davids Waffe umgehen, wie die damaligen Inselbewohner. In Palma gibt es ein Denkmal der Schleuderer.

Der griechische Besuch war für die Insulaner von Vorteil. Sie erlernten nicht nur die Gewinnung und Verarbeitung von Silber, Zinn und Eisen, sondern auch, wie man Gebäude baut. Bis dahin lebten sie vorwiegend in Höhlen.

Verweilen wir einen Moment bei diesem wichtigen Kapitel mallorquinischer Geschichte: Plötzlich gingen die Bewohner wie besessen ans Werk und türmten die auf der Insel herumliegenden Steinbrocken zu Megalithen aufeinander.

Einige hundert Meter vom Ortsrand des Landstädtchens Artá steht ein kleiner Wald alter Steineichen. Unter dem metallisch glitzerndem Laub der Bäume liegen Halden aus grauen Kalksteinbrocken. Die Quader bedecken eine runde Fläche von ungefähr hundert Metern Durchmesser. Beim Herumklettern auf den Klötzen sind deutlich rechteckige Grundmauern alter Wohnräume zu erkennen. Im Zentrum der Siedlung steht auf einer Kuppe ein runder Turm, der Talayot, sechs Meter hoch, daneben eine Säulenhalle.

Manche Steine der Mauer um die Zyklopensiedlung von Artá wiegen acht Tonnen. Bei Ausgrabungen fand man Waffen und Geräte aus Bronze, verzierte Keramik, Schmuck. Es muß 200 Wehrgemeinden auf der Insel gegeben haben, einige sind fast unversehrt, und in Jahrtausenden zu Teilen der Landschaft geworden. Stabil wie Felsgrotten stehen sie heute noch auf roten Äckern zwischen

Mandel- und Johannisbrotbäumen. Bis zum Mittelalter waren sie bewohnt, jetzt verwendet man die Talayots gelegentlich noch als Stall.

Um 1200 v. Chr. gerieten die Inselbewohner unter den Einfluß der Phönizier. Mit deren aufregendster Erfindung, dem Geld, konnten sich die Balearen schnell anfreunden. Sie fanden im Nu die unschätzbaren Vorteile ihrer geographischen Lage heraus: Der Metallhandel zwischen Spanien und dem Orient kam an ihnen nicht vorbei. Und so spielten sie ihre Rolle als Zwischenhändler sehr geschickt, tricksten mal die Griechen, mal die Phönizier, mal die Karthager aus. Als die Kaufleute daraufhin auf größere Schiffe umstiegen, die einen Zwischenstop überflüssig machten, änderten die cleveren mallorquinischen Partner ihre Taktik: Sie wurden Piraten.

Erfolgreich beteiligten sich die Insulaner auch an den heftigen Kriegsspielen jener Zeit. Sie verdingten sich als Söldner für jeden, der sie bezahlte. Gemeinsam mit den Römern zerstörten sie 146 v. Chr. das stolze Karthago. Zum Dank dafür garantierten die römischen Sieger der Insel politische Freiheit. Ein Fehler, wie sich zeigen sollte. Fortan kaperten die Mallorquiner jedes Schiff, das sie erwischten,

Überall auf der Insel stehen die Talayots, mächtige Steintürme, die vor etwa 4.000 Jahren aufgeschichtet wurden. Schon damals soll es 200 Siedlungen auf der Insel gegeben haben. Die Quader der Megalithbauten wogen bis zu acht Tonnen.

gefährdeten sogar den Seeweg zwischen Italien und Spanien. Wen wundert's, daß die Römer zurückschlugen? 123 v. Chr. eroberten sie die Insel. Aber selbst von dieser im Grunde mißlichen Lage profitierten die Bewohner.

Die Römer bauten nämlich Straßen und Brücken, Tempel und Theater, gründeten Städte, kultivierten den Anbau von Wein, Oliven und Getreide und brachten die Landwirtschaft so richtig in Schwung. 5000 römische Veteranen bescherten den Insulanern nicht nur die römische Sprache, sie hatten auch heftigen Anteil an der Vermehrung der Bevölkerung. Jedenfalls lebten zum Ende des ersten Jahrhunderts n. Chr. gut 30.000 Menschen auf der Baleareninsel, die von nun an endgültig Mallorca hieß, die Größere; im Gegensatz zu Menorca, der Kleineren. In dieser Zeit kam auch das Christentum auf die Balearen: in Sant Marti bei Alcúdia gibt es noch Reste frühchristlicher Katakomben.

Die nächsten Eroberer hausten, wie sie es ihrem Ruf schuldig waren: als die Vandalen um 450 über die Insel herfielen, sanken blühende Städte in Schutt und Asche. Zwar wurden sie hundert Jahre später von den byzantinischen Truppen

vertrieben, aber da war von einem halben Jahrtausend römischer Kultur auf Mallorca kaum etwas übrig geblieben. Nur im Nordwesten, bei Alcúdia (Theater) und Pollença (Brücke), gibt es noch Zeugen der Römerzeit.

Unter der Herrschaft von Byzanz dämmerten die Balearen abseits des Weltgeschehens dahin. Anfang des achten Jahrhunderts kamen erstmals arabische Flottenverbände in kriegerischer Absicht nach Mallorca. Die Inselbewohner vertrieben sie und erlösten sich dabei zugleich von der Herrschaft der Byzantiner. Seit 754 gehörte die Insel zum Einflußbereich der Franken unter Karl dem Großen. Unter ihrem Schutz nahmen die Insulaner ihre alte Piraten-Tradition wieder auf, plünderten reiche arabische Händler aus und wurden immer dreister.

Bis es 902 einem arabischen Flottenverband gelang, das Piratennest zu besetzen. Diesmal für längere Zeit: 327 Jahre stand Mallorca unter dem Zeichen des Halbmondes. Es bekam der Insel gut. Die Epoche zeigt noch heute ihre Spuren: Die Araber brachten die Kunde von Astronomie, Medizin, Navigation auf die Insel, legten Wasserspiele an, terrassierten Berghänge und machten sie

fruchtbar. Sie pflanzten Aprikosen, Pfirsiche, Mandeln, Orangen und Zitronen. Die Insel erblühte. Prachtvolle Paläste und Herrensitze entstanden (Alfabia, Raxa, La Granja), mächtige Festungen und der Almudaina-Palast in Palma. Noch heute erinnern Namen an die Dorfgründungen der damaligen Zeit: Andratx, Felanitx, Fornalutx.

Ein Blutbad beendete die friedliche und fruchtbare Zeit. König Jaime I. von Aragon zog am letzten Tag des Jahres 1229 als christlicher „Wiedereroberer" in Palma ein und gab die Stadt zur Plünderung frei. Aus Wut über die „maurischen Teufel" ließ er 20.000 Menschen ermorden. Er teilte das Land unter seinen Soldaten auf, schenkte ihnen Güter und Schlösser.

Jaime II., der Sohn des Eroberers, ernannte Mallorca 1276 zum unabhängigen Königreich. Zum Staatsgebiet gehörten die anderen Baleareninseln, sowie die französischen Regionen Montpellier und Roussillon. Der Seperatismus währte nicht lange: bereits 1349 holte Pedro IV., der königliche Vetter vom Festland, bei einem schwerbewaffneten Verwandtenbesuch die Insel heim ins Reich. Er hatte leichtes Spiel: im selben Jahr hatte die Pest 15.000 der 50.000 Inselbewohner dahingerafft.

Auf den Trümmern der römischen Stadt Pollentia (bei Alcúdia) entstand im 16. Jahrhundert eine Kirche. Reste der Stadt und des römischen Theaters blieben bis heute erhalten.

Mallorca war nun eine Provinz des Königreiches Aragon. Als 1469 König Ferdinand von Aragon und Isabella von Kastilien heirateten, entstand der spanische National-staat mit Madrid als Hauptstadt.

Palma wurde die wichtigste Handelsmetropole im westlichen Mittelmeer. Prächtige Paläste wuchsen an Stelle der bescheidenen Häuser des Mittelalters. Palma war eine Stadt der Bankette, Turniere, Jagden. Bei Segelregatten kreuzte man mit goldbeschlagenen Booten zwischen den Inseln, mit farbigen Segeln aus reiner Seide.

Natürlich zahlte wie überall im damaligen Europa ein rechtloser Stand die Zeche: die Bauern. Den Ausgebeuteten platzte angesichts der Prunksucht ihrer Feudalherren 1528 der zerschlissene Hemdenkragen. Sie richteten ein grausiges Massaker an. Geholfen hat es ihnen nicht: auch dieser Bauernkrieg endete wie alle anderen. Adel und Bürger siegten, die Aufrührer wurden gehenkt.

Immer wieder überfielen maurische Piraten aus Afrika und der Türkei die Küsten, plünderten, brandschatzten, raubten Menschen und Vieh. Die Mallorquiner

bauten Wachtürme rund um die Insel. Viele sind noch heute gut erhaltene Aussichtsplätze. 1571 segelte eine Armada aus spanischen und italienischen Schiffen dem maurischen Freibeutergeschwader entgegen und versenkte es bei der Schlacht von Lepanto. Danach kehrte etwas Ruhe ein.

Im 17. Jahrhundert wurde die Insel von Hungersnöten heimgesucht. Tausende übersiedelten zum Festland.

Unter dem bourbonischen König Karl III. erlebte Mallorca im 18. Jahrhundert eine neue Blüte. Die Zeit war friedlich. Der König schuf viele Privilegien der Kirche ab, verstaatlichte ihre Klöster. Kämpfe, in denen Gibraltar und Menorca an Großbritannien fielen, berührten Mallorca kaum.

1860 kam der österreichische Erzherzog Ludwig Salvator mit seiner Yacht Nixe nach Mallorca, verliebte sich in die Insel und blieb - mit Abständen - bis zum Ausbruch des Ersten Weltkrieges (→ S. 116). Durch seine Bücher rückte die Insel in den Blickwinkel Mitteleuropas.

Um 1900 folgten englische Pensionäre als erste Touristen der

Neuzeit der verlockenden Vision von Sonne und Meer. Bemerkenswert, daß es etwa um 1910 in L'Arenal zwar erst 67 Einwohner, aber immerhin schon 82 Ferienwohnungen gab! Als Pionier unter den deutschen Reiseveranstaltern verschiffte Dr. Tigges anno 1934 die ersten Pauschalurlauber auf die Insel.

1936 kam es bei Manacor zu erbitterten Kämpfen zwischen Francos Blauhemden und der kommunistischen Volksfront. Francos Truppen siegten wie auch auf dem Festland. Zwar hielt der „Caudillo" Spanien aus dem Zweiten Weltkrieg heraus, aber sein faschistisches Reich überdauerte fast vierzig Jahre. Die Mallorquiner mußten ihre katalanische Landessprache vergessen, nur noch das kastilische „Spanisch" war erlaubt.

Immerhin wurde unter Franco Mallorca die beliebteste Ferieninsel Europas. Die Urlauber bekamen wenig mit vom diktatorischen Regime. Nach dem Tod des „Caudillo", wie man Franco auch nannte, kehrte Spanien zur parlamentarischen Demokratie zurück. König Juan Carlos I. wurde Staatsoberhaupt. Seither ist er Mallorcas prominentester Urlauber.

HISTORISCHER KALENDER

Mallorcas bewegte Geschichte auf einen Blick

ca. 6.000 v.Chr.	Erste nachgewiesene Besiedlung der Insel
ca. 4.000 v.Chr.	Aus Afrika wandern Iberer ein.
ca. 2.000 v.Chr.	Einwanderer aus dem östlichen Mittelmeer. Unter ihrem Einfluß entstehen Megalithbauten (Talayots)
ca. 1.200 v.Chr.	Phönizier und Griechen beziehen Mallorca in ihren Einflußbereich ein.
123 v.Chr.	Eroberung durch die Römer.
um 450 n.Chr.	Vandalensturm
533	Das oströmische Reich (Byzanz) besiegt die Vandalen und besetzt die Insel.
707	Erstmals Plünderung durch Araber. Mallorquiner kämpfen als Freibeuter gegen sie und gleichzeitig gegen die sich auflösenden Flotten der Byzantiner.
ab 754	Mallorca unter dem Schutz des Frankenreiches.
903	Endgültige Eroberung durch die Araber.
1229	Wiedereroberung durch König Jaime I. von Aragon.
1276	Ausrufung des Königreiches Mallorca.
1348	Pest verringert die Bevölkerung um ein Drittel.
1349	Pedro IV. von Aragon siegt über Jaime III. von Mallorca und gliedert die Insel wieder dem Königreich Aragon an.
15. Jh.	Aufblühen des Seehandels. Durch Heirat vereinigen sich die Königreiche Kastilien und Aragon (mit Mallorca) zum spanischen Nationalstaat.
16. Jh.	Palmas Handelsmacht auf dem Höhepunkt. Gleichzeitig Bauernrevolten und Handwerkeraufstände (1521, 1526). Gesellschaftsbarrieren zwischen Arm und Reich verfestigen sich. Überfälle maurisch-türkischer Freibeuter dezimieren die Bevölkerung.
17. Jh.	Hungersnöte, Auswanderungswellen zum spanischen Festland.
18. Jh.	Neuer Aufschwung unter König Karl III. von Spanien. Klöster und Kirchen werden dem Staat unterstellt.
1867	Der österreichische Erzherzog Ludwig Salvator kommt nach Mallorca und bleibt bis 1913
19. Jh.	Wein- und Zitrusanbau, Leder- und Schmuckindustrie blühen auf. Gegen Ende des Jahrhunderts kommen die ersten „Sommerfrischler", auch Ausländer.
1912	Erste Eisenbahnlinie. Palma — Sóller.
1920/30	Der Ausländertourismus Intensiviert sich. Kreuzfahrer kommen. Die ersten „Fremdenkolonien" entstehen.
1934	Erste deutsche Pauschalreisegruppe (37 Teilnehmer der Dr. Tigges-Fahrten)
1936	Franco besetzt Mallorca. Republikaner unterliegen bei Manacor/Portocristo.
1983	Die Balearen werden Autonome Region.
1989	Siebeneinhalb Millionen Menschen besuchen in einem Jahr Mallorca.

FLUGPLÄNE

DER GRÖSSTE URLAUBER-LANDEPLATZ DER WELT

15 Millionen Passagiere starten oder landen jährlich auf Palmas Flughafen Son San Juan. Aber man rüstet für die Zukunft: Noch mehr Passagiere und eine schnellere Abfertigung

Dreißigmal in der Stunde startet oder landet ein Jet auf dem Flughafen von Palma de Mallorca Die Mallorquiner nennen ihn Son San Juan, im internationalen Flughafen-Code wird er mit PMI abgekürzt.

Alle zwei Minuten eine Flugbewegung. Nur im Winter ist es ruhiger. Palma ist damit der meistfrequentierte Ferienflughafen der Welt - auch wenn er in der Weltrangliste der größten Flughäfen erst auf Platz 32 rangiert.

Der mallorquinische Flughafen ist häufig umgebaut und ausgebaut worden - aber er war stets nach kurzer Zeit schon wieder eine Nummer zu klein. Vor allem in der Abflughalle geht's oft turbulent zu. Deshalb ist der nächste Umbau bereits in Angriff genommen worden. Für 21 Milliarden Pesetas (etwa 300 Millionen Mark) soll der Flughafen zum „Airport des Jahres 2000" gestaltet werden:

Zwischen den bisherigen Terminals A und B wird eine weitere Abfertigungshalle errichtet. An den Eincheckschaltern sollen künftig pro Stunde 16.000 Passagiere bedient werden können - derzeit sind es mit Mühe 6.000. 800 Experten arbeiten an der Planung und am Bau des neuen Superflughafens, der Spaniens größter sein wird. Sie versichern, daß es nach Fertigstellung keinerlei Verspätungen mehr geben solle.

Zudem ist der Bau eines Flughafenhotels vorgesehen. Und es soll ein Park mit Grünflächen angelegt werden.

Der Flughafen von Palma steht auf dem Gelände einer ausgedehnten Finca. Son San Juan bedeutet soviel wie „Sankt Johannishof". 1935 bauten die „Lineas Aéreas Postales de España", Vorläufer der heutigen Iberia, auf dem Boden des Landgutes einen kleinen Hangar nebst Stationsbaracke. Flüge nach Madrid und Valencia wurden angeboten.

Wurden im ganzen Jahr 1940 erst 412 Flüge und ca. 7.000 Passagiere registriert, so hatten sich die Zahlen bis 1950 bereits verzehnfacht. 1962 wurde die Millionen-Grenze an Passagieren überschritten. Erstmals landete eine deutsche Chartermaschine mit Urlaubern. Sie hatten bei Quelle-Reisen gebucht. Preis für zwei Wochen mit Vollpension: 325 Mark. Das Angebot schlug wie eine Bombe ein. Kurz darauf gab es kaum einen deutschen Reiseveranstalter, der Mallorca nicht im Programm hatte.

Der ehemalige LTU-Kapitän Klaus Feldmann erinnert sich, daß er 1965 zum erstenmal auf dem Flughafen Palma aufsetzte: „Das war ein richtiger Provinzflughafen mit holpriger Rollbahn. Als Abfertigungsgebäude diente eine Baracke und das Gepäck wurde mit Handwagen zu Fuß von den Maschinen in die Halle gebracht und umgekehrt.

Damals dauerte ein Flug nach Mallorca 4 bis 4 1/2 Stunden. Es mußte in Frankreich zwischengelandet werden, weil die Propellermaschinen die Strecke nicht mit einer Treibstoff-Füllung schafften. Und wenn Herbststürme tobten, mußten wir nach Ibiza oder Menorca ausweichen, weil die Tower-Technik in Palma nicht sehr fortschrittlich war."

Ein Vierteljahrhundert ist vergangen. Heute kann die Technik auf Palmas Flughafen mit jedem Airport in Europa mithalten. Moderne Charter- und Linienjets bringen Menschen aus Deutschland in zwei Stunden sicher und bequem in die Sonne. Sehr preiswert übrigens: wenn man nicht das günstige Pauschalangebot eines Reiseveranstalters nutzen möchte, kann man mittlerweile auch billig an ein Flugticket kommen. Fast alle Veranstalter bieten es an, zu Preisen (je nach Saison) von ca. 350 - 700 Mark.

EIN HÜPFER ZU DEN NACHBARINSELN

Wenn Sie bei einem Urlaub auf Mallorca auch mal die anderen Balearen-Inseln kennenlernen möchten: mit dem Flugzeug kommen Sie schnell und recht preiswert nach Menorca oder Ibiza. Formentera hat keinen Flughafen, aber eine Fährverbindung ab Ibiza.

Mindestens dreimal täglich starten Maschinen von Palma nach Ibiza und Menorca, an Feiertagen und in den Sommermonaten auch häufiger. Die Flugzeit beträgt 30 Minuten. Preis: Hin- und Rückflug ca. 6.000 Pesetas. Reservierung bei Iberia (Tel. 28 69 66) oder in jedem Reisebüro.

Daneben gibt es die Möglichkeit, mit dem Schiff auf die anderen Inseln zu gelangen.

Katamaran-Schnellboot

(nur Passagierverkehr, und bei ruhiger See):

tgl. Palma - Ibiza, 8 und 14.30 Uhr, Dauer 1 1/2 Std.
Ibiza - Palma, 12 und 18.30 Uhr, Preis hin und zurück: 5.750 Pts.

tgl. Alcúdia - Ciutadella, 8 und 19.30 Uhr, Dauer 1 1/2 Std.
Ciutadella - Alcúdia, 9.15 und 20.45 Uhr
Preis hin und zurück: 7.000 Pts.

Fährschiffe:

Sonntags Palma - Mahon und zurück, Dauer ca. 5 Std.
Preis pro Fahrt ca. 3.500 Pts.

Dienstags und donnerstags Palma - Ibiza, Dauer ca. 5 St.
Freitags und samstags Ibiza Palma
Preis pro Fahrt ca. 3.500 Pts.

Alle Preise, Daten und Fahrpläne galten im Herbst 1989. Sie können sich ändern. Deshalb bitte nachfragen.

Reservierungen bei Transmediterrénea, Tel. 72 67 40. Oder, was meist einfacher ist, in jedem Reisebüro. Die heißen immer „Viajes …". Es gibt sie in Palma gleich mehrfach, und natürlich in jedem größeren Ferienort.

Bis nach Mitternacht wird die Kathedrale von Palma angestrahlt. Fast siebenhundert Jahre wurde an dem mächtigen Dom gebaut.

Die Straße mit den hohen Palmen, die die Kathedrale vom Hafen trennt, hat man erst in den sechziger Jahren angeschüttet.

La Rambla, einer der schönsten Boulevards von Palma, beginnt am Plaza Mayor. Im Sommer ist es die Straße der Blumenmädchen.

BUMMEL DURCH PALMA

Die Mallorquiner nennen sie Ciutat. Die Stadt.
Eine grandiose Mischung aus Eleganz, Bohème,
historischer Größe und moderner Geschäftigkeit.

VON ERNST A. RAUTER

48

Der Umriß der Altstadt von Palma hat die Form einer Badekappe, die man runzlig über den Kopf gezogen hat. Die Runzeln entsprechen den Bastionen der Festungsmauer. Sie wurde 1830 abgerissen. Wo sie einst stand, wird heute der Autoverkehr um die Altstadt herumgeführt. Was sich außerhalb der Badekappenlinie Palma nennt, ist ungefähr so groß und interessant wie die Siedlung von Neuperlach oder das Märkische Viertel.

Die Stadt hatte sich einst auch gegen das Meer durch die Festungsmauer abgeriegelt. Knapp zwei Drittel der Ufermauer stehen noch, ungefähr einen Kilometer lang. Vor gut tausend Jahren bauten die arabischen Eroberer an ihrem westlichen Ende die Almudaina, den Palast, der unmittelbar neben der Kathedrale steht. Von dort regierten islamische Statthalter 300 Jahre die balearischen Inseln. Nach der Eroberung durch Jaime I. in der Silvesternacht des Jahres 1229 residierten dort die christlichen Könige. Noch heute ist er offizieller Amtssitz von König Juan Carlos.

Almudaina und Kathedrale stehen nicht mehr am Ufer. Vor den berühmten Bauwerken liegt ein Park, der 1960 aufgeschüttet wurde, und eine achtspurige Straße. Dadurch rückten auch die Mühlenhügel Es Jonquet vom Wasser ab. Sie pumpten noch um die Jahrhundertwende Trinkwasser in die Stadt. Heute sind sie zu Nachtclubs umfunktioniert.

Wenn man von der Almudaina in westlicher Richtung weitergeht, das Meer zur linken, fällt ein imposantes Bauwerk auf. Es gleicht einem gotischen Dom, dessen Türme noch nicht fertig sind. Weit gefehlt: Es ist die Lonja, Palmas Börse seit 1541. Vor der Entdeckung Amerikas durch Kolumbus war Palma das größte Handelszentrum des Mittelmeers.

Neben der Lonja, dem früheren Welthandelszentrum, ein weiteres steinernes Dokument aus der Zeit der Macht und Größe der Stadt, das Consulado del Mar. Es wurde im 17. Jahrhundert im schönsten Renaissancestil errichtet, zunächst als Seefahrtsakademie, später wurde es Seehandelsgericht. Heute ist das Consulado del Mar Regierungssitz der Balearen.

Hinter dem Regierungsgebäude, auf der dem Meer abgewandten Seite, der Platz Atarazanas. Die Übersetzung des Namens bedeutet soviel wie Werft. Das Gelände steigt an. Seit dem 11. Jahrhundert wurden hier Schiffe gebaut und durch ein Tor, am Consulado del Mar vorbei, ins Meer gelassen, dort, wo sich jetzt die Autos stauen. Ein Denkmal in der Mitte des Platzes stellt den großen Seefahrer Jaime Ferrer dar. Im Jahr 1346 segelte Ferrer als erster Europäer um den Westbauch Afrikas bis Rio de Oro.

Kathedrale, Almudaina, Lonja, Consulado del Mar und die Plaza Atarazanas sind die ältesten Teile von Palma.

Das Viertel zwischen Hafenpromenade, Borne und der Avenida Rey Jaime III. heißt Puig (sprich: pudsch) de Sant Pere, Berg des Heiligen Petrus.

Beim Bummel durch dieses alte Viertel mit den engen und krummen Gassen bekommt man vieles zu schauen, das in Jahrhunderten

Romantik und Verfall: Palmas Altstadt

gewachsen und verfallen ist. Aus den Dachrinnen der vierstöckigen Mietshäuser wuchern Gräser und Kakteen. Zierliche Kästen aus Glas und dünnen Sprossen hängen an den Hauswänden, zerbrechliche geschlossene Balkonschachteln. So eine Art Wintergarten, würden wir sagen. Die herausragenden Mauervitrinen künden von sozial höherem Rang. Dort wohnten feinere Leute.

Sie sind aus diesen Gassen längst ausgezogen. Irgendwann war es nicht mehr modern, in den dunklen Schluchten zu wohnen.

Auch die US-amerikanische Kriegsmarine scheint nicht unbeteiligt gewesen zu sein. Die Gassen liegen zu nah am Hafen, um in ihrem Leben und Aussehen unverändert bleiben zu können, wenn immer wieder Schlachtschiffe und Flugzeugträger anlegen und gewaltige Vergnügungsnachfrage in die ufernahen Bereiche entlassen. Hier warten die Mädchen, die von der Liebe der Matrose leben. Sie teilen ihren Arbeitsplatz mit rehäugigen Dealern, die weiße Pülverchen und Navy-Zigaretten anbieten.

Lärmender, frivoler Frohmut verjagte die zahlungskräftigeren Mieter aus dem Viertel. So manchem Vermieter fehlte bald das Geld, sein Haus instandzuhalten. Ein Anwesen nach dem anderen verwahrloste. Wer hier einzog, mußte durch Preisnachlässe honoriert werden. Nun wohnen hier ganz Arme, mit vielen Kindern und Wäsche in den Fenstern. Einige Häuser sind baufällig geworden. Sie stehen leer.

Die Grundstückspreise dieses Stadtteils müßten nach ihrer Lage zu den höchsten Europas zählen. Jeder Baukonzern würde das Viertel gern niederreißen und rentable Neubauten aufstellen lassen. Supermärkte, Lederwarengeschäfte, Juwelierläden, Bürohäuser, Banken, teure Wohnungen. Die Investoren würden sich hier am Meer drängen, vorausgesetzt die Verwaltung ließe sie über die Häuserzeilen frei verfügen.

Der Denkmalschutz läßt keine Änderung zu. Die Regierung der

EINKAUFEN IN PALMA

Palma bietet an Einkaufsmöglichkeiten die breite Palette einer europäischen Großstadt. Flippig und oft todschick. Aber: Palma ist die teuerste Textil-Stadt Spaniens.

Günstiger als in der Bundesrepublik sind Schuhe. Allerdings sollte man sich nicht von den billigsten Angeboten verleiten lassen. Das gilt ebenso für die vielgepriesene Lederkleidung.

Spaß macht ein Besuch in den Markthallen. Zwei liegen in der Innenstadt: Mercado Olivar, Plaza Olivar, in der Nähe der Plaza España; und der Mercado Santa Catalina, Plaça Navegació, hinter der Avenida Argentina. Beide Markthallen sind täglich außer Sonntag von 9.00 bis 14.00 Uhr geöffnet.

Der Kunsthandwerkermarkt auf der Plaza Mayor ist täglich außer Sonntag von 10.00 bis 13.00 Uhr geöffnet. Hier gibt es handgefertigten Schnickschnack, zum Teil recht hübsch.

Von der Plaza Mayor gehen die beiden Haupteinkaufsstraßen ab, die für den „normalen" Geldbeutel geeignet sind: Via Sindicato und Calle San Miguel. Wer es feiner wünscht, geht in die Avenida Jaime III. Hier steht auch das Kaufhaus Galerias Preciados.

Am Ende der Via Sindicato, Nr. 64 gibt es ein interessantes Gewürz- und Kräuterhaus, „Especias Crespí".

Ansonsten muß man in den Seitenstraßen zwischen der Plaza España und der Plaça Cort stöbern. Schmuck gibt's in der Calle de la Platería.

Antiquitäten sind auf der Insel rar und teuer geworden. In Palma gibt es zwei gute Läden in der Calle Arabí 3 und 5.

Der Flohmarkt (El baratillo) mußte aus der Stadt Palma in das neue Stadtviertel Poligono de Levante (am Autobahnanfang Richtung Flughafen, rund um die Avenida Mexico) umziehen.

Balearen möchte das Bild des alten Stadtkerns bewahren. Erst in jüngerer Zeit wechseln trotz der augenfälligen Armut viele Häuser im Viertel den Besitzer. Immer mehr Ausländer finden es reizvoll, mitten in der historischen Altstadt eine Wohnung zu haben.

Es sind ein paar Schritte zum Paseo des Born, bzw. Passeig des Born, oder, wie alle sagen, zum Borne. Im Mittelalter war an dieser Stelle der Turnierplatz. Born bedeutet Speerspitze.

Prachtvolle Häuserfassaden, glitzernder Luxus in den Verkaufsräumen, Steinbänke, Kioske. Alte Platanen beschatten einen der schönsten Straßenzüge, den „Augapfel der Insel". Die alte Plüschseligkeit, mit der die Cafés am Rande der Prachtstraße einst aufwarteten, ist leider pflegeleichtem Kunststoff gewichen, dem kühlen Glanz von Luxusboutiquen, Airline-Büros, Bankfilialen.

Am Borne und um die Kathedrale herum, im „Centre historic", ließen viele Familien im Mittelalter ihre schmalbrüstigen Häuser abreißen. Sie setzten italienisch inspirierte Palacios an ihre Stelle.

Man sieht ihnen von außen nicht an, welche Güter der Kunstgeschichte sie bergen. Sie erinnern manchmal, so lange das Portal mit den schweren Toren geschlossen ist, eher an Gefängnisse. Die älteren Paläste waren Festungen. Sie wurden zu einer Zeit errichtet, als die Bewohner Grund hatten, Krieg und Piratenüberfälle zu fürchten. Die Eingangsgewölbe waren so berechnet, daß zwei Ritter gleichzeitig hindurchreiten konnten. Die malerischen Patios mußten 25 Reitern Platz bieten. Viele dieser Palacios sind mittlerweile restauriert und zu modernen Luxuswohnungen umgestaltet worden.

Östlich vom Borne geht ein merkwürdiges Straßenstück ab. Es ist sehr viel breiter als jede andere Straße in diesem Stadtviertel, und es ist nach hundert Metern zuende. Der Straßenstummel ist das Zeugnis des abgebrochenen Versuches, den Stadtkern von Ost nach

Frische Fische in den Markthallen von Palma

West in zwei Stücke zu zerhacken. Gabriel Alomar, Stadtarchitekt Palmas während der Zeit der Franco-Diktatur, wollte in den fünfziger Jahren quer durch die Altstadt eine Autoschneise schlagen. Alte arabische Gassen, Palastfassaden, die ganze Calle San Felió, alles hätte der Magistrale weichen müssen. Kostbare Kulturdenkmäler wären ruiniert worden; tausende von Familien hätten umgesiedelt werden müssen. Korruption und Vetternwirtschaft verhinderten, daß aus der Calle Constitución mehr wurde als ein Stadtplaner-Denkmal.

Viele Städte haben ein Zentrum. Palma hat einen Nabel. Das ist die Bar Bosch (sprich: Bosk) an der Plaça del Rei Joan Carles I., mitten im Verkehr, laut, ungemütlich, aber erstaunlich gastlich. Von den Kellnern ist einer seit vierzig Jahren dabei, zwei seit mehr als dreißig.

An der Bar beginnt die Fußgängerzone mit unzähligen kleinen Geschäften in winkligen Gassen. Fast zwangsläufig kommt man von hier zur Plaza Mayor, dem alten Stadtmarkt. Auf dem von Arkaden umsäumten rechteckigen Platz tagte einst die Inquisition. Heute haben Kunsthandwerker die Oberhand, im Winter der jährliche Weihnachtsmarkt. In den prächtigen Platz, der von Straßencafés umrahmt ist, münden die Hauptschlagadern des städtischen Wirtschaftslebens: Calle Colon und Calle Jaime II. für mittlere, Calle San Miguel für kleine und die Via del Sindicato für kleinste Portemonnaies.

Die Gassen um die Plaza Mayor sind schmal, lebhaft und bunt. Noch schmalere Gassen kreuzen sie. Wer abbiegt, läuft Gefahr, sich zu verirren. Wer sich verirrt, dreht die Zeit zurück. Palma um 1800: Abenteuerliche Tante-Emma-Läden, die jedes moderne Warenangebot eines Kaufhauses in den Schatten stellen, Bürgerhäuser mit ehemals schön bemalten Fassaden, deren Farben dahinbleichen, rostende Balkongitter edelster Machart.

Noch älter wirkt Palma in der Stille der Calle Sans, nahe bei der Kirche

Palmas ältestes Bauwerk: Der Königspalast Almudaina

PARKEN IN PALMA

In der Innenstadt von Palma gilt das Parksystem ORA. Man muß sich im Tabakladen einen Parkschein („Tarjeta") kaufen, wenn man parken will. Mit dem Autoschlüssel markiert man die Ankunftszeit (Tag, Stunde, Minute) und legt den Schein sichtbar ins Auto.

30 Minuten parken kosten 30 Pts., 90 Minuten 75 Pts. ORA gilt an Werktagen von 9.30 - 13.30 Uhr und von 17 - 20 Uhr. Samstags nur am Vormittag.

Leihwagen und Fahrzeugen mit ausländischem Kennzeichen legt man gern die „Kralle" an. Das zwingt den Eigentümer, sich bei der Behörde zu melden.

Santa Eulalia. Hier liegt Can Juan de S'Aigo, die älteste Schokoladenstube der Stadt - seit 1700 wird dort heiße Schokolade serviert.

In der Nähe der Kirche sind viele gemütliche, einladend wirkende Cafés. Am Abend hockt hier ein interessantes Publikum. Studenten, Journalisten, Maler, Poeten.

Die Kirche Santa Eulalia wurde schon 1236, zusammen mit der Kathedrale, als Kapelle errichtet. Man hat sie einige Male erweitert und umgebaut. Sie enthält die größte Sammlung religiöser Bilder aller Kirchen auf der Insel.

Das mittelalterliche Judenghetto reichte bis an die Kirche heran. Die Straße mit dem Namen Plateriá, die von hier zur Plaza Mayor führt, bildete das Zentrum. Rechts und links Schaufenster mit Schmuck. Die Straße hat den Ruf, daß man über Preise diskutieren könne.

So kennen viele Palmas Tagestreff, die Bar Bosch. Inzwischen wurde die Terrasse vergrößert.

paar Stunden - haben Sie einen Überblick über das historische Palma gewonnen. Er wird Ihnen noch mehr bringen, wenn Sie vorher zum Castillo Bellver hinauffahren. Von der wuchtigen Festung, die wie eine Krone über der Bucht von Palma glänzt, erkennen Sie ganz genau den Verlauf der alten Stadtmauer und die neuen Wohnviertel.

Außerhalb des historischen Stadtkerns lohnt sich kaum ein Bummel. Höchstens am Paseo Marítimo, der Hafenpromenade, entlang. Hier knüpfen Fischer noch wie in alter Zeit ihre Netze, und an den Kais der Yachthäfen liegen Boote, deren zusammenaddierter Wert manchen Staat sanieren würde.

Direkt unterhalb der Burg Bellver tobt Palmas lautestes Nachtleben. Vor achtzig Jahren entstand hier die erste Feriensiedlung Mallorcas. Rund um die Plaza Gomila bauten wohlhabende Familien aus Palma eine Villen- und Laubenkolonie. Heute sieht man, wenn man genau hinschaut, diese Villen hier und da noch zwischen den Diskotheken des Vergnügungsviertels.

In umittelbarer Umgebung von Santa Eulalia: die Plaza Cort mit dem Rathaus. Es fällt durch seine gewaltige Renaissance-Front auf. In der Vorhalle schauen drei Meter hohe Puppen in balearischer Tracht mit komischem Ernst auf den Besucher herab. Im zweiten Stock befindet sich das Historische Ar-

chiv des ehemaligen Königreiches Mallorca, mit dem Original des 1334 lateinisch und katalanisch geschriebenen und mit Miniaturen geschmückten Gesetzbuches der Könige von Mallorca.

Wenn Sie diesen Rundgang gemacht haben - Sie brauchen ein

PALMA BEI NACHT

Wenn um Mitternacht die Scheinwerfer der Kathedralen-Beleuchtung verlöschen, schließen auch die Fischrestaurants am Paseo Sagrera. Nur in der schmalen Calle de los Apuntadores bleibt die Nacht hell. Hier drängt sich Bar an Bar, jede Klein-Disco, jeder Musik-Keller hat seine eigene Musik, manchmal auch live. Einige haben Schilder im Fenster: „Aquí se habla español" - „Hier spricht man spanisch". Viele Mallorquiner scheinen sich hier verloren vorzukommen. Mit klassischer Musik und stilvoller Atmosphäre wirkt die Nachtbar Abaco, in einer Seitenstraße in einem alten Stadtpalast etabliert, wie eine Oase (➔ Seite 145).

Schlaflos bleibt auch die funkelnde Uferpromenade Paseo Marítimo und der Stadtteil unterhalb des Castell Bellver: El Terreno. Hier liegt die Plaza Gomila, die mittelalterliche Richtstätte der Inquisition. Anstelle von Scheiterhaufen lodern jetzt Leuchtreklamen und rufen, von akustischen Signalen unterstützt, die Jugend der Welt ins Dunkel der Disco. Die Plaza Gomila ist Treff- und Drehpunkt des städtischen Night-Life, Palmas Reeperbahn. Allerdings ohne harte Sexdarbietungen: Oben ohne-Bars locken höchstens mit blanken Busen.

Von den 3.000 Discos, die man in Palma zählt, haben sich viele hier

zu einem harten Kern formiert: Kleine, große, supergroße, wie etwa Tito's Palace mit der hochverglasten Tanzfläche. Der Blick über die weite, nächtlich erleuchtete Bucht kann mit dem vom Castell Bellver konkurrieren.

Das Tito's gibt es übrigens schon seit 1923. In den Zwanziger Jahren, der Zeit des Jazz' und des Kokains, war es Palmas nobelster Nachtclub. Nach dem Krieg gastierten hier Weltstars - von Charles Aznavour bis Marlene Dietrich. Als es um 1980 herum plötzlich nicht mehr „in" war, übernahm eine englische Gruppe das Lokal und machte eine Diskothek daraus. Sie läuft bombig. Ihre Laserstrahlen irritieren gelegentlich Schiffer auf See, die einen Leuchtturm vermuten. (Weitere Lokaltips ➔ S. 142)

(Interview: Fernando Schwartz, Gala Arte)

EIN FAN ÜBER MALLORCA

 CARAMBA, da sagt man, daß auf diese Insel Massen über Massen von Touristen kommen. Und manche sagten, daß man diese Menschen meiden sollte. Aber man sieht: Der Marivent-Palast ist genau dort, wo auch die Touristen sind. Sie gehören zu Mallorca. Sie arbeiten elf Monate im Jahr, um einige Wochen hierher zu kommen. Wir sollten stolz sein, daß sie kommen, und wir sollten ihnen das Leben so angenehm wie möglich machen.

Mallorca bedeutet für mich Erholung. Hier kann ich die Krawatte ablegen. Ich sorge dafür, daß alle meine Besucher genauso unformell sind, wie ich, und genauso entspannt. Wir reden und analysieren und erzählen uns nette Geschichten. Hier sind auch schon Probleme gelöst worden. Bruno Kreisky, Gaston Thorn, der Prinz und die Prinzessin von Wales, die Königin von England waren oder sind meine Gäste, und viele andere Menschen aus Italien, Frankreich, Deutschland oder England. Sie alle lassen den Ärger zuhause und sehen die Welt positiv. Mallorca ist einfach eine Zauberinsel.

JUAN CARLOS I.
KÖNIG VON SPANIEN

WENN DER KÖNIG KOMMT

Mehrfach im Jahr macht König Juan Carlos I. mit seiner Familie Urlaub auf Mallorca. Seit 16 Jahren.

Den Hafen von Palma begrenzt im Westen der Stadtteil Cala Mayor. Bevor man in die belebte Touristensiedlung kommt, steht auf der linken Seite in einer Kurve eine alte Villa mit einem Chinarestaurant. Zweihundert Meter vorher ist ein großes, meist verschlossenes Tor in der Mauer, und daneben ist eingemeißelt: „Palacio Marivent".

Manchmal steht ein Polizist auf der kleinen Verkehrsinsel vor dem Tor. Das zeigt dann dezent an, daß der König auf Mallorca ist. Juan Carlos I., Spaniens Monarch, verbringt seit 16 Jahren alle seine Urlaube auf Mallorca, mitten unter den Touristen. Oft schon hat man ihm Häuser an romantischen Steilküsten angeboten, denn der Platz in Cala Mayor hat offensichtliche Nachteile. Unübersehbar stehen gewaltige Ölbunker neben dem Palast. König Juan Carlos scheint sie nicht zu sehen und nicht zu fürchten.

1923 baute ein Grieche namens Saridakis den Marivent-Palast. Damals war der Hafen von Palma noch weit entfernt. Der Grieche konnte einen gewaltigen Park von 330.000 Quadratmetern anlegen. Als er starb, überschrieb er den Palast nebst seiner Gemäldesammlung (Renoir, Picasso, Miró) der Regierung. Sie sollte, verfügte er, ein Museum daraus machen. Das geschah auch - bis der Zivilgouverneur der Balearen in den siebziger Jahren dem König den Palast als

Königin Sofia und König Juan Carlos I. zeichnen in Palma einen Segler aus. Es applaudieren die Prinzessinnen Elena und Christina sowie Kronprinz Felipe (v.l.).

Sommerresidenz anbot. 1975 wurde das Museum geschlossen.

Längst ist der Hafen nähergerückt. Unmittelbar am Grundstück machen Kriegsschiffe fest, Zerstörer, U-Boote. Und fast verloren schaukelt zwischen den schmutziggrauen Kolossen die Yacht Fortuna, das Schiff des Königs.

Juan Carlos ist passionierter Segler. Während des Sommer-Urlaubs, immer im August, nimmt er an mehreren Segelregatten teil. Die Regatta um den Königspokal ist das wassersportliche Ereignis des Jahres. Inzwischen machen auch Prinzessin Christina und Kronprinz Felipe bei den Segelwettbewerben mit. Prinzessin Elena gewinnt dem Ritt auf den Wellen weniger ab - dafür dem Ritt über den Parcour. Sie ist Pferdeexpertin. Königin Sofia kann sich für keine Sportart so recht begeistern. Sie schaut zu und macht Fotos.

Das tun auch andere. Alle Jahre wieder stürzt sich eine Armada von Fotografen auf die königliche Familie. Mit meterlangen Teleobjektiven versucht man, die Königstöchter beim Sonnenbaden zu erwischen.

Gänzlich aus ist's mit der Ruhe, wenn „Königs" Besuch aus dem Norden haben. Prinz Charles und Lady Di waren in den vergangenen Jahren mehrfach Gäste der spanischen Verwandtschaft. Die internationale Illustriertenpresse registrierte, wie gut Mallorca dem Paar getan habe: Verkracht sei es angereist, verliebt zurückgeflogen.

So gut es eben geht, versucht die Königsfamilie einen normalen Urlaub zu machen. Königin Sofia geht in Palma einkaufen wie Tausende anderer Urlauber auch. Den König in einer Hafenkneipe anzutreffen, in der er mit Seglerfreunden über das Wetter diskutiert, ist kein Kunststück.

Kurz vor Urlaubsende findet der traditionelle Empfang für die Würdenträger der Balearen im Almudaina-Palast statt. Hier, im Stadtpalast von Palma, ist der offizielle Sitz des Königs auf Mallorca.

In Cala Mayor steht die Sommerresidenz der Königsfamilie : der Marivent-Palast.

Seglerromantik im Hafen von Palma.

YACHTFIEBER

Nicht nur König Juan Carlos liebt
das Segelrevier Mallorca

VON WOLFRAM SEIFERT

Mallorca ist, so finden viele, um einen prächtigen Anblick ärmer geworden. Mußte doch der verarmte Ex-Milliardär Kashoggi seine 100-Meter-Yacht Nabila verkaufen. Der Sultan von Brunei erwarb das Schiffchen - und verscherbelte es flugs mit Aufpreis an den New Yorker Baumagnaten Trump.

Wenn Kashoggis „Nabila" majestätisch einlief und mit knapper Not Platz am längsten Kai in Palmas Yachtclub fand, brauchte sich die Lokalpresse um andere Themen kaum zu kümmern. Seitenlang berichtete sie über die rauschenden Feste und Empfänge an Bord. Über die blonden skandinavischen Rekken, die Neugierigen schon mal Prügel androhten. Über Kashoggis Kinder und deren Freunde, die in den Nobel-Discos der Balearen-Hauptstadt mit Scheinen um sich warfen.

Einen Abklatsch des Kashoggi-Pomps erlebte Mallorca im Spätsommer 1988, als Britanniens Queen mit ihrer gleichnamigen Yacht nach Palma kam. Dutzende von Fotografen lauerten auch ein Jahr später im Hafen von Palma, als der Sultan von Oman mit sechs Ministern auf Mallorca eintraf. Seine Superyacht nebst Versorgungsschiff wartete bereits im Hafen, als er in der Privat-Boeing einschwebte. Eine Flotte von 12 Mercedes-Karossen quoll aus dem Bau des Logistik-Dampfers.

Kashoggi, Elizabeth und ein Scheich aus dem Morgenland – sie sind die Spitze einer Bewegung, die immer stärker auf die Insel schwappt, unzweifelhaft gefördert durch die häufige Anwesenheit des spanischen Königs auf Mallorca und seine große Segelleidenschaft. 75 Prozent der Liegeplätze in den Häfen sind inzwischen in

ausländischer Hand. Vor allem Deutsche und Engländer nutzen die kurzen Flugzeiten in ihr Wasserparadies.

Den Skippern werden vom Touristik-Ministerium allenthalben rote Teppiche ausgerollt: Schon jetzt finden sie ein breites Angebot an gut ausgestatteten Häfen vor. Die Zahl der Liegeplätze soll bis zum Jahr 2000 auf 25.000 erweitert werden, was den Neubau eines guten Dutzend Häfen erfordert.

Denn im Sommer ist die Nachfrage nach Liegeplätzen längst nicht mehr zu befriedigen. Mit der Folge, daß sich ankernde Boote und Yachten zu Hunderten in den Hafeneinfahrten und in hafennahen Buchten drängen.

Obwohl die Buchten den Häfen allemal vorzuziehen sind. Denn vom Wasser aus ist am besten zu erkennen, daß Mallorca viel besser ist als sein Ruf: Dreiviertel der Küste sind „jungfräulich", von den Beton-Segnungen des Massentourismus verschont. Und das wird sich, klugen Gesetzen zufolge, auch nicht mehr ändern.

Zum Klima: In den Sommermonaten bläst der Wind, wenn keine Flaute ist, meist aus Südwest oder Südost, in Stärken zwischen drei und fünf. Ideal also für Segler. Plötzliche Wetterumschläge sind selten. Nur im Winter gibt es bisweilen heftige Stürme.

Das beste Segelrevier ist die Südküste mit ihren vielen Häfen. Dagegen gibt es an der 60 km langen Felsküste im Nordwesten kaum welche. Sie liegt zudem im Sommer oft im Windschatten. Da bleibt dann nur der Sprung ins Wasser. Und das ist nirgendwo im Mittelmeer, mit Ausnahme der Ägäis, so sauber wie rund um Mallorca.

WO MAN EIN BOOT CHARTERN KANN

Preise für Segelboot, 10 m, 1 Woche

C.R.U.E.S.A., Palma, Paseo Marítimo, 16. ☎ 28 28 21.
Sommer: 197.500 Pts.,
Winter: 124.500 Pts.

Dehler Spain S.A., Palma, Paseo Marítimo, 44. ☎ 40 44 66
Sommer: 215.000 Pts.,
Winter: 142.000 Pts.

Cliffie, Portals Nous, Puerto Portals, Edf. Ponent, Loc. 19.
☎ 67 64 26
Sommer: 470.000 Pts.,
Winter: 330.000 Pts.

Skandinavian Yacht Service S.A. L'Arenal, C/. Mosen Alcover s/n.
☎ 26 31 33
Sommer: 194.000 Pts.,
Winter: 167.000 Pts.

Balear Maritim S.A., Alcúdia, Ctra. de la Victoria s/n. ☎ 54 82 84
Sommer: 207.000 Pts.,
Winter: 160.000 Pts.

Motoryachten:

RS Yachtcharter, Costa de la Calma, ☎ 691893
Preise: 7 m = 660 DM für 3 Tage;
9,5 m = 3.600 DM/Woche; 11 m = 4.500 DM/Woche; Skipper ca. 120 DM/Tag

Naviera Formentor S.A., Paseo Mallorca, 2, Palma
☎ 710949
13,5 m (4 Personen) 110.000 Pts./Tag incl. Skipper.
20 m (6 Personen) 200.000 Pts./Tag incl. 2 Crewmitglieder

(Preise für Sommersaison 1989. Zur Anmietung ohne Skipper braucht man den deutschen Sportführerschein Küste)

HAUS MIT SEGELYACHT:

Ferienwohnungen in Verbindung mit einer Yacht bietet der Free Sailing Club in La Rapita an. Büro in Deutschland: Berlin 030-4024733.

ALLE HÄFEN MALLORCAS

zusammengestellt und kommentiert von Wolfram Seifert

	Liege-plätze	Wasser	Strom	Tanken	Kran	Restau-rant	Lebens-mittel	Eis	Service	Bemerkungen
Club de Mar Palma, Tel. 40 36 11 max. Tiefe: 6 m max. Schiffslänge: 35 m	610	am Kai	220 V 380 V	Diesel Super	5t	ja	ja	ja	gut	Stadtnah. Vielerlei Service-Ein-richtungen. Gutes Restaurant, Prominenten-Disco.
Escuela Nacional de Vela Calanova Palma, Tel. 40 25 12	212	am Kai	220 V	Diesel Super	50t	ja	ja	ja	gut	Etwas veralteter Hafen. Im Sommer viel Trubel, viele junge Leute (nationale Segelschule)
Club Nautico Palmanova, Tel. 68 10 55 max. Tiefe: 1,2 m max. Schiffslänge: 10 m	70	am Kai	220 V	nein	6t	nein	nein	nein	kaum	Einfach, für Bootseigner ohne Ansprüche
Porto Deportivo Nadal Salas El Toro, Tel. 68 12 45 max. Tiefe: 6 m max. Schiffslänge: 10 m	353	am Kai	220 V 380 V	Diesel Super	30t	nein	nein	nein	wenig	Heruntergekommener Hafen. Viel Dreck, der von der Steilküste heruntergeweht wird.
Puerto Portals Portals Nous, Tel. 67 63 00 max. Schiffslänge: 60 m	640	am Kai	220 V 380 V	Diesel Super	40t	ja	ja	ja	sehr gut '	Bester Hafen der Balearen. Viele Restaurants und Boutiquen, im Sommer buntes Treiben. Teuer.
Embarcardero Sol de Mallorca Urb. Sol de Mallorca Calviá, Tel. 68 05 56 max. Tiefe: 5 m max. Schiffslänge: 10 m	69	am Kai	220 V	Diesel Super	3t	nein	nein	nein	wenig	Einfach, für Bootseigner ohne Ansprüche.
Club Nautico Santa Ponça, Tel. 69 03 11 max. Tiefe: 5 m max. Schiffslänge: 20 m	522	am Kai	220 V	Diesel Super	27t 1,5t	ja	ja	ja	gut	Sehr gut geschützt, ordentlicher Service. Etwas steril, wenig Leben
Club de Vela Port d'Andratx, Tel. 67 17 21 max. Tiefe: 2,5 b.4,5 m. max. Schiffslänge: 22 m	475	am Kai	220 V	Diesel Super	50t	ja	nein	ja	gut	Hafen mit Flair. Schlecht ge-schützt, Wind haut vom Meer und von den Bergen in die Bucht.
Puerto de Sóller Port de Sóller, Tel. 63 16 99 max. Tiefe: 4 m max. Schiffslänge: 12 m	136	am Kai	220 V	Diesel	1t	nein	nein	nein	kaum	Fischerhafen, Service gleich Null. Viel Platz zum Ankern in fast kreisrunder Bucht.
El Cocodrilo de Bonaire Malpas (Alcúdia), Tel. 54 69 55 max. Tiefe: 1,5 b. 3 m max. Schiffslänge: 15 m	335	am Kai	220 V	nein	nein	nein	nein	nein	kaum	Netter Hafen, an dem man leicht vorbeifährt. Fast ausschließlich Stammgäste.
Club Nautico Port de Pollença, Tel. 53 16 48 max. Tiefe: 2,5 b. 4,2 m max. Schiffslänge: 30 m	375	am Kai	220 V	gepl.	gepl.	ja	nein	nein	wenig	Eng, ohne Komfort. Ideales Segelrevier.
Puerto Deportivo Alcúdia, Tel. 54 60 00 max. Tiefe: 4 m max. Schiffslänge: 30 m	728	am Kai	220 V	gepl.	80t 8t	gepl.	gepl.	ja	wenig	Großer Hafen, in den letzten Jahren ausgebaut Lange Wege . Treibstoff nur im Fischerhafen nebenan (nur Diesel)
Puerto Deportivo Can Picafort, Tel. 52 61 39 max. Tiefe: 4 m max. Schiffslänge: 12 m	473	am Kai	220 V	nein	8t	nein	nein	nein	wenig	Unattraktiv, lieblos. Gerüche durch Faulgase vom Grund.

	Liege-plätze	Wasser	Strom	Tanken	Kran	Restau-rant	Lebens-mittel	Eis	Service	Bemerkungen
Puerto Deportivo Cala Ratjada. Tel. 56 40 19 max. Tiefe: 7,5 m max. Schiffslänge: 12 m	140 + 120 ab 1990	am Kai	220 V	nein	17t	gepl.	gepl.	nein	kaum	Kleiner Hafen für Skipper ohne Ansprüche.
Puerto Cala Bona Son Servera, kein Tel. max. Tiefe: 4 - 0,7 m max. Schiffslänge: 8 m	136	am Kai	220 V	Diesel	90t 5t	nein	nein	ja	wenig	Eng, im Sommer kaum Platz für Gäste.
Club Nautico Portocolom, Tel. 57 56 58 max. Tiefe: 3 m max. Schiffslänge: 15 m	252	im Hafen	220 V	nein	nein	nein	nein	ja	befr.	Familiärer Hafen in schöner Bucht. (Wassersport)
Club Nautico Portocristo, Tel. 57 04 56 max. Tiefe: 3 m max. Schiffslänge: 19 m	400	am Kai	220 V	Diesel Super	ja	ja	nein	ja	wenig	Ordentlicher Hafen ohne großen Komfort. Geschützte Lage. Weite Wege.
Marina de Cala d'Or Cala d'Or, Tel. 65 70 70 max. Tiefe: 3 m	435	am Kai	220 V	gepl.	50t 5t	ja	ja	ja	befr.	Sehr geschützter Hafen. In den letzten Jahren ausgebaut und modernisiert. Eng im älteren Teil.
Real Club Nautico Portopetro, Tel. 65 76 57 max. Tiefe: 2,5 m max. Schiffslänge: 15 m	228	im Hafen	220 V	nein	nein	nein	nein	ja	kaum	Macht seinem Namen nur wenig Ehre. Aber hübsche Lage. Für Skipper ohne Ansprüche.
Puerto Deportivo Cala Figuera, kein Tel. max. Schiffslänge: 25 m	152	im Hafen	220 V 380 V	Diesel	2x1t	nein	nein	nein	kaum	Romantischer Fischerhafen, sehr gut geschützt. Kaum Platz für Gäste.
Puerto Deportivo Colonia de San Jordi, Tel. 65 51 48 max. Tiefe: 0,9 m max. Schiffslänge: 15 m	372	nein	220 V	nein	0,5t	ja	nein	nein	kaum	Einfacher Hafen, sehr eng. Bietet so gut wie nichts.
Club Nautico Na Rapita, Tel. 65 10 01 max. Tiefe: 3,5 m max. Schiffslänge: 20 m	490	am Kai	220 V	Diesel Super	50t 7t	ja	ja	ja	gut	Moderner, gut ausgestatteter Hafen attraktiver Strand nebenan.
Club Nautico S'Estanyol, kein Tel. max. Schiffslänge: 12 m	287	am Kai	220 V	Diesel Super	6t	ja	ja	ja	wenig	Ordentlicher Hafen mit wenig Leben. Gut geschützt.
Club Nautico L'Arenal, Tel. 26 89 11 max. Tiefe: 2,5 m max. Schiffslänge: 16 m	637	am Kai	220 V 380 V	Diesel	50t 20t	ja	ja	ja	gut	Alter Teil recht primitiv, neuer Teil gut. Direkt neben der Playa de Palma. Platz auch im Sommer.
Club Maritimo S. Antonio Can Pastilla, Tel. 26 35 12 max. Tiefe: 3 m max. Schiffslänge: 20 m	393	am Kai	220 V	Diesel Super	21t 7t 2t	ja	ja	ja	gut	Ordentliche Anlage, aber wenig Platz für Gäste. Am Anfang der Playa de Palma.
Club Maritimo El Molinar, Tel. 27 34 79 max. Tiefe: 1,2 m max. Schiffslänge: 8 m	160	im Hafen	nein	nein	6t	nein	ja	ja	kaum	Einfacher Hafen, für Boots-eigner ohne Ansprüche.
Club Nautico Cala Gamba Coll den Rebassa, Tel. 26 18 49 max. Tiefe: 1,5 m max. Schiffslänge: 10 m	250	im Hafen	220 V	nein	5t	ja	nein	ja	ausr.	Bietet wenig, schlecht geschützt.
Club Nautico Portixol Palma, Tel. 27 38 68 max. Tiefe: 7 - 3 m max. Schiffslänge: 8 m	274	am Kai	220 V	nein	4t 300kg	nein	nein	ja	wenig	Einfach. Nur für kleine Boote.
Real Club Nautico Palma. Tel. 72 68 48 max. Schiffslänge: 25 m	890	am Kai	220 V 380 V	Diesel Super	80t 12t	ja	ja	ja	gut	Guter Hafen mit viel Atmosphäre. Stadtnah. Restaurants und Ein-kaufsmöglichkeiten.

KRYSTIAN MARTINEK:

ICH, DER TAUCHER

In der Serie findet er einen Schatz. In Wirklichkeit fand er Spaß an einem neuen Hobby: Krystian Martinek alias Jens Hartmann.

Wolfgang Rademann fragte mich: „Willst du einen Taucher spielen?" Ich muß ihn erschrocken angestarrt haben.

„Nee, nee", beruhigte er mich. „Dett Tauchen macht ein Profi." Da sagte ich zu.

Tauchen war für mich etwas unheimliches. Ich verband es mit Begriffen wie: Dunkelheit, Stille, Enge, Klaustrophobie. Natürlich schaute ich bei den Dreharbeiten interessiert meinem Stuntman zu. Während ich an Bord vor der Kamera den Taucher Jens Hartmann spielte, wechselten wir, für den Zuschauer unbemerkbar, die Rollen und der Stuntman sprang für mich in die Tiefe.

Vielleicht war es simpler Neid auf den Stuntman, der etwas beherrschte, was ich nicht konnte; vielleicht auch nur Neugierde. Jedenfalls stand ich eines Tages vor einer Tauchschule und sagte: „Ich will den Tauchschein machen."

Wie alle Anfänger landete ich nach ein paar Theoriestunden mit Maske, Schnorchel und Flossen im Pool der Schule. Nicht besonders aufregend, aber notwendig. Nach weiteren Theoriestunden war es soweit: ich durfte mir eine Tauchflasche umschnallen. Viele denken, in ihr sei Sauerstoff. Falsch: es ist ganz normale Luft, die auf einen Druck von 200 bar gebracht wird. (Ein Autoreifen hat ca. 2 bar!)

Luft unter einem solchen Druck kann man natürlich nicht einatmen. Dafür gibt es einen Automaten. Er reguliert den Druck so, daß man normal atmen kann.

Ich kann heute sagen, daß ich selten so aufregende Stunden erlebt habe, wie bei meinen Tauchgängen. Bizzarre Farben durch die Brechung der Sonnenstrahlen. Bunte Fische, die neugierig herangeschwommen kommen, um den fremden Besucher zu bestaunen. Die scheinbare Schwerelosigkeit. Es geht eine gigantische Faszination von diesem Sport aus.

Für Anfänger ist Mallorca mit seinen anerkannten Tauchschulen besonders geeignet. Ein Grundkurs dauert vier Tage, kostet ca. 400 Mark. Man bekommt einen Sport-Tauchschein. Er berechtigt zum Tauchen auf der ganzen Welt.

So ein Tauchgang kostet ca. 50 Mark. Dafür bekommt man eine gefüllte Preßluftflasche und, falls nicht vorhanden, die gesamte Ausrüstung. Wenn man sich selber eine Tauchausrüstung zulegen will, muß man etwa 2.000 Mark investieren.

Im Sommer 1989 habe ich für die Serie HOTEL PARADIES keinen Stuntman mehr gebraucht. Ich war etwa vierzig mal unter Wasser. Wie das Drehbuch vorschrieb, habe ich einen 20 Millionen-Goldschatz aus der Tiefe geholt. Die Aufnahmen müssen so echt gewirkt haben, daß plötzlich ein Boot der Guardia Civil angebraust kam, die Beamten Warnschüsse abgaben und wir als illegale Schatzsucher verhaftet wurden.

Nach spanischem Recht stehen dem Staat nämlich 50 % des Fundes zu. Erst auf dem Revier glaubten uns die Polizisten, daß die Goldbarren nur Atrappen waren.

Die schönsten Tauchreviere Mallorcas sind in den Buchten der Ostküste. Oder um die Insel Cabrera - falls dort keine Manöver stattfinden.

SURFEN

ERFUNDEN AUF MALLORCA?

Raimund, ein Mönch aus Aragon, so sagt eine Überlieferung, war der erste Surfer der Welt. Im 13. Jahrhundert verbot man ihm das Verlassen der Insel. Aber er legte in der Bucht von Sóller seinen Mantel aufs Wasser, stellte den Kreuzstab darauf - und segelte gen Barcelona. Er soll tatsächlich angekommen sein.

Siebenhundert Jahre später, 1967, hatte der kalifornische Flugzeugkonstrukteur Jim Drake die Idee, ein Segel auf ein Brett zu stellen. Seither surft die ganze Welt. Auf Mallorca besonders gern: wegen des ruhigen Wassers und der guten Thermik. Einmal im Jahr finden sich Hunderte von Surfern in Cala Ratjada ein, um die vierzig Kilometer zur Nachbarinsel Menorca hinüberzugleiten.

Als das beste Surf-Revier mit sanfter Südwest-Thermik um Stärke vier bis fünf gilt die Bucht der Playa de Palma von Can Pastilla bis zur Cala Blava. Der Club Nautico am Strand vor dem alten Ortskern von L'Arenal (Balneario 9) ist sowohl Surfertreff als auch Verleihstation für Surfbretter. Weitere Windsurf-Schulen mit Brettverleih gibt es am Balneario 3 und Balneario 7.

Nordwest-Thermik bietet die weite Bucht von Alcúdia. Hier gibt es noch weite, kaum bevölkerte Strandabschnitte (Son Serra de Marina, zwischen Can Picafort und Port d'Alcúdia). Anfänger sollten aufpassen. Wer allzu kühn surft, kann bei „falschem" Wind leicht aus der schützenden Bucht geblasen werden und braucht die Hilfe der Küstenwacht.

Diese Gefahr ist in der benachbarten Bahia de Pollença nicht gegeben: Die von zwei Vorgebirgen abgeschirmte Bucht ist mit ihrer meist spiegelglatten Oberfläche ein ideales Trainingsgebiet für Anfänger.

Ein gutes Surf-Revier finden Besitzer eigener Bretter an der weitgezogenen Südküste beiderseits der Colonia de Sant Jordi: Vor den Stränden Es Trenc, Dels Dolç, Ses Roquetes sowie beim Yachthafen Sa Rapita und bei Ses Covetes. (Beim Hotel Marqués de Palmer gibt es die bislang einzige Surfschule am ganzen Küstenabschnitt.) In den stärker frequentierten Urlaubsorten sind dagegen allenthalben Bretter zu leihen.

Bunte Surfsegel bestimmen das Bild an den Urlaubsstränden Mallorcas.

61

FISCHEN

Angeln ist erlaubt, solange Sie Fische für den persönlichen Verzehr aus dem Meer ziehen. Sie dürfen sie nicht verkaufen.

Eine Erlaubnis bekommen Sie bei der Gemeindeverwaltung. Man braucht keinen Fischereischein vorzulegen. Und, offen gesagt, es wird in der Regel auch kein Mensch nach Ihrer Erlaubniskarte fragen.

Mit Anglerglück können Sie vom Boot aus einen Mero, Thunfisch, Denton oder Katzenhai fangen. Oder Sie versuchen, ein paar Raó zu bekommen. Das sind kleine rosafarbene Plattfische, die sehr aggressiv sind, aber eine wahre Delikatesse: Sie kosten im Laden mehr als Hummer und werden in Feinschmeckerrestaurants mit der Briefwaage abgewogen.

Erlaubt ist auch das Fischen mit Harpune, solange man keine Sauerstoffflasche benutzt. Mit der Harpune werden Tintenfische erlegt.

REITEN

Mallorquinische Pferde sind von edler Art: Mit Araberblut aus der Maurenzeit. Mittlerweile kaufen arabische Ölmagnaten Pferde aus Mallorca, beispielsweise aus der renommierten Zucht bei Felanitx. Trotzdem sind gute Reitställe, in denen Touristen Pferde mieten können, auf der Insel rar. Wenige haben sich im Laufe der Jahre einen respektablen Namen gemacht. Etwa der deutsche Reitstall „Rancho la Romana" am Ortsausgang von Paguera in Richtung Palma. Hier werden auch Reitausflüge organisiert. Oder:

„Rancho Andaluz" in Can Picafort

„Rancho Picadero" bei Colonia de Sant Jordi

„Club Hipico" in Cala Llonga bei Cala d'Or

Pferderennen finden in unregelmäßigen Abständen im Hipódromo San Pardo, Palma, Ctra. de Sóller, Tel. 75 40 31, statt.

TENNIS

Fast jedes größere Hotel hat mindestens einen Tennisplatz, meist mit Flutlicht und Sprenkelanlage. Aber es gibt auf der Insel auch öffentliche Tenniszentren. Die zehn wichtigsten sind:

Cala Millor	Tenniscenter Cala Millor
Can Picafort	Sportcenter Rojo Vivo, Ortsteil Son Baulo
	Sportcenter Sport Pins, beim Hotel Gran Vista
Cala d'Or	Club Hipico, Avda. Portopetro
Canyamel	Sunshine-Tennis-Anlage
Paguera	Golden Team Tennis Center
Portals Nous	Sporting Tennis Playa, neben Marineland
Port d'Alcúdia	Sportzentrum Nuevas Palmeras beim Hotel Sunwing
Santa Ponça	TUI-Tennis-Center UFO
Playa de Palma	Tennis Arenal, L'Arenal, Ortsteil Son Verí

Auskünfte über Tennis-Veranstaltungen: Gran Playa Tennis Club Playa de Palma, C/. Mar Jónico s/n. Tel. 26 24 03

Wohltat für Reiter und Pferd: eine Abkühlung in der Bucht von Pollença.

Und dann grinste der nette Kollege: „Zwei Kinder und Ihr Gehalt — da reicht's doch nur für Urlaub auf Balkonien."

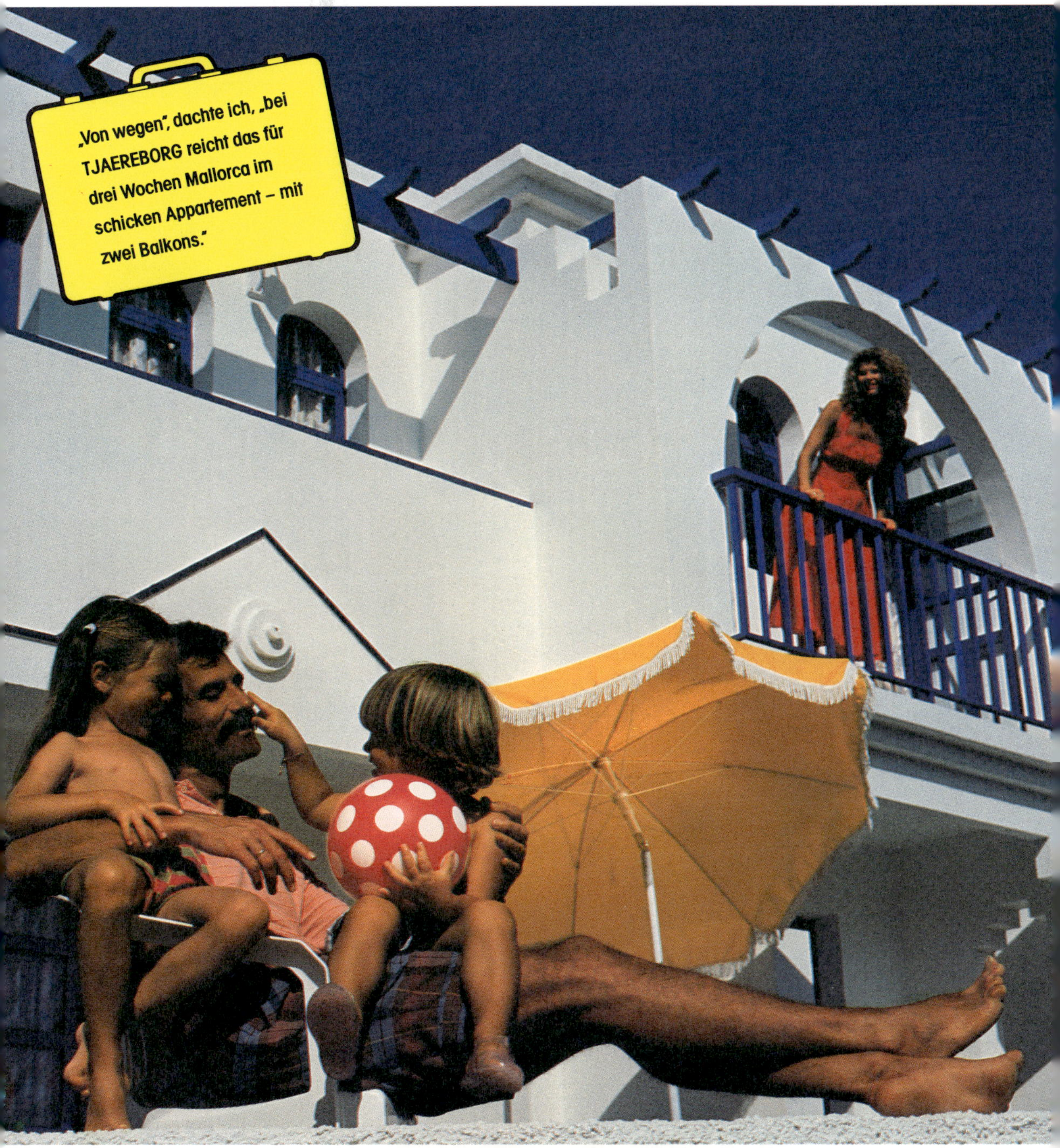
„Von wegen", dachte ich, „bei TJAEREBORG reicht das für drei Wochen Mallorca im schicken Appartement – mit zwei Balkons."

Wir fliegen mit LTU

TJAEREBORG

So schön kann Urlaub sein!

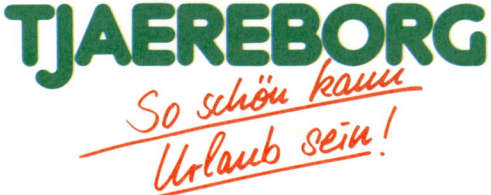

SCHLAG AUF SCHLAG

Mallorca hat derzeit sieben Golfplätze. Zwölf weitere sind im Bau oder in der Planung. Die Insel wird Europas größtes Golfparadies.

Ein Bericht von Ernst A. Rauter

Im Golfclub Bendinat

Eine Viertelmilliarde Mark, minimum, wollen sich deutsche und schweizer Unternehmer ein ehrgeiziges Unterfangen kosten lassen. Die Damen und Herren - unter ihnen Prinzessin Loretta zu Sayn-Wittgenstein-Hohenstein, Urenkelin von Otto von Bismarck - planen das größte Sportzentrum im Mittelmeerraum. Es soll auf einem Landgut in der Nähe der Stadt Manacor entstehen.

Die Prinzessin möchte die Spitze des Schickeria-Mekkas von Marbella, Prinzen und Millionäre, Weltsänger, Scheichs und Rennfahrer nach Manacor locken. Dort soll eine Luxusstadt entstehen mit Villen, einem Polofeld, einem Pferdedressurviereck und einem Springplatz, einem Fitneßcenter, Tennisplätzen, Squash-Anlagen, einer Privatschule, einem Klinikum, Swimming-Pools, einem Kulturzentrum in Form eines „mallorquinischen Dorfes" und einem Fünf-Sterne-Hotel. Die Eigentümer verhandeln mit Boris Becker, sie hoffen, daß er eine Tennisschule mit aufbauen hilft. Zur Prachtferienstadt werden zwei Golf-Meisterschaftsplätze gehören mit jeweils 18 Löchern, entworfen von Severiano Ballesteros, der in vielen Clubs auf der ganzen Welt als Golplatzarchitekt ein Begriff ist.

An keinem anderen Beispiel wird deutlicher, wie sehr Mallorca eine neue Insel wird. Bis Mitte der siebziger Jahre war dieser Sport hier nahezu unbekannt. Nur der legendär-komfortable Hotelpalast Son Vida leistete sich einen eigenen Platz für seine Gäste. Daneben gab es noch den Club von Son Servera an der Ostküste mit neun Löchern. 1977/78 wurden zwei Plätze gebaut. Gegen Ende der achtziger Jahre kam es zum großen Golfdurchbruch: drei Plätze 86; 1989 waren zwölf Plätze teils im Bau, teils in der Planung.

Die meisten neuen Golfplätze entstehen im nordöstlichen Teil der Ebene. Hier ist das Gelände - weitläufig, wenig bebaut, sanfte Hügel, kleine Wälder - wie gemacht für Golfplatzarchitekten. Hier sind auch die großen Urlaubszentren von Alcúdia bis Cala Millor, die sich durch die Plätze vor der Haustür ein attraktives Angebot für neue Gäste erhoffen. Sicher zu recht.

Weit fortgeschritten war Ende 1990 schon das neue Golfgelände bei Capdepera, unweit von Cala Ratjada. Detailliert vorgestellt hat man den geplanten Platz bei Muro, am Rande des Sumpfgebietes La Albufera. Pollença soll neben dem existierenden Platz zwei weitere erhalten. Bei Campanet und Alaró wird ebenfalls bereits vermessen. Ein weiterer Platz soll in Son Real, auf dem Gebiet von Santa Margalida, entstehen. Der Öffentlichkeit vorgestellt wurde auch schon die geplante Nobelanlage zwischen Villafranca und Montuiri im Inselzentrum. Andere Pläne schlummern noch in den Schubläden der Planer oder Behörden.

Mallorca verwandelt sich in Europas größtes Golfparadies. Die Entwicklung dürfte ähnlich verlaufen wie bei Marbella, dort reihen sich 18 Plätze an 60 Kilometer Küste. Wegen des milden Klimas auf Mallorca und der seltenen Regenfälle können die Klienten an jedem Tag des Jahres spielen. Sie genießen dabei nicht nur Bewegung, frisches Gras, Bäume, federnden Boden und sanft geschwungene Hänge, es kommen Eindrücke hinzu, die woanders nicht leicht zu haben

sind. In einer Sinnessonate mischt sich Vertrautes mit Exotischem: Olivenbäume, bis zu tausend Jahre alt, Mandelbäume, Feigenbäume, Johannisbrotbäume, Palmen und Palmensträucher auf englisch-grünem Rasen; der Blick auf kupferrote Ackererde, aufs blaue Meer und auf weißgraue Kalksteinbergzüge mit dunklen Pinien bewachsen.

Auf den Inseln stößt die Lust der Golfplatz-Designer, Landschaft zu machen, gegen andere Herausforderungen als am Starnberger See oder in Bottrop-Kirchhellen. Meist müssen die Parcours auf nacktem Kalkfelsen oder auf felsigem Untergrund mit dünner Erdschicht und magerem Pflanzenwuchs angelegt werden.

Als Beispiel sei hier „Capdepera Golf" genannt, das Golfgelände, das bald eröffnet wird. Die Erbauer ließen in einem Pinienwald bei Alcúdia 30.000 Tonnen des Waldbodens - 400 Jahre vermoderte Piniennadeln - und den darunterliegenden Sand abtragen und über ihr steiniges Land schütten. Sie sprengten Höcker auf die spätere Rasenebene. Oben blieb der vegetale Boden, unten die Steine. „Die Steine wachsen", heißt es, wenn der Regen die Erde nach unten schwemmt. Clubmanager Klaus Pape nimmt den Sand in den Mund und schmeckt ihn ab, bevor er ihn kauft. Der Sand darf nicht zu sauer sein und nicht zu basisch, er soll einen pH-Wert von 6,5 bis 7 haben.

„Capdepera Golf" ließ 60 ausgewachsene Palmen mit dem Schiff aus Alicante kommen, jede 50 Jahre alt, zum Einzelpreis von 500 bis 1000 Mark. Das Gras, „Bermuda-Gras", ist eine Züchtung aus Florida, es braucht weniger Wasser und ist besonders strapazierfähig und aufrichtungsfreudig. Auf den Grüns wird es jeden Tag auf vier Millimeter zurückgeschnitten, ohne Schaden zu nehmen. Pape ließ Teiche als Wasserreservoir anlegen, die durch Leitungen miteinander verbunden sind; Graskarpfen halten das Wasser sauber.

Unter den 140 Hektar ehemaligen Jagdreviers liegt ein Netz von 40 Kilometern Wasserleitungen. Tau-

send Sprinklerköpfe fahren nach Bedarf aus dem Untergrund und gleiten wieder in den Rasen zurück. Sie werden von einem zentralen Computer ein- und ausgeschaltet. Der Computer weiß, wo wann wieviel Wasser versprüht werden soll. Die Sprinklerköpfe zaubern in die sommerdürre, rotbraungraue Steppe einen Teppich aus irrlichterndem Grün, ohne daß ein Mensch eine Hand rührt. An jedem Tag schießen sie eine Million Liter Wasser aus sich heraus; wenn es regnet, erlegt ihnen der Rechner Zurückhaltung auf.

Golf ist in der Bundesrepublik eine Veranstaltung, die vom Finanzamt als gemeinnützig honoriert wird. Die wenigsten deutschen Clubs sind kommerzielle Unternehmen. Auf Mallorca ist der Golfsport ein Geschäft. Wer hier Landschaft umkrempeln läßt, erwartet Gewinne. Die Bezeichnung „Club" ist als Bestandteil des Firmennamens zu verstehen, mit Ausnahme des Clubs von Son Servera, der ein Club ist. Auf den Balearen ist man Kunde, nicht Mitglied. Das hat Service zur Folge. Die neuen Golfsportunternehmer halten sich etwas darauf zugute, den Spieler von der Ankunft am Parkplatz bis zur Abfahrt zu betreuen. Sie lassen es sich was kosten: Um die 75 Mark zahlt der Gast für einen Besuch.

Der erfahrene Golfspieler liest den Platz wie ein Buch. Er erkennt die Handschrift des Gestalters. Gute Einfälle bei der Herstellung einer Spiellandschaft werden in den Vereinigten Staaten von Amerika - wo es 19.000 Plätze gibt - mit Stargagen honoriert. Der Entwerfer von „Capdepera Golf", Dan P. Maples, gehört „derzeit zu den besten und gefragtesten Golfplatzarchitekten der Welt", schreibt Fritz Beindorff, Golf Consultant in einem Rundbrief. Maples bekommt bis zu zwei Millionen Dollar für einen Entwurf und die Bauaufsicht. Die Anlage in Mallorca ist sein erster europäischer Auftrag.

Auf Mallorca entstehen also nicht nur die meisten Golfplätze auf engem Raum. Es entstehen auch die besten. Das neue Mallorca spart an nichts.

ALLE GOLFPLÄTZE AUF EINEN BLICK

Irgendwann wird der Raum auf dieser Seite nicht mehr ausreichen, um alle Golfplätze Mallorcas aufzulisten. Mit diesen sieben geht die Insel in die neunziger Jahre. Alle Clubs haben Clubhäuser, Driving Range und Trainer.

Olivenhaine, Meer, Gebirge: Der Golfplatz in Pollença.

	Loch-anzahl	Herren Pro-Abschl.	Herren Amateur-Abschl.	Damen Proetten-Abschl.	Damen Amateur-Abschl.	PAR	S.S.S.	Green-fee Pts.	Leih-schläger Pts.	Motor-wagen Pts.
Real Golf de Bendinat Urbanisación Bendinat 07184 Calviá, Tel. 405200, Tx. 68796 Beil	9 ab 1990: 18		4.426 m		3.972 m	68	64-64	3.800	—	5.000 (Elektro)
Golf Pollença Carretera Palma - Pollença km 49,3 07460 Pollença Tel. 690148	9	5.624 m	5.424 m	5.050 m	4.910 m	36 (72)	72	3.000	750	5.000
Golf de Poniente Carretera Cala Figuera, s/n 07184 Calviá Tel. 680148	18	6.430 m	6.140 m	5.400 m	5.100 m	72	74	4.800	1.000	5.000 (Benzin)
Golf Santa Ponça Urbanisación St. Ponça 07184 Calviá Tel. 690211	18	6.520 m	6.170 m	5.640 m	5.390 m	72	72-74	4.800	1.000	5.000 (Elektro)
Club de Golf de Son Servera, Urbanisación Costa de los Piños 07550 Son Servera Tel. 567802	9	5.840 m	5.680 m	5.010 m	4.734 m	72	70-70	3.400	800	keine
Son Vida Club de Golf Urbanisación Son Vida 07013 Palma Tel. 791210	18	5.643 m	5.414 m	4.789 m	4.646 m	72	68-69	4.800	1.500	5.000
Vall d'Or Club de Golf Ctra. Porto Colom - Cala d'Or km 7,7 07660 Cala d'Or Tel. 837068	9 ab 1990: 18	5.462 m			4.930 m	70	70	3.500	1.200	5.000 (Elektro)

UND WAS IST MIT MALLORCAS WASSER?

Jede Menge Golfplätze. Immer mehr Urlauber. Und immer weniger Regen. Wird Mallorca austrocknen?

Rund 300 Milliarden Liter Regenwasser werden im Jahresdurchschnitt auf der Insel aufgefangen. Die gleiche Menge wird verbraucht. Wenn es mal wenig regnet - wie 1989 -, dann kann es schonmal zu Engpässen kommen. Man merkt es am Duschwassers: es wird salziger. Der Anteil des zugesickerten Meerwassers steigt. Man kann es dennoch trinken - es ist gesundheitlich unbedenklich. Aber es schmeckt nicht.

Die Wasserexperten der Insel bedauern, daß eine Unmenge wertvolles Regenwasser ungenutzt ins Meer fließt. Vierzig Millionen Kubikmeter sind es jährlich allein im Tramuntana-Gebirge. Eine fast hundert Kilometer lange Pipeline am Fuße des Gebirges soll künftig das Wasser sammeln. Sie wird bis 1992 fertiggestellt sein.

Seit 1983 bohren zudem private Unternehmen im Auftrag der Landesregierung nach Grundwasser. Bei Bunyola entdeckte man zwei riesige unterirdische Wasserbecken. Beide können den täglichen Wasserbedarf von Palma vollauf decken.

Die Berieselung der geplanten neuen Golfplätze gibt keine Probleme auf. Zwar braucht ein 35 Hektar großes Grüngelände an Hochsommertagen bis zu zwei Millionen Liter Wasser. Aber hierzu darf nur Wasser aus den Kläranlagen benutzt werden.

Die Wasserexperten der Insel sehen nicht schwarz. Zudem haben sie eine Hoffnung, die bislang leider noch nicht bewiesen wurde: Es könnte unter dem Meeresboden eine Verbindung zwischen Mallorca und den Pyrenäen geben. Eine ehemalige Wasserader, die mit dem Meer abgesackt ist. Wasserproben haben ergeben, daß das Wasser Mallorcas dieselben Mineralien enthält, wie das Wasser in den südlichen Pyrenäen.

Der romantische Cuber-Stausee am Fuße des Puig Mayor ist Mallorcas zweitgrößtes oberirdisches Wasserreservoir. Während der Sommermonate sinkt sein Spiegel stark ab. Das meiste Nutzwasser kommt allerdings aus Brunnen.

DONNERWETTER, WAS FÜR'N WETTER

Man kann nicht das ganze Jahr im Mittelmeer baden. Aber fast immer in der Sonne sitzen. Schönes Mallorca.

Die Sonne scheint auf Mallorca rund 3000 Stunden im Jahr, doppelt soviel wie in Deutschland. Auf der Balerareninsel blühen schon die Mandelbäume, wenn bei uns noch Schnee liegt. Im Frühjahr ist Mallorca zwar keine Badeinsel, aber ideal zum Wandern, zum Spazierengehen, zum Radfahren. Als klimatisch angenehmster Monat gilt der Mai. Da leuchten die Mohnblumen auf den Feldern und die ganze Insel ist von einem satten Grün überzogen.

Laut Reisekatalog beginnt die Hauptsaison Mitte Juni - und am 24. Juni sagen auch die Mallorquiner: „Ab ins Meer." Vorher geht kein Inselbewohner schwimmen.

Die meisten Urlauber kommen erst im Juli und August, zur gleichen Zeit wie die große Hitze. Wenn die Sonne mehr als zwölf Stunden am Tag knallt, die Schattentemperaturen bei 30 bis 35 Grad liegen und man beim Braunwerden zuschauen kann. Nur manchmal wird die

Im Frühjahr ist die Insel von einem Blütenmeer überzogen.

Durchschnitts-temperaturen in Grad C		
	Luft	Wasser
	Max. Min.	
Januar	14 6	14
Februar	15 6	13
März	16 8	14
April	18 10	15
Mai	22 13	17
Juni	26 17	21
Juli	30 20	24
August	30 21	25
September	27 18	24
Oktober	22 14	21
November	18 10	18
Dezember	15 7	15

große Hitze von kurzen, heftigen Gewittern unterbrochen.

Auch der September ist noch ein heißer Monat. Aber wenn sich eine Wolke vor die Sonne schiebt, wird es spürbar kühler. Kurze tosende Unwetter verursachen in den Häfen manchmal ziemliche Schäden.

Der Oktober ist auf Mallorca golden wie bei uns. Man braucht „Zwiebelkleidung": Sobald die Sonne scheint, muß man sich entblättern können.

Dafür stürmt und regnet es um so mehr im November und Dezember - vor allem im Norden, in den Bergen. Hier fällt im Januar und Februar sogar manchmal Schnee, während in den Ebenen die Blüten von sieben Millionen Mandelbäumen aufgehen. Die Temperaturen sinken an der Küste selbst im Winter selten unter zehn Grad - und es ist die Regel, daß man Weihnachten draußen sitzen kann.

Der Wiener Klimaforscher Dr. Otmar Harlfinger legte kürzlich eine Untersuchung über das Wetter auf Mallorca vor. Fazit: mildes Reizklima von Januar bis Mai, starke Wärmebelastung von Juni bis August, Schonklima im Herbst und Winter. Seine Studie endet mit der Zusammenfassung: Die Luft auf den Balearen ist mild, heilsam und bekömmlich. Demnächst zur Kur nach Mallorca?

Wenn es in den Bergen schneit, machen die Kinder Schulausflüge, um die kurze weiße Pracht anzuschauen.

Meeresboden, der nach oben geschoben wurde: Die Felslandschaft der Sierra del Norte. Sie wird auch Tramuntana-Gebirge genannt.

BIZARRE STEINE

Wenn man an der Nordküste Mallorcas entlangfährt, von Formentor bis Sóller, wird man des öfteren anhalten. Zu unwirklich ist die Landschaft. So ähnlich mag es auf dem Mond aussehen.

Die Sierra del Norte ist ein schroffes Felsengebirge, an dessen Hängen stellenweise kaum ein Grashalm Halt findet. Langandauernder Regen hat hier seit Jahrtausenden gewaltige Rinnen („Karren") in den Felswänden ausgewaschen und unglaublich bizarre Felsgruppen gestaltet. Mehr als dreißig Gipfel des Tramuntana-Gebirges sind über 1.000 Meter hoch. Der höchste, der Puig Mayor, bringt es sogar auf 1443 Meter.

Das Gebirge entstand - wie die ganze Insel - vor 15 Millionen Jahren. Afrika und Europa, die einstmals den Riesenkontinent Pangäa bildeten, hatten sich voneinander getrennt. Das heutige Gebiet der Balearen war ein Ozean. Dann drifteten die Kontinente wieder aufeinander zu und schoben den Meeresboden zu gewaltigen Erdanhäufungen zusammen. Die Sierra del Norte entstand, ebenso wie die Alpen und der Apennin. Daß alles aus dem Meer stammt, erkennt man oft am Wegesrand: ein Stein entpuppt sich als versteinerte Austernschale oder Muschel. Und wenn man den Sand der Dünen unter die Lupe nimmt, entdeckt man – anders als an deutschen Stränden – eine fossile Wunderwelt: klein geschliffene Korallen, Seeigelgehäuse oder zu Stein gewordene Urtierchen.

DIE SCHÖNSTEN STRÄNDE

Mallorcas Küste ist 581 Kilometer lang. An ihr liegen 179 Badebuchten - winzig kleine und kilometerlange. Sie ergeben insgesamt, hat mal jemand addiert, eine Strecke von gut fünfzig Kilometern.

Die Buchten im Osten und Süden haben feine Standstrände. Je mehr man von Sant Elm aus die Westküste hochfährt, umso felsiger wird das Ufer. Allerdings sind die unzähligen kleinen Badebuchten im Westen von atemberaubendem Zauber - und meist nicht überfüllt.

65 Prozent der Urlauber baden in der Bucht von Palma und an der westlicheren Costa de Calviá. 30 Prozent an der Ost- und Nordostküste - mit der weiten Bucht von Alcúdia und den Stränden von Cala Ratjada bis Cala d'Or. Fünf Prozent verteilen sich auf den „Rest" der Küste.

Wir haben nicht alle 179 Strände und Buchten aufgeführt. Aber die wichtigsten. Richtung: von Palma westwärts.

Cala Portals Vells: zwei romantische Felsbuchten mit Sandstrand

Cala Fornells: schöner kleiner Strand in Felsbucht

Camp de Mar: hübscher Hotelstrand

Sant Elm: Sandstrand im Ort

Cala de Valldemossa: kleiner Hafen in idyllischer Bucht, Felsstrand

Cala Deiá: sehr schöne Bucht, Felsstrand

Port de Sóller: einziger Sandstrand an der Westküste. Schmal und kurz.

Cala Sa Calobra: steile Felsbucht, grobkörniger Sand

Cala de San Vincente: kleiner Strand, grober Sand, Steine

Playa de Formentor: kleiner Strand, schön gelegen zwischen Felsen und Wald

Bahía de Pollença: mehrere kleine, hübsche Strände

Bahía de Alcúdia: längster Strand der Insel (17 km), feinkörniger Sand, flach abfallend. Für Kinder sehr geeignet. Schönste Stelle:

Playa de Muro / C'an Picafort.

Cala Mesquida / Ratjada: traumhafte Sandbucht

Cala Guyà / Ratjada: herrlicher Sandstrand mit Dünen

Cala Gat / Ratjada: kleiner Strand in romantischer Bucht

Cala de Sa Font / Ratjada: schöner Strand zwischen Felsen

Playa Cala Millor: großer Strand mit hellem Sand

Playa de Sa Coma: breiter Sandstrand

Cala Estany: hübscher Sandstrand, von Felsen umrahmt

Calas de Mallorca / Cala Murada: viele kleine und kleinste Sandbuchten

Playa de Sa Punta / Portocolom: zwei schöne Sandstrände am Rand der Bucht

Cala Sanau / Cala d'Or: Sandstrand in Felsbucht

Cala Gran / Cala d'Or: grüne Felsbucht mit breitem Sandstrand

Cala d'Or: romantische Bucht mit Sandstrand

Cala Mondrago / Portopetro: mehrere Sandstrände in idyllischen kleinen Buchten

Cala Figuera: hübsche kleine Schluchten, aber ohne Strand

Cala LLombarts: großer Strand in Felsbucht

Cala Santanyi: felsige Bucht mit Sandstrand

Cala Almunia und Cala de Sa Comuna: Fels- und Sandstrand

Es Trenc / Colonia de Sant Jordi: langer Strand mit Dünen und weißem feinkörnigem Sand. FKK-Gelände

Playa de Ses Roquetes / Colonia de Sant Jordi: herrlicher weißer Sandstrand

Platja Els Dolç: unbebaute Sandbucht

Cala Pi: Sandstrand in steiler Felsbucht

Balneario Delta: Felsbucht mit schönem, kleinen Strand

Playa de Palma: riesige Badebucht mit Sandstrand, kinderfreundlich. Europas größte Badewanne

Die Felsen von Formentor besuchen viele Mallorca-Urlauber, der schöne Strand im Süden der Halbinsel aber ist recht ruhig.

MALLORCAS PROMINENTE FREUNDE

Es gab mal eine Zeit, da hatte Mallorca den Beinamen „Putzfraueninsel". Ein ziemlich hochnäsiger Mensch muß den Begriff geprägt haben. Einer, den es ärgerte, daß sich außer ihm auch andere Deutsche einen Urlaub auf der Sonneninsel leisten konnten.

Manche mochten Mallorca daraufhin nicht mehr. Andere umso lieber ...

Heute gibt es auf der Welt keine vergleichbare Insel, auf der so viele Prominente leben oder Ferienvillen haben. Mallorca ist die Insel der VIPs geworden.

Der Zeitungskönig Hearst, größter Medienzar der Welt, hat ein Haus auf der Insel. Kashoggi, ehemals Multimilliardär, kam mehrfach jährlich. Weltstar Michael Douglas bemühte sich darum, eine ganze Bucht zu kaufen. Schauspieler, Künstler, Politiker sind Mallorcas prominente Freunde.

Ein paar kommen hier zu Wort. Die Liste könnte endlos sein. Aber viele verschweigen ihr Haus. Die Steuer daheim ...

Es ist uns so selbstverständlich geworden: Die Fahrt zum Flughafen, das Einreihen in die Schlange vor dem Eincheckcounter, der Duty Free Shop, der Aufruf. Der Flug. Von der Ferienwohnung oder dem Hotel auf Mallorca bis zur Wohnungstür zuhause vergeht selten mehr als ein halber Tag. Viele schaffen es sogar in vier Stunden. Von Düsseldorf nach Norderney ist man mit Sicherheit länger unterwegs, als nach Mallorca.

Heute. Ich erinnere mich noch gut an meinen ersten Besuch auf Mallorca. Es war im Mai 1952. Ich war zwölf Jahre. Onkel Wladimir, Großfürst von Rußland, hatte unsere ganze Familie eingeladen. Er lebte damals in Madrid, unsere Familie in Bremen.

Es ging mit dem Auto zunächst nach Hamburg-Altona. Der Nachtzug brachte uns durch Deutschland und Frankreich an die spanische Grenze. Hier mußte man umsteigen, weil sich die spanische Eisenbahn nicht um die europäische Schienennorm kümmerte: Sie benutzte eine größere Spurbreite. In Barcelona wurde übernachtet, danach gings mit dem Schiff nach Palma.

Onkel hatte sein Auto mitnehmen lassen. So hatten wir es zumindest einigermaßen angenehm, um von Palma nach Formentor zu kommen.

Formentor, die Halbinsel im äußersten Nordosten. Dort stand schon damals das nobelste Hotel der Insel. Ein Herr Diehl, deutschstämmiger Millionär aus Argentinien, hatte es Ende der Zwanziger Jahren erbaut und bei der Gelegenheit die ganze, neun Kilometer lange Landzunge miterworben. In die felsigen Pinienwäldern hatte er ein paar vereinzelte Häuser und kleine Villen gebaut: Die Cala Pi, die Pinienbucht. Eines dieser Häuser hatte mein Onkel gemietet. Wir wohnten darin zu mindestens zwanzig Personen. Damals hatten Familien andere Ausmaße. Allein wir, die Preussen-Familie, waren mit Eltern, Kindern und Kinderschwester zehn Personen.

MICHAEL PRINZ VON PREUSSEN:

EINE VIERZIGJÄHRIGE LIEBE

Wir machten damals Autotouren über die Insel. Sie erschien mir wie ein Land auf einem fernen Kontinent. Es gab nur Esel- und Pferdefuhrwerke, keine Traktoren, uns kamen fast keine Autos entgegen und in den kleinen Städten schien niemand zu leben. Jedenfalls waren die Fenster stets geschlossen.

Die Playa de Alcúdia, heute eines der großen Urlaubszentren Mallorcas, war eine riesige Sandbucht mit ein paar kleinen Hütten und Häuschen. An der Playa de Palma, an der heute L'Arenal liegt, badeten einige einsame Familien aus Palma. Wir, so schien es mir, waren die einzigen Touristen.

Zehn Jahre später kam ich wieder nach Mallorca. Diesmal schon mit dem Flugzeug. Die LTU hatte einen regelmäßigen Flugverkehr aufgenommen - mit kleinen Propellermaschinen. An der Playa de Palma wuchsen die ersten großen Hotels. Aber es hatte dennoch eine gewisse Gemütlichkeit. Meine damalige Frau, unsere Freunde und ich, mochten L'Arenal. Wir haben oft dort Urlaub gemacht.

Viel später erst kam ich zum erstenmal nach Port d'Andratx, im Südwesten. Meine Frau Prinzessin Birgitta und ich suchten aus privaten Gründen einen Zweitwohnsitz auf Mallorca. Wir fanden ein Haus am Hang, bauten es um und leben seither, seit gut sechs Jahren, überwiegend auf Mallorca.

Man hat es nicht ganz einfach, wenn man sich hier ansiedelt. Die Mallorquiner sind Weltmeister im Improvisieren, Ungeduld muß man sich rasch abgewöhnen. Und solange man nicht ein bißchen die Landessprache kann, lassen die Menschen einen spüren, daß man Fremder, Ausländer ist. Das trifft nicht auf den Urlauber zu, aber auf den Zugezogenen.

Seit 1983 wohnen sie in Port d'Andratx: Prinz Michael und seine Frau Birgitta. „Als wir einzogen", sagt der Prinz, „war der Berg gegenüber fast unbebaut."

Viele Freunde von uns wollen mittlerweile auch nach Mallorca ziehen. Aber das ist schwierig und teuer. Gut, man kann mit ein bißchen Glück ein bestehendes Haus kaufen. Wer selber bauen will, muß tief in die Tasche greifen. Mindestens 15.000 Quadratmeter hat ein Baugrundstück heute zu sein. Und das ist kaum noch zu finanzieren.

Im Prinzip ist das sicher gut. Mallorca ist in den vergangenen Jahren stark zersiedelt worden. Auch wir merken es in Port d'Andratx. Als wir kamen, schauten wir auf einen fast leeren Berghang. Mittlerweile ist der Felsen gegenüber der Insel La Dragonera zugebaut.

Heute könnte es nicht mehr passieren. Eine weitsichtige Inselregierung will nicht mit den Fehlern der Vergangenheit fortfahren, sie korrigiert sie sogar.

Daß Mallorca die Sommerresidenz des spanischen Königs ist, fördert das positive Image der Insel. Wir sind miteinander verwandt, wie mit fast allen Fürstenhäusern in Europa. Ab und zu sehen wir uns bei offiziellen Gelegenheiten. Meistens bringt der König Freunde aus Madrid mit zum Segeln.

Unsere Tochter Nataly ist hier auf die Balears International School (BIS) gegangen. Auf dieser Schule sind etwa dreißig Nationen vertreten. Die Schulsprache ist englisch. Es gibt auch eine deutsche Schule, die man mit dem Abitur abschließen kann. Nataly hat die BIP gerne besucht und sie mit dem Final Diplom abgeschlossen. Sie liebt Port d'Andratx und ganz Mallorca genauso wie wir.

Mallorca, unser Paradies. Wir möchten es nie wieder verlassen.

MARIA SEBALDT

RUHIGE STUNDEN

„Wir sind schon vor 17 Jahren auf die Insel gekommen", sagt Schauspielerin Maria Sebaldt. „Durch einen amerikanischen Pilot und seine Frau, Freunde von uns." Gemeinsam mit ihrem Mann Robert Freitag bezog sie ein Haus im Südwesten. „Die Inselmenschen", sagt sie, „sind treu, ehrlich und auf eine ganz besondere Art liebenswürdig. Zum Glück spreche ich spanisch." Maria Sebaldt verlebt mehrere Monate im Jahr auf Mallorca: „Im Sommer laufen wir Wasserski und segeln. Im Winter wandern wir - oder gehen auch dann mal kurz ins Meer." In ihrem Haus wurden sogar für zwei Folgen ihrer ZDF-Serie „Die Wicherts von nebenan" gedreht.

Fühlen sich fast schon als Mallorquiner: Maria Sebaldt und Ehemann Robert Freitag.

Vor den Höhen des Tramuntana-Gebirges: Ralph Siegels flacher Bungalow bei Pollença.

RALPH SIEGEL

EIN BISSCHEN FRIEDEN

1982 hatte der Münchener Musikproduzent und Komponist seinen größten Erfolg: Nicole gewann mit seinem Titel „Ein bißchen Frieden" den Grand Prix Eurovision. Kurz darauf mußte Ralph Siegel mit einem Hörsturz ins Krankenhaus. „Als ich mich erholen wollte, bot mir Frank Elstner sein Haus in der Nähe von Pollença an", erzählt der Komponist. „Auf langen Fahrten über die Insel merkte ich, daß ich hier den Frieden fand, nach dem ich mein Leben lang gesucht habe. Das Klima ist ideal, die Menschen sind gemütlich und liebenswert - ganz anders, als die Festlandspanier. Außerdem bin ich in zwei Stunden hier." Ralph Siegel kaufte ein Haus im Nordosten Mallorcas.

„Das Schiff" war lange Jahre ein nobles Versteck des monegassischen Fürstenpaares.

RAINIER VON MONACO

SCHÖNE ERINNERUNGEN

In der Bucht der Halbinsel Formentor im äußersten Norden der Insel besitzt Fürst Rainier von Monaco seit dreißig Jahren ein weißes Haus. Weil es an die Aufbauten eines Frachters erinnert, nennen es die Mallorquiner „Das Schiff". Der Fürst genoß vor allem zum Beginn seiner Ehe mit Gracia Patricia viele Wochenenden in der einsamen, exklusiven Bucht. Heute kommt er selten, und immer so, daß die Öffentlichkeit ihn kaum bemerkt. Auch seine Kinder, die Prinzessinnen Caroline und Stephanie sowie Kronprinz Albert, verbringen gelegentlich einen geheimen Urlaub in der Abgeschiedenheit von Formentor.

Schah-Schwester Ashraf erwarb die prächtige Villa bei Cala Ratjada.

EX-KAISERIN FARAH

HEIMLICHE ZUFLUCHT

Sie kommt meistens mit der Yacht von Freunden, setzt mit einem Beiboot über: Irans Ex-Kaiserin Farah lebt in ständiger Furcht vor den Drohungen militanter iranischer Mullahs. Zum Ende der Regierungszeit von Schah Reza Pahlewi kaufte dessen Zwillingsschwester Ashraf das Haus in der Nähe von Cala Ratjada. Es liegt, gut geschützt, in einer kleinen Bucht. Dem Schah verwährte die Landesregierung in seinen letzten Lebensjahren die Zuflucht auf Mallorca. Seine Witwe und ihre Kinder sind gern gesehene Gäste - und mit dem Königspaar befreundet. Persiens Ex-Kaiserin Soraya hat ihr Haus in Port d'Andratx aufgegeben.

HERBERT REINECKER

MORDLUST AUF DER SONNENINSEL

Er ist Deutschlands erfolgreichster Krimiautor.
Die üblen Taten, die Derrick aufklärt, ersinnt er
auf Mallorca.

VON AXEL THORER

I ch habe mir einen Traum erfüllt: Kilometerweit nix, nur Natur!", sagt Herbert Reinecker.

Das ist der Mann, der die „Kommissare" schrieb, beim 100und-xsten „Derrick" angekommen ist und jahrelang den „Alten" am Leben erhielt. Ein weißhaariger Herr aus Hagen, den das Schicksal mit einem Geburtstag am Heiligen Abend schlug, und der seit 15 Jahren 500 Meter hoch in einer einsamen Ecke von Mallorca Versteck spielt, am Gebirgszug Mola de Sarria im Südwesten.

„Die Lage meines Hauses", demonstriert Reinecker auf der obersten Terrasse seiner drei Etagen am Hang, „ist auf den Meter genau gewählt. Mein Besitz ist die Perle in der Muschel." Hinten die Mola mit ihren Mittelmeerkiefern und der verwitterten Zahnreihe ihrer Felsgrate. Vorne geht's hinaus durch Täler in die Ebene, vorbei am Klosterberg von Randa. Irgendwo am Horizont, verschwimmend mit dem Himmel, ahnt man den Halbmond der Bucht von Alcúdia.

Bei Tag und bei Nacht erlebt Reinecker das. Als er einzog, 1974, und den endlosen Blick vermißte, immer wenn die Dunkelheit hereinbrach, fotografierte er ihn an einem besonders klaren Tag. Der Maler Manfred Bockelmann (Udo

Jürgens' Bruder) kopierte die Vista in Pastell-Acryl für die Wohnzimmerwand gegenüber dem Kamin.

Jetzt blickt Reinecker selbst nachts noch über die Insel und genießt dasselbe tagsüber live.

„Ich werde nie verstehen, wie einer da oben in der Einsamkeit sitzen und am laufenden Band Morde erfinden kann", wundert sich der argentinische Zeichner Guillermo Mordillo, ebenfalls Wahl-Mallorquiner und einer von Reineckers Golfpartnern, drüben in Santa Ponça. „Der muß irgendwie krank sein zwischen den Ohren."

Mordillo, selbst Erfinder eines kleinen knollennasigen Mannes, kennt eben Reineckers „Kleinen Mann" nicht. Denn der reist stets mit, zwischen den Ohren, von Kempfenhausen am Starnberger See, dem Hauptwohnsitz, in die Urbanisacion „Es Verger" auf Mallorca. Sagt Reinecker.

Der „Kleine Mann" ist eine zwergenhafte Krimi-Muse männlichen Geschlechts, von der Reinecker allen Ernstes behauptet, sie flüstere ihm alle Entführungen, Räubereien und Totschlag-Delikte ins Ohr. Vor allem, wenn er aus der dritten Etage, der Wohnebene seiner Frau Holly, hinaufklettert in

einen viereckigen, spartanisch eingerichteten Turm mit rot blinkender Alarmanlage auf dem Dach – hinauf zu Schreibmaschine, Tesafilm und einem Stapel von immer mindestens 200 Blatt Manuskript-Papier.

Es gibt kaum einen, der wie dieser Reinecker arbeitet. „Schreiben ist keine Mühe für mich", sagt er, „ich schreibe auch, wenn ich eigentlich nichts schreiben muß."

Wobei wohl keiner so eigenwillig verfährt wie er: Wilde Hackerei auf der Maschine, zerstückeln jeder Seite mit der Schere, arrangieren der einzelnen Textschnipsel nach Sinn und Spannung und Aufkleben der neu geordneten Streifen mit Tesafilm auf einem weiteren Blatt. Fertig ist ein neuer „Derrick".

90 Seiten stark ist so ein Fernseh-Drehbuch. Reinecker arbeitet ohne jede Hilfsliteratur, ohne Archiv rein aus dem Kopf mit Hilfe des „Kleinen Mannes", und für einen Derrick braucht er eine Woche, bei je zwei Stunden Turm pro Tag.

Man muß das ockerfarbene, mit Schmiedeeisen zum seitenverkehrten Gefängnis gestaltete Haus - alle können raus, keiner soll rein - von oben betrachten, um hinter seinen Sinn zu kommen: Es beginnt mit dem Turm, in dem Rei-

Das Haus von Herbert Reinecker liegt im Südwesten Mallorcas. In romantischer Kulisse ersinnt er grausige Taten. Kommentar vom Golfplatz-Freund Mordillo: „Der muß irgendwie krank sein zwischen den Ohren."

Mallorcas berühmtester Kripomann: Derrick (Horst Tappert)

Derricks geistiger Vater, der Fernsehautor Herbert Reinecker

necker schreibt, darunter die eigentliche Wohnetage, dann ein schmales Stockwerk für den Rest der Familie und Gäste, und unten, auf Swimmingpool-Niveau, die Freizeit-Ebene mit großer Küche und Eßzimmer für überdachte Schatten-Picknicks. „Denn im Sommer", so Reinecker, „lebt man auf Mallorca rund um den Pool."

Die „Casa Roca", das Felsenhaus, steht in dichtem Kiefernwald. So ausgedehnt ist er nur hier, im Südwesten, anzutreffen. Verschlungene, jung erhaltende Wege füh-

ren ums Haus und wie Kaiser Wilhelm II., der im Exil zu Doorn in Holland einen sportlichen Lebensabend mit Holzhacken verbrachte, so legte sich auch Reinecker eine Hütte zwischen den Latschen an, mit einem Klotz davor und vielen Scheiten, die da lagern, um als Ausgleichssport zum geistigen Massenmord zerkleinert zu werden.

Reinecker, der prominente Sonnenschein-Mallorquiner, kann eine uralte Frage negativ beantworten. Die nämlich, ob man so an die Zukunft denken soll, daß man sein

„Haus bestellt für die Nachfahren". „Bauen Sie nie für die Kinder mit", sagt er. „Denn wenn's soweit ist, stellen die sich was ganz anderes vor."

Das ist der Grund, warum die zweite Etage (oder dritte von oben, wenn man den Turm mitzählt) jahrausjahrein meist leersteht.

Was den Weißhaarigen mit der schmutzigen Phantasie wirklich beunruhigt, ist der Gedanke, „daß ich allein durch meine Anwesenheit und durch mein Haus in dieser einsamen Gegend Mallorca ein bißchen zerstört habe."

Aber die Insel rächt sich im Winter dadurch, daß sogar Schnee fällt auf die „Casa Roca", daß die Terrassen vereisen können und das Baumaterial des Hauses schaudert. Und in der Hitze des Juli und August wird das Wasser knapp und aus den Leitungen dringt nur noch heiseres Röcheln. Dann muß „Der Alte" vom Berge seinen Swimmingpool „kommissarisch" zur Zisterne umderricktionieren.

MICHAEL DOUGLAS

WEISSES HAUS

Vor dreizehn Jahren heiratete Michael Douglas die spanische Diplomatentochter Deandra Lurke. Sie stammt von Mallorca. Seither hat der Schauspieler sein Herz für die Insel entdeckt. Er wohnt mehrmals im Jahr im Hotel La Residencia. Lange Zeit suchte er ein Haus oder ein Grundstück. Sein Wunsch, die romantische Bucht von Deiá zu erwerben, löste eine kommunalpolitische Affäre aus. Michael Douglas zog seine Anfrage zurück und kaufte ein mallorquinisches Haus mit bewegter Vergangenheit: Das weiße Landhaus S'Estaca des Erzherzogs Ludwig Salvator, das auf dem Titel dieses Buches abgebildet ist. Weiteres dazu auf Seite 118. Der sizilianisch-maurische Stil des Hauses soll erhalten bleiben. Weltstar Michael Douglas, Sohn des berühmten Kirk Douglas, wird man in Zukunft noch häufiger auf der Insel sehen.

Michael Douglas lernte durch seine mallorquinische Frau die Insel kennen und lieben.

LUDWIG HAAS

GUTE MEDIZIN

Seit 1985 spielt Ludwig Haas den Dr. Dressler im Fernseh-Dauerbrenner „Lindenstraße". Aber nicht erst als TV-Medizinmann hat er erkannt, wie gut Mallorca seiner Seele und dem Körper tut. „Meine Mutter", sagt er, „ist schon 1951 nach Mallorca gezogen. Sie hat auf der Insel gemalt." Als sie vor acht Jahren starb, pachtete er ihr Haus. Es war ihm längst ans Herz gewachsen: „Ich bin schließlich oft genug auf Mallorca gewesen." Jetzt kommt er mit seiner Lebensgefährtin Renate Erl am liebsten während der milden Monate im Frühjahr und im Herbst. Aber er stellt das Haus auch Freunden zur Verfügung. So wohnte Wolfgang Wahl nach Abschluß der HOTEL PARADIES-Dreharbeiten noch einige Wochen hier.

In Sant Elm wohnt „Lindenstraßen"-Doktor Haas mit seiner Lebensgefährtin.

78

MORDILLO

TIEFES LOCH

Vor vier Jahren wollte der argentinische Zeichner Mordillo seine Garage vergrößern. Ein Baggerfahrer kam. Mordillo schaute ihm zu. Plötzlich tat's einen dumpfen Knall. Als sich der Staub verzogen hatte, war der Bagger weg. Mordillo fand ihn drei Meter tiefer. Der Arbeiter war verstört aber unverletzt: Er war in eine der vielen Höhlen eingebrochen, die Mallorca den Ruf einer hohlen Insel eingebracht haben. Mordillo machte aus dem natürlichen Gewölbe ein Atelier. Dort, an der Costa d'en Blanes, zwischen Palma und Paguera, zeichnet er seine berühmten Männchen mit den Knollennasen, spielt täglich zwei Stunden Golf und trifft sich jeden Vormittag mit einem alten spanischen Maler auf einen Frühstückskaffee. „Dreiundzwanzig Jahre", sagt er, „haben wir auf der ganzen Welt nach dem Paradies gesucht. Diese Insel kommt ihm am nächsten." 1982 zog er mit seiner französischen Frau Ampàro und zwei Kindern an die belebte Südwestküste: „Ich finde hier Ruhe wenn ich sie will, und Impulse und Anregungen, wenn ich sie für meine Arbeit brauche."

Ein modernes weißes Haus mit großem Pool: Hier lebt Guillermo Mordillo, der berühmteste Cartoonist der Welt. Das Haus liegt an einem Kiefernhang hoch über der Costa d'en Blanes.

Die Männchen mit den gewaltigen Knollennasen sind Mordillos Markenzeichen. Mit ihnen warb er für die Fußballweltmeisterschaft in Deutschland und für die Fernsehlotterie.

BRUNO KREISKY

RUHIGER ABEND

Österreichs ehemaliger Bundeskanzler Bruno Kreisky hat sich Mallorca für den Lebensabend ausgesucht. „Bereits 1966 habe ich mich in die Insel vernarrt", sagt er. „Aber ich zog erst nach Francos Tod hierhin." 1980 erwarb er ein Haus oberhalb von Palma. Heute lebt er überwiegend dort - leider mittlerweile als schwerkranker Mann. Aber das Klima, sagt der Ex-Kanzler, bekommt ihm wohl. Wie so vielen alten Menschen.

Ex-Kanzler Bruno Kreisky und seine Frau vor ihrem Haus bei Palma.

FRANK ELSTNER:
MEIN FREUND DER MALER

Zehn Jahre hat Frank Elstner um ein Bild von ihm gebettelt. Heute gehört Mateu Llobera zu den guten Freunden des Showmasters. Frank erzählt, wie es dazu kam.

Ich habe ihn zunächst für einen Autoverleiher gehalten. Denn er hat mir einen Fiat 500 überlassen, für'n Appel und 'n Ei und für vierzehn Tage. Das Gefährt war mindestens zehn Jahre alt, rostig und klapprig. Aber ich habe mit ihm die wildromantische Bergwelt im Norden Mallorcas kennengelernt, und ich bin dabei zum Mallorca-Fan geworden.

„Weißt du eigentlich, wer Mateu ist?" fragte mich ein Freund, der damals, 1975, mit der Insel besser vertraut war als ich.

„Ein kleiner Autoverleiher", sagte ich.

Er lachte: „Ja. Und ein großer Maler."

Er erzählte mir, daß Mateu Llobera einer der bekanntesten Maler der Insel sei, und das will etwas heißen auf einer Insel, die fast so viele Maler hat wie Gastwirte. Ich brachte das Auto zurück und fragte Mateu, ob ich seine Bilder sehen dürfte. „Natürlich", sagte er mit der größten Selbstverständlichkeit der Welt. Er führte mich in sein Atelier, wir sprachen über seine Werke, wir tranken ein Glas Wein und wir wurden Freunde.

Mateus Fiat hat mir damals eine zweite Heimat beschert. Ich habe erfahren, im wahrsten Sinne des Wortes, daß Mallorca nur in einem kleinen Teil vom Tourismus verändert wurde. Im Norden und im Westen der Insel gibt es nach wie vor riesige Gebiete, durch die man stundenlang wandert, ohne einem anderen Menschen zu begegnen. Es gibt tiefe Wälder, unberührte Täler, stille Buchten, in denen Mallorca noch heute seine Geheimnisse und Einsamkeiten bewahrt hat.

Ich habe kurz darauf ein kleines Haus gekauft. Keine Villa, nur eine Finca, einen Bauernhof. Das Haus hat fünf urgemütliche Zimmer. Es steht in der Nähe von Pollença, und dort hat auch Mateu sein Atelier.

Mateu ist mittlerweile nicht nur auf Mallorca bekannt. Er hat irgendwann seine erste große Vernissage im berühmten Hotel Formentor gehabt. Helmut Schmidt, der ehemalige Kanzler, kaufte von ihm ein Bild. Heute stellt Mateu in halb Europa aus, seine Bilder sind teuer geworden und nur in guten Galerien zu haben. Er malt die Menschen Mallorcas und die Bauern und die Märkte wie kein zweiter. Er ist einer der ihren geblieben.

1977 hat mir ein Bild von ihm so gut gefallen, daß ich es unbedingt haben wollte. Er schüttelte den Kopf: „Es ist unverkäuflich."

Dutzende Male bin ich seither in seinem Atelier gewesen, in dem immer siebzig, achtzig Bilder stehen, viele davon hat er nur für sich gemalt, für keine Summe würde er sie hergeben. Jedesmal habe ich um „mein" Bild gebettelt. Und immer schüttelte er den Kopf und sagte: „Laß uns ein Glas Wein zusammen trinken."

Nach zehn Jahren endlich sagte Mateu: „Mach mir ein Foto von der Wand, an die Du es hängen wirst." Ich machte das Foto und zeigte es ihm. Er lächelte: „Nimm es mit."

Ich dachte an Mateus Preise, die er heute verlangt. „Wieviel", fragte ich, „bekommst du?"

Er sagte: „Du hast es mit dem Herzen schon vor zehn Jahren gekauft. Ich kann dir nur den Preis von damals berechnen."

Mittlerweile habe ich mehrere Bilder von ihm, meinem Freund. Und ich habe Bilder von anderen mallorquinischen Malern. Ein Miró ist zwar nicht darunter, aber es sind Gemälde von einer Kraft und Urwüchsigkeit, die ich in dieser Form nirgendwo auf der Welt gefunden habe.

Keine andere Region Europas hat so viele Maler hervorgebracht, wie Mallorca. Diese Insel ist nicht nur eine malerische Insel. Sie ist auch eine malende Insel. Man sagt, daß 3000 Menschen hier als Maler arbeiten. Manche haben einen berühmten Namen. Manche bieten ihre Bilder für umgerechnet 20 Mark in Gaststätten oder auf der Straße an.

Auch ich habe mich anstecken lassen. Ich male in Stunden der Entspannung. Ich hänge die Bilder nicht auf, sie werden erst recht nicht verkauft.

Mein ehemaliger Chef, der frühere Generaldirektor von Radio Luxemburg, Gust Grass, war schon in Luxemburg ein anerkannter Maler. Jetzt hat er sich auf Mallorca ein großes Atelier eingerichtet. Seine erste Ausstellung war ein Riesenerfolg. Alle seine Bilder wurden auf Anhieb verkauft.

Für mich gibt es kein neues Mallorca. Für mich gibt es ein Mallorca, das mich immer wieder aufs neue fasziniert. Es wird meine zweite Heimat bleiben.

Frank Elstner und Mateu Llobera. Er ist ein erfolgreicher mallorquinischer Maler.

Ein Pool, ein Tennisplatz: Elstners umgebaute Finca in der Nähe von Pollença.

Aus Grits Notizbuch

WENN SIE AUF MALLORCA EIN BILD KAUFEN MÖCHTEN

Es gibt zahlreiche Galerien auf Mallorca. Diese gefielen mir am besten:

(Unterschiedliche Öffnungszeiten. Tel. erfragen)

Palma:

Bearn, C/. Concepción, 6. Tel. 72 28 37 - vornehmlich konservativ

Bisart, C/. Santacília, 5A. Tel. 71 83 11 - progressiv, Neugründung

Jaime III, Avda. Jaime III, 25. Tel. 71 67 52 - konservativ

Ferran Cano - C/. de la Pau, s/n. Tel. 71 40 67 - führend, progressiv

4 gats, C/. San Sebastian, 3. Tel. 72 64 93 - progressiv, nach der gleichnamigen Galerie in Barcelona, wo Picasso erste Erfolge hatte

Joan Guaita, C/. Luis Fàbrega, 10. Tel. 45 01 67 - progressiv, exklusiv

Joan Oliver „Maneu", C/. Sant Martí, 1. Tel. 72 13 42 - führend, reicher Fundus an Originalen, auch Miró, Juli Ramis

Pelaires, C/. Pelaires, 23. Tel. 72 39 96 - oft sehr progressiv

Deiá:

Galeria Max, an der Hauptstraße. Tel. 63 93 93. Sieben erfolgreiche Künstler des Dorfes haben die Galerie gegründet. Auch Skulpturen und Möbel.

Pollença:

Bennássar, Plaça Major, 6. Tel. 53 35 14 - progressiv, geht Risiken ein

Sineu:

S'Estació, Centre d'Art, Im alten Bahnhof. Tel. 52 00 50 - unterschiedliche Programme, konservativ wie progressiv.

MALLORCAS
101 DÖRFER UND STÄDTE

Wenn Sie einen Ort nicht gleich finden: Vielleicht wird er neuerdings anders geschrieben? Wir haben uns hier fast immer für die mallorquinische (katalanische) Schreibweise entschieden.

ALARÓ

3.500 Ew., am Fuß des Tramuntana-Gebirges.
Markt: Freitag Nachmittag.
Fiestas: 29. Juni Sant Pere,
16. August Sant Roc, 8./9. September Romería de la Mare de Déu de Septembre (Wallfahrt zu Ehren des Geburtstages der Muttergottes zur Burg von Alaró)
Mandel- und Olivenbäume, Schafzucht, Schuhindustrie, traditionelle Kreuzstickereien
(→ Schlösser S. 178)

ALGAIDA

3.100 Ew., an der Straße Palma - Manacor, km 24.
Fiesta: 16. Januar Sant Honorat
Oliven, Mandeln, wenig Getreide.
Algaida ist berühmt für seine Restaurants.
Glasbläserei Gordiola (→ Einkaufen S. 125)

ALCÚDIA

6.700 Ew., im Nordosten zwischen den Buchten von Pollença und Alcúdia
Markt: Sonntag und Dienstag
Fiestas: 29. Juni Sant Pere - Schiffsprozession in Port d'Alcúdia;
2. Juli Wallfahrt zum Heiligtum der „Verge de la Victoria";
25. Juli Sant Jaume.
Gemüseanbau, Pinien- und Steineichenwald, Oliven, Mandeln, Feigen.
Das nahe Sumpfgebiet L'Albufera ist ein Vogelschutzgebiet von 2500 Hektar Ausmaß.

*B*itte anklopfen! Man betritt die Stadt durch ein richtiges Stadttor. Es gibt zwei davon. Das größere, prächtigere, die Puerta de San Sebastian, nimmt die Straße aus Palma auf. Durch das kleinere, bescheidenere, die Puerta de Xara, führt die Straße zum Hafen, nach Port d'Alcúdia. Der Mauerring, der sich um die Stadt schließt, ist samt den beiden Toren wundervoll erhalten. Man kann ihn innen wie außen umschreiten. Die Pfarrkirche San Jaime (Hl. Jakob) ist als Eckbefestigung in die Wehranlage einbezogen.

Auf der Höhe der Pfarrkirche liegt jenseits der Autostraße der Zugang zu einem Ruinenfeld. Hier lag die von den Vandalen um 450 zerstörte römische Stadt Pollentia. Die Trümmer vermitteln wenig vom alten Glanz der ersten Inselhauptstadt. Das fanden auch die

Die Puerta de Xara öffnet
Alcúdias Stadtmauer aus
dem 16. Jahrhundert zum
Hafen hin.

Araber, die hier im Jahr 902 an Land gingen. Sie ließen die Ruinen links liegen und gründeten eine neue Stadt: Alcúdia. Den Hügel, al-kudia, auf dem sie erbaut wurde, nimmt man heute kaum noch wahr. Leicht nur steigen die Straßen zum Stadtzentrum mit dem Rathaus an.

Alcúdia war der erste arabische Regierungssitz, bis Palma zur Residenz der arabischen Wesire avancierte und Alcúdia in provinziellen Schlummer sank.

Nach der Wiedereroberung Mallorcas durch König Jaime I. von Aragón geriet die Stadt ins Abseits. Nur die von Nordafrika und der Türkei aus operierenden maurischen Freibeuter statteten ihr in den folgenden Jahrhunderten regelmäßig unerfreuliche Besuche ab. Nachdem sie Mitte des 16. Jahrhunderts die alte Hauptstadt ihrer Vorfahren in Schutt und Asche gelegt hatten, erbarmte sich König Philip II. in Madrid und stiftete der Stadt die starke Mauer, die sie umschließt und wie eine gute Stube hütet.

1987 legte sich das Museo de Mallorca eine Filiale in Alcúdia zu: Das Museu Monografic de Pollentia. Hier sind die schönsten Fundstücke aus den Ausgrabungen der alten Römerstadt ausgestellt. Und zweihundert Meter weiter kann man die Grundreste des kleinsten römischen Theaters („teatro romano") in Spanien besichtigen.

Mit 6.700 Einwohnern ist Alcúdia eine stille mallorquinische Landstadt, die nur geringfügig wächst. Dafür wächst das touristische Imperium in Port d'Alcúdia, dem einen Kilometer entfernten Hafen.

Eines fragt sich mittlerweile nicht nur der Urlauber am langen Sandstrand: Warum man das Kraftwerk, das Mallorca und Menorca, ausgenommen Palma, mit Strom versorgt, ausgerechnet auf die malerische Halbinsel stellen mußte. Man kann dafür niemanden mehr beschimpfen: Seit 60 Jahren liefert Alcúdia Energie. Die Schlote wurden 1958 erbaut - vor dem Urlauberboom. Mittlerweile gibt es ein weitaus größeres Kraftwerk am Rande des Albufera Sumpfgebietes - im Rücken der Urlauber.

ALQUERÍA BLANCA

(Gemeinde Santanyi)
900 Ew., im Südosten
Fiesta: 16. August Sant Roc
Kloster: Nuestra Señora de la Consolación

L'ARENAL

(Gemeinde Llucmajor)
Ortsteil der Playa de Palma
(→ Playa de Palma S. 101)

ARIANY

900 Ew., in der Ebene
Markt: Donnerstag
Fiesta: 28. August Sant Augustin.
Am letzten Sonntag im Juli Feier zum Jahrestag der Selbständigkeit der Gemeinde (1982).

S'ARRACÓ

(Gemeinde Andratx)
600 Ew., zwischen Andratx und Sant Elm, beliebter Wohnort von Ausländern.
In Sant Elm schöner Sandstrand. Gegenüber die kleine Insel Es Pantaleu, dahinter die unter Naturschutz stehende Felseninsel La Dragonera.

ANDRATX

6.600 Ew., im Südwesten
Markt: Mittwoch vormittag
Fiesta: 29. Juni Sant Pere - mehrtägiges Fest mit Musik und Theater, Schiffsprozession in Port d'Andratx und Landwirtschaftsmesse
Fruchtbare „Huerta" mit Gemüseanbau, Mandeln, Johannisbrot

Mittwochs ist in Andratx alles anders. Mittwochs ist Markt. Da gibt es, was es sonst nicht gibt: Deutschen Filterkaffee, Chicken with Chips, Apfelkuchen und Hamburgers. Da gibt es tragbare Fernseher „made in Japan" und frisches Gemüse und gerupfte Hühner „made in Andratx". Wenn es Mittag wird und die Busse nach Paguera, Santa Ponça, Magaluf und Palmanova zurückfahren, hat Andratx wieder Alltag. Bis zum nächsten Mittwoch.

Noch 1975, als Paguera schon voll erblüht war, war Andratx nur schwer zu erreichen. Hinter Paguera endete der Asphalt. Nur eine Schotterstraße setzte den Weg fort. Die Andritxols haben lange Zeit nichts getan, um diesen Übelstand zu beheben. Andratx blieb die Stadt hinter dem Staub. Hier lebten die Zimmermädchen, die

Kellner, aber auch die Restaurant- und Boutiquenbesitzer. Sie wohnen immer noch dort – in den nahen Urlaubszentren wird jedes Zimmer für die Fremden gebraucht. Weil viele der Angestellten aus Andalusien stammen, ist südländisches Volks- und Familienleben nicht zu übersehen – vor allem nicht im Stadtteil unterhalb der Kirche.

Es gibt schöne alte Häuser in Andratx. Denn Anfang des Jahrhunderts waren viele Einwohner ausgewandert - vornehmlich nach Kuba. Die meisten kehrten irgendwann reich zurück und bauten Villen nach Patrizierart.

Zwischen der Stadt und ihrem ca. fünf Kilometer entfernten Hafen, Port d'Andratx, breitet sich eine fruchtbare Gartenlandschaft aus, die Huerta. Strikte Bauregeln verhindern hier weitere Missetaten.

Mallorcas westlichste Stadt: Andratx

![Port d'Andratx harbour at sunset with sailboats and lighthouse]

Der Aufstieg von Port d'Andratx begann um die Mitte der Siebziger Jahre mit der Urbanisation des einsamen Vorgebirges La Mola. Hier siedelte sich Prominenz an. Peter Ustinov etwa, oder der Kreis um Persiens Ex-Kaiserin Soraya. Industriegiganten folgten, Banker, Aufsichtsräte. Mark- und Dollarbarone. Die wundervolle Landschaft mit ihren fjordartigen Buchten, Steilküsten, grünen Hängen ist mittlerweile dicht besiedelt.

Hier und da wirkte ein Meister kostspieliger Ferienarchitektur: Pedro Otzoup. Der gebürtige Russe darf sich nach spanischen Gesetzen nicht Architekt nennen. Seine Bauten schwingen frei und kühn. Manchmal sind sie in den Fels gegraben, ins Grün gepflanzt, oder sie schachteln sich übereinander wie ein mediterranes Dorf.

Port d'Andratx ist nicht der rechte Ort für Badegäste. Die nächsten Strände liegen kilometerweit entfernt. Dafür gibt es in der Nähe Buchten, die sich nur per Boot oder Kletterpartie über Felsen erreichen lassen: Cala D'Egos, Cala Antio, Cala Blanca. Das lockt Individualtouristen zu Wasser und zu Lande an, die in der Mehrzahl Ferienhäuser beziehen. Nur wenige Hotels mit sehr begrenzter Bettenzahl stehen zur Verfügung - darunter das Nobelhotel „Villa Italia".

Schön die Hafenpromenade mit ihren Restaurants. Hier gibt es immer was zu beobachten: Heimkehrende Fischer, flanierende Urlauber - und häufig sieht man prominente Gesichter. Port d'Andratx und Andratx haben ein paar sehr gute Restaurants.

Port d'Andratx ist einer der schönsten Häfen Mallorcas.

85

In einer fruchtbaren Ebene liegt Artá. Über der Pfarrkirche am Berghang thront die Wallfahrtskirche San Salvador

ARTÁ

5.700 Ew., im Nordosten
Markt: Dienstag vormittag
Fiestas: 17. Januar Sant Antoni
6. August Patronatsfest San Salvador
Landwirtschaftsmesse am 2. Sonntag im September.
Karfreitagsprozession
Mandeln, Johannisbrot, Wein; Herstellung von Ziegeln und Baumaterialien, Korbflechtereien. Viele Bewohner arbeiten in den Ferienorten an der Nordostküste.
In Colonia de Sant Pere, einem ehemaligen Fischerdorf, sind viele Bundesbürger, vornehmlich aus dem Raum Köln/Bonn, ansässig.

Den Namen „jartán" – Garten – gaben die Araber dem noblen Städtchen auf dem Hügel. Artá liegt inmitten einer fruchtbaren „huerta". Der Ort war während der arabischen Besetzung Distrikthauptstadt mit weitem Umfeld. Nach der Rückeroberung veränderten die Christen das Stadtbild grundlegend.

Die maurische Burg wurde 1230 zum königlichen Schloß, die Moschee wich einer Kirche, der heutigen Pfarrkirche „Transfiguración del Señor".

Eine andere Kirche mußte 1820, nachdem die Pest in Artá eingefallen war, in ein Hospital verwandelt werden. Man brannte die Seuchenstation schließlich nieder, und errichtete an ihrer Stelle auf dem Hügel die Wallfahrtskirche San Salvador. Sehenswert ist vor allem das Innere des schlichten Gebäudes. Von der Aussichtsterrasse hat man einen großartigen Rundblick auf den Ort und das Meer.

Der Burghügel wurde zum Kalvarienberg, den man über die 180 Stufen einer von Zypressen flankierten Treppe erreicht. Artá ist im Laufe der Jahrhunderte zu einer befestigten Stadt geworden: Zum Schutz gegen Piraten-Überfälle errichtete man Türme und zinnenbewehrte Mauern, die immer noch den Charakter der Stadt prägen.

Schöne Ausflüge kann man von Artá zur Ermita de Betlem (➔ S. 135), zu den Cuevas de Artá (➔ S. 176) oder nach Colonia de Sant Pere, dem entlegensten Hafen Mallorcas machen. In einem Wald unweit von Artá sind eindrucksvolle Zeugnisse aus der Talayot-Zeit (ca. 2000 v. Chr.) zu besichtigen (➔ S. 40). Gehen Sie in Richtung Capdepera. Etwa 300 m nach dem ehemaligen Bahnhofsgebäude (rotweiße Fliesenstreifen) sehen Sie rechts ein altes Hinweisschild.

BANYALBUFAR

425 Ew., an der Nordwestküste
Fiesta: 8. September „La Mare de Déu de Septembre" zu Ehren des Geburtstages des Muttergottes.
Beliebter Ausgangsort für Gebirgswanderungen.
Mandeln, Oliven, etwas Getreideanbau, Weinanbau (Malvasiertrauben), in den Bergen viele Quellen.
Sehr gut erhaltene, seit arabischer Zeit bewässerte Terrassen.
Der Herrensitz Sa Baronía (14. Jh.) ist heute ein Hostal.
In 3 km Entfernung Aussichtspunkt „Mirador de Ses Animes", ein Wachturm aus dem 16. Jh.
In 4 km Entfernung Port d'es Canonge, eine kleine Siedlung an felsiger Bucht.
Der Ortsname Banyalbufar (arab.: bany-al-bahar) bedeutet „Weingarten am Meer".
Gegenüber der Kirche Keramikgeschäft mit gutem Angebot.

BINIAMAR

(Gemeinde Selva)
400 Ew.
Fiesta: 23. September Santa Trecia (Patronatsfest).
Landschaftlich sehr reizvoll.
Gemüseanbau (Treibhäuser)

BINIARATX

(Gemeinde Sóller)
an der Straße Fornalutx - Sóller
300 Ew.
Bergdorf, beliebter Ausgangspunkt für Bergwanderungen.

BINIBONA

(Gemeinde Selva)
12 Ew.
Fiesta: 23. September Santa Trecia.
Früher eine Zeitlang unbewohnt, landwirtschaftlich sehr reizvoll.
Mandelbäume.

BINISSALEM

4.700 Ew., an der Straße Palma - Inca, km 22
Markt: Freitag
Fiestas: 25. Juli Sant Jaume, 26. Juli Santa Ana.
Am letzten Sonntag im September Weinlesefest (Festa des Vermar) mit Wahl der Weinkönigin.
Der Name, zusammengesetzt aus dem arabischen „Bini" und „Salem" bedeutet „Haus des Heils".
Mandeln, Johannisbrot, Wein, Schuhindustrie.
Der Stadtkern steht seit 1963 unter Denkmalschutz.

Bahnstation auf der Strecke Palma - Inca.
Weinkellerei José Ferrer (am Ortseingang rechts) kann man besichtigen.

BÚGER

1.000 Ew., im nördlichen Teil der Ebene
Markt: Freitag auf der Hauptstraße.
Fiesta: 29. Juni Sant Pere
Gemüseanbau, einige Mandelbäume.
Herstellung von traditionellem Holzbesteck.
Im Dorfkern sind noch zehn Windmühlen erhalten.

BUNYOLA

3.500 Ew., an der Straße Palma - Sóller, km 15.
Markt: Samstag vormittag; in der kleinen Markthalle gibt es täglich frisches Obst, Gemüse, Fisch und Fleisch.
Fiestas: 21. September Sant Mateu mit Weinlesefest
25. November Santa Catalina
Gemüse- und Obstanbau mit künstlicher Bewässerung, Wein; in nicht bewässerten Regionen Getreideanbau.
Rosenzucht: „Rosas de Mallorca", 90.000 Pflanzen auf 12.000 Quadratmetern; täglich werden 3.000 Rosen in die Schweiz exportiert.
Spezialität: „Bunyols", kleines Schmalzgebäck, das man vor allem zu Allerheiligen ißt.
Herstellung von Palo, einem traditionellen Kräuterlikör.

Anfang des Jahres tauchen Millionen Mandelbäume die Insel in einen Traum aus zartrosa - wie hier bei Binissalem. Die Mandel ist der am häufigsten angebaute Nutzbaum Mallorcas.

DREHORT HOTEL PARADIES ZDF

Die Terrassen wurden von den Arabern vor tausend Jahren angelegt. Und noch immer funktioniert das Bewässerungssystem, das sie damals erfanden: Palmas Westküste zwischen Banyalbufar und Estellencs.

CALA D'OR

Gemeinsamer Name für fünf Buchten an der Ostküste. Der Ort wurde 1933 gegründet. Viele Hotels und Urbanisationen. Yachthafen.

*A*nfang der Dreißiger Jahre kam Pep Costa, ein Architekt aus Ibiza, mit seiner Familie in die Gegend. Er genoß die Stille der Landschaft, die kristallenen Buchten und er baute sich ein Haus. Ein weißes Haus, einen Kubus, wie er ihn von Ibiza her kannte. Es war das erste Ferienhaus in der Bucht, die er Cala d' Hort, die „Gartenbucht" nannte.

Der Name Cala d'Hort schliff sich mit der Zeit zu Cala d'Or ab, zur „Goldbucht". Immerhin brachte es der Architekt fertig, daß an seiner Bucht nicht dieselben Fehler gemacht wurden, wie an anderen Küstenstrichen Mallorcas. Die weißen Ibiza-Kuben wurden für die Architektur von Cala d'Or bestimmend - bis heute. Es gibt in der Fünf-Buchten-Landschaft keine Hochhäuser, keine gigantischen Urlaubersilos. Urlauber freilich gibt's genug, und in den Sommermonaten wird es manchmal in den Sandbuchten zwischen den Klippen eng.

Cala d'Or ist nobel. Man will gesehen werden. Und sehen.

CAIMARI

(Gemeinde Selva)
700 Ew.
Markt: Sonntag
Fiestas: 3. Mai Kreuzfest „Festa de la Creu";
15. August Muttergottesfest „Festa de Mare de Deu d'Agost"
Gemüse- und Getreideanbau

CALA MAYOR

(Gemeinde Palma)
3 km westlich von Palma
Lebhafter Ferienort, von Skandinaviern bevorzugt.
Kleine, klippige Badebucht.
Yachthafen
Sommerresidenz „Marivent" von König Juan Carlos I.

CALA MONDRAGÓ

(Gemeinde Santanyi)
Landschaftlich sehr reizvolle Doppelbucht.
Schöne Sandstrände.
Viele junge Leute.
Kleiner Hafen.

CALA FIGUERA

(Gemeinde Santanyi)
Im äußersten Südosten, an der Mündung des Torrente dels Oms.
Früher Hafen von Santanyi.
Fiesta: 16. Juli Virgen del Carmen.
Fjordartiger Naturhafen mit Wachturm von 1569.
Landschaftlich sehr reizvoll.
In Cala Figuera machen vor allem junge Menschen aus ganz Europa Urlaub. Für sie ist es der beliebteste Ort der Insel. Preiswerte Unterkünfte und Lokale. Sport- und Freizeiteinrichtungen.

Ein Ort, den junge Leute mögen: Cala Figuera mit seinem alten Hafen.

CALA MILLOR

(Gemeinde Son Servera und Sant Llorenç del Caldassar)
Fiesta: Erste Septemberhälfte Internationale Touristenwoche
Zweitgrößter Ferienort der Insel, 45.000 Fremdenbetten.

Nur eine schmale Felsenbucht trennt die Sandstrände Cala Millor und Cala Bona.

*K*ein Urlauber merkt, daß mitten durch Cala Millor eine unsichtbare Grenze verläuft. Zum Beispiel quer durch die Ärztestation: das Wartezimmer gehört zur Gemeinde San Llorenç, die Behandlungsräume zu Son Servera. Den Urlaubern kann's egal sein, den Gemeindevätern nicht: immerhin geht's um die Steuereinnahmen aus Mallorcas zweitgrößter Feriensiedlung (nach der Playa de Palma).

Noch 1955 gab es an den benachbarten Buchten Cala Millor und Cala Bona nur sechs kleine Hotels. Aber immer mehr Urlauber trugen den Geheimtip in die Öffentlichkeit. Die Hostals vergrößerten und plötzlich wurden andere Unternehmer aufmerksam. 1961 ging die Bauwut los. Bis 1965 wurden 67 Hotels eröffnet, zwischen 1966 und 1970 weitere 171. Dazu die notwendige Infrastruktur: Läden, Sportanlagen, Cafés, Bars, Discos.

Cala Millor/Cala Bona ist eine Retortensiedlung. Aber sie gehört zu zwei traditionsreichen Gemeinden. Und die rufen einmal im Jahr zu einer Internationalen Touristenwoche auf. Zwischen Anfang und Mitte September gibt es eine Woche, die es in sich hat: Messe und Misswahl, Fußball, Festzug, Volkstanz und Feuerwerk.

Luxustourismus hat Cala Millor/Cala Bona nicht zu bieten, aber eine solide Offerte: Die meisten Hotels sind Ein- und zwei-Sterne-Häuser, Hostales und Residencias. Die Infrastruktur ist kinderfreundlich im Sommer und seniorenfreundlich im Winter.

Immer mehr entwickelt sich die nördlich von Cala Bona gelegene Bucht der Costa de los Pinos zum Siedlungsgebiet arrivierter Ausländer. Hier liegt auch das renommierte Eurotel Punta Rotja.

CALA RATJADA

(Gemeinde Capdepera)
1.500 Ew.
Markt: Samstag
Fiesta: 16. Juli Señora del Carmen mit Schiffsprozession.
Ferienort mit zwei Badebuchten (Cala Guya und Son Moll)
Yachthafen

*F*amiliäre Atmosphäre" lautet das Schlagwort, mit dem üblicherweise für Cala Ratjada, die "Rochenbucht" geworben wird. Der Ort hat Stammgäste, vorwiegend junge Urlauber, die Jahr für Jahr ihr kleines oder mittleres Hotel beziehen. Ein Ein-Sterne-Haus oder Hostal, wo Mutter kocht. Cala Ratjada entwickelte sich mit den Jahren zu einem großen Clubgelände ohne Zaun und Mauern.

Exemplarisch für den Aufstieg des Fischerdorfes ist die Geschichte von Cas Bombu. Das ist das älteste Hotel am Platz. Es hatte 1885 vierzehn Gästebetten und gehörte einem Fischer. Manchmal kamen Gäste aus Barcelona oder Madrid. Die Vollpension kostete acht Peseten. Freitags gab es Huhn und sonntags frische Langusten.

1911 hatte Cas Bombu schon zwei Stockwerke und jedes Stockwerk ein Bad. Zwanzig Jahre später hielt man ganzjährig geöffnet, eine Sensation in der Region. 1960 erweiterte der Gründer-Urenkel das Haus auf vierzig Betten. Heute sind es 91 und das ehemalige Fischerhaus mit 14 Fremdenbetten wird in Hochglanzkatalogen angeboten. Eine typische Hotelierkarierre auf Mallorca.

Anfang September findet alljährlich in der Rochenbucht das Internationale Windsurfing-Marathon statt. Die Wettbewerber haben die Strecke von Cala Ratjada nach Ciutadella zu bewältigen. Ciutadella liegt an der Küste von Menorca – gute fünfzig Kilometer entfernt.

Oberhalb des Hafens von Cala Ratjada liegt die Villa Sa Torre Cega. Sie gehört der Bankiersfamilie March (→ S. 114). Der 60.000 m² große Park wurde zu einem Freilichtmuseum gestaltet: Man kann vierzig moderne Skulpturen betrachten.

CALAS DE MALLORCA - CALA MURADA

(Gemeinde Manacor)
moderne Feriensiedlung an mehreren Buchten der Costa de Manacor.
ca. 3.200 Betten, perfekte Infrastruktur für Urlauber

*E*in halbes Dutzend Buchten im Mittelabschnitt der Ostküste hat sich unter den gemeinsamen Namenshut Calas de Mallorca begeben: Die Calas Magraner, Virgili, Bota, Soldat, Setri und Antena. Es sind kleine, klippige Buchten, an denen sich sechs moderne Großhotels mit insgesamt 3200 Betten zu einer Feriensiedlung zusammenschlossen. Viele Geschäfte, Discos, Bars und Ferienhäuser runden die Ortschaft ab.

Einen kleinen, 230 m langen Sandstrand gibt es in der weiter südlich gelegenen Cala Domingos. Noch weiter südlich öffnet sich die Cala Murada, die „gemauerte" Bucht. Hier gibt es kein Hotel, wohl aber eine gemauerte Terrasse und eine schön angelegte Promenade über den Klippen. Der 30 m lange Sandstrand ist wenig besucht.

Hinter der Cala Murada steigt die Landschaft an. Auf den Hängen der sacht zum Meer abfallenden Sierra de Levante dehnen sich die großen Urbanisationen Manzana und Cala Murada aus: viele hunderte hübsche Landhäuser, ein paar kleine Hotels.

Wer durch die „Buchten von Mallorca" spazieren will: zu Fuß kein Problem. Mit dem Auto doch. Da muß man jeweils zurück auf die Hauptstraße und dann die 3 km langen Stichstraßen benutzen.

CALA SAN VICENTE

(Gemeinde Pollença)
Im Norden an den Ausläufern des Tramuntana-Gebirges.
Ferienort mit kleiner, sehr schöner Bucht.
Hinterland gut für Bergwanderungen.

CALVIÁ

18.500 Ew., Verwaltungszentrum für die Ferienorte Paguera, Santa Ponça, Palmanova, Magaluf, Cala Fornells, Malgrats, S'Illetes und Cala Viñas
Markt: Montag
Fiesta: 25. Juli Sant Jaume
Wenig Landwirtschaft, die Bevölkerung lebt fast ausschließlich vom Tourismus.
Calviá gilt als reichste Gemeinde Spaniens.
Golfplatz

CAMP DE MAR

(Gemeinde Andratx)
Kleiner Badeort zwischen Paguera und Andratx.
Schöne Sandbucht, Felseninsel mit Restaurant.

CAMPANET

2.200 Ew., an der Straße Palma - Alcúdia unterhalb des Gipfels Tomir.
Markt: Dienstag auf der Hauptstraße.
Fiesta: 29. September Sant Miquel
Am Dienstag nach Ostern Wallfahrt zur Kirche Sant Miquel (4 km)
Tropfsteinhöhlen (➜ S.176)
Glasmuseum „Menestralía", am Abzweig von der C-713 nach Campanet.
Mandeln und Johannisbrot, Zitronen- und Orangenplantagen.
Korbflechtereien, Herstellung von Strohschuhen (Alpargatas).

CA'N PICAFORT

(Gemeinde Santa Margalida)
4.000 Ew., beliebter Ferienort an der Nordküste.
Markt: Freitag
Fiesta: 15. August Festa de Mare de Deu d'Agost
Yachthafen

*S*iebzehn Kilometer lang ist die Bucht von Alcúdia - und mittendrin liegt Ca'n Picafort, die Goldgräberstadt des mallorquinischen Tourismus.

Anfangs war Ca'n Picafort eine typische Pioniersiedlung. Ohne Infrastruktur, ohne asphaltierte Straßen. Noch nichteinmal einen Sheriff gab es. Der residierte acht Kilometer landeinwärts in Santa Margalida. Das Leben in dieser Bauernkleinstadt war kein Zuckerlecken. Aber schon immer hatten die Bauern am Strand von Ca'n Picafort ein paar Hütten stehen, um sich den langen Heimweg zu ersparen, wenn sie auf den abgelegenen Feldern arbeiteten.

Den Namen hatte der Strandabschnitt 1860 von einem Menschen namens Jeronimo Fuster erhalten. Der konnte beim Holzfällen kräftig draufschlagen und hieß deshalb „Haudrauf". Auf spanisch: „Picafort". Ca'n Picafort war das Haus des Haudrauf.

Hundert Jahre später verkauften die Bauern von Santa Margalida ihre Grundstücke am Meer an Bauherren und Hotelketten. Mancher baute auch selber eine Pension, die ganze Familie half mit beim Kellnern und in der Küche. Am besten dran waren damals die Zweitgeborenen der Familien: Die hatten die als minderwertig geltenden Grundstücke am Meer, weit weg von Santa Margalida, geerbt. Jetzt machten sie das große Geschäft.

Mallorquinische Bauern auf dem Markt in Campos. Sie leben, als hätte es nie einen Touristen auf Mallorca gegeben.

CAMPOS

6.600 Ew., Landstadt im Südosten
Markt: Donnerstag und Samstag
vormittag.
Fiesta: 9. Januar San Julián.
Im Mai und Oktober Landwirt-
schaftsmesse:
Zentrum der mallorquinischen
Milchwirtschaft, Rinder-, Schaf-
und Ziegenhaltung.
Gemüseanbau, Kapern, Mandeln.
Herstellung von Produkten aus
Schmiedeeisen.
Spezialität: Mandelkuchen, Paste-
lería Pomar an der Hauptstraße.

CANYAMEL

(Gemeinde Capdepera)
Kleiner Ferienort südlich Cala Rat-
jada.
Weiter Sandstrand.
Wachturm aus dem 16. Jh.
Golfplatz

CAPDELLA

(Gemeinde Calviá)
1.000 Ew., 6 km außerhalb von
Paguera.
Wenig Landwirtschaft. Viele Bewohner arbeiten in den Ferienorten Paguera und Santa Ponça

CAPDEPERA

7.000 Ew., im Nordosten zwischen
Artá und Cala Ratjada.
Markt: Mittwoch
Fiestas; 6. Januar Fest der Heiligen
Drei Könige.
An diesem Tag wird das Volksstück
„Rei Herodes" aufgeführt.
16./17. Januar Sant Antoni;
24. August Sant Bartomeu.
Die Bevölkerung lebt fast aus-
schließlich vom Tourismus.
Burg oberhalb der Stadt(→ S.180)
Gärten der Villa March (→ S.114)

CAS CONCOS

(Gemeinde Felanitx)
360 Ew., ruhiges Dorf.
Fiesta: 10. September

COLONIA DE SANT JORDI

(Gemeinde Ses Salines)
500 Ew., beliebter Ferienort im Süd-
osten der Insel, Hafen von Cam-
pos.
Wachturm von 1596. Schöne
Bucht.
Markt: Mittwoch
Fiesta: 23. April Sant Jordi;
ca. 2.000 Fremdenbetten.
Viele Gäste aus der Schweiz.
In unmittelbarer Nähe ist der lange
Naturstrand Es Trenc, der nicht
bebaut werden darf.
Badehose überflüssig.
Yachthafen

COLONIA DE SANT PERE

(Gemeinde Artá)
500 Ew., kleiner Badeort, wenige Hotels.
Flacher Strand, kleiner Hafen
Fiesta: 29. Juni Sant Pere

CONSELL

2.200 Ew., an der Straße Palma - Inca C-713
Markt: Donnerstag
Fiestas: 17. Januar Sant Antoni;
24. August Sant Bartomeu.
Weinanbau, Mandelplantagen.
In Klein- und Familienbetrieben Herstellung von traditionellem Kunsthandwerk.
Bahnstation auf der Strecke Palma - Inca

COSTA DE LA CALMA

(Gemeinde Calviá)
Großzügige Ferien- und Villensiedlung zwischen Santa Ponça und Paguera.
Vorwiegend Ausländer, sehr kleiner Strand.

COSTA DE LOS PINOS

(Gemeinde Son Servera)
Nobelurbanisation nördlich von Cala Millor, landschaftlich sehr reizvoll
Golfplatz (➔ S.66)

COSTA DEN BLANES

(Gemeinde Calviá)
oberhalb der Autobahn Palma - Paguera.
Ruhige Villengegend, kleine Sandstrände

COSTIX

750 Ew., in der Ebene.
Markt: Samstag
Fiesta: 20. Januar San Sebastian;
8. September zu Ehren der „Mare de Déu de Costix", der Muttergottes von Costix.
Landwirtschaft ohne Bewässerung: Mandeln, Getreide, Feigen, Johannisbrot. In Familienbetrieben Herstellung von Mitbringseln aus Muscheln, künstlichen Rosen, Madonnen, Kruzifixe.
In der „Casa de la Fauna Ibero-Balear" sind 3.500 ausgestopfte Tiere der Balearen und des spanischen Festlandes ausgestellt. Geöffnet tgl. von Mo - Fr 9 - 13 und 15 - 19 Uhr, So von 9.30 - 13.00 Uhr.

Aus Grits Notizbuch

Die dunkle Glocke

Um 1930 lebte in Consell Francisca Company Campins. Man nannte sie wegen ihrer Haarfarbe „Die Dunkle", „Na Moreta". Viele Jahre hatte „Na Moreta" als Dienstmädchen gearbeitet und eisern gespart. Schließlich beschloß sie, der Pfarrkirche Nostra Senyora de la Visitació ein Gnadenbild zu stiften. Der Pfarrer dankte: „Wir brauchen kein Gnadenbild. Wir brauchen aber eine Glocke. Nur, die ist erheblich teurer." „Na Moreta" ließ sich nicht abschrecken und spendierte von ihrem Ersparten die Glocke. Noch heute sagen die Leute von Consell am Sonntagmorgen: „Ara toca Na Moreta" - „Jetzt läutet die Dunkle."

Viele Johannisbrotbäume stehen in der Ebene von Costix. Die langen braunen Fruchtschoten werden heute nur noch als Viehfutter verwendet. Ihre Kerne wiegen alle exakt 0,205 Gramm - ein Karat.

94

DEIÁ

530 Ew., davon 25 % Ausländer, an der Nordwestküste, unterhalb des Teix-Gipfels (1.064 m).
Fiesta: 24. Juni Sant Joan
Wenig Landwirtschaft, Abfüllbetriebe für Mineralwasser.
Künstlerdorf, viele gute Restaurants.
Drehort HOTEL PARADIES (➔ S.26)

ESCORCA

240 Ew., kleinste, selbständige Gemeinde der Insel, im Tramuntana-Gebirge, 800 m.ü.M.
Fiesta: 29. Juni Patronatsfest Sant Pere.

Weitere Feste im Kloster Lluc
Der größte Teil des Gemeindegebietes ist Waldfläche (Pinien und Steineichen), Oliven, Getreideanbau.
Abfüllbetriebe für Mineralwasser.

ESPORLES

3.000 Ew., am Südhang des westlichen Tramuntana-Gebirges, Palma zugewandt.
Fiesta: 28. Juni Sant Pere. Am letzten Sonntag im August Wallfahrt zur Einsiedelei „Maristela" (4 km außerhalb des Ortes).
Oliven, Johannisbrot, Mandeln.
In der Finca „Ses Rotes" Pferdezucht.

In Familienbetrieben Herstellung von Stickereien.

ESTELLENCS

330 Ew., malerisches, verwinkeltes Bergdorf an der Nordwestküste, 150 m ü.M.
Fiesta: 29. August anläßlich der Enthauptung Johannes des Täufers „Degollació de Sant Joan Bautista".
Waldgebiete (Pinien, Steineichen), Oliven.
Unterhalb des Dorfes schmale Badebucht.
Aussichtsturm „Mirador Ricardo Roca", 1913 vom mallorquinischen Fremdenverkehrsamt erbaut.

FELANITX

9.300 Ew., im Südosten der Ebene
Markt: Sonntag vormittag
Fiesta: 20. Juli Santa Margalida Patronatsfest;
um den 28. August Sant Augustí.
Pfarrkirche San Miguel von 1248.
Immer weniger Landwirtschaft zugunsten des Tourismus.
Weinanbau.
Kloster San Salvador (➔ S.135) und Castillo Santueri (➔ S.180)
Geburtsort von Guillem Sagrera, dem Baumeister der Lonja in Palma.
Eigene Stadtkapelle (50 Mann)
Im Sommer „Setmana de Música", Musikwochen

Fast 90 Prozent des auf Mallorca produzierten Weißweines stammt aus Felanitx. Bereits Ende des 19. Jahrhunderts besaß die Stadt ein eigenes Geldinstitut und eine Stadtzeitung, gründete ein Kunst- und Kulturzentrum, verfügte über eine Handelskammer und eine Stierkampfarena. Seit alters her werden in Felanitx auch Gegenstände aus Keramik hergestellt, vor allem Wandbilder aus zusammengesetzten Kacheln (Calle San Agustin).

Schon zur Araberzeit war Felanitx Zentrum der „Azulejo"- Herstellung. Viele dieser bemalten Fliesen sind in der Bausubstanz heutiger Häuser erhalten geblieben. Der Ort wurde bei der christlichen Wiedereroberung der Insel zerstört, schließlich durch König Jaime III. Anfang des 14. Jahrhunderts neu gegründet.

Die Stadt erholte sich bald: Neben dem Anbau von Wein, Aprikosen und Orangen betrieb man den Wiederaufbau der traditionellen Glas- und Keramikmanufakturen. Der wachsende Wohlstand lockte auch

fromme Männer an: Die alte, 1248 erstmals erwähnte Pfarrkirche San Miquel wurde 1762 prächtig herausgeputzt und bekam eine herrschaftliche Freitreppe.

Der Legende nach besitzt der um 1830 erbaute Margarethen-Brunnen eine nie versiegende Quelle. Außer einer Kirchen-Besichtigung in Felanitx lohnt sich auch ein Ausflug in die Umgebung.

Das 6 km entfernte Kloster San Salvador ist ein wichtiger Wallfahrtsort der Insel. In dem bereits 1349 geweihten Gotteshaus befindet sich unter den zahlreichen Gaben an Heilige auch das Hemd des sechsfachen Radsport-Weltmeisters Guillermo Timoner Obrador.

Auf der Bergkuppe gegenüber liegt das Castell Santueri, eine verfallene arabische Festung. Von beiden Punkten hat man einen herrlichen Panoramablick - bei günstigem Wetter sieht man über die ganze Insel.

*D*as geschäftige Leben der fleißigen Stadt kommt selbst am Sonntag nicht zur Ruhe: In den Markthallen neben dem Rathaus herrscht vormittags ein buntes Treiben. Urlauber und Mallorquiner drängen sich durch die Gänge zwischen den Ständen.

FORNALUTX

560 Ew., 4 km nördlich von Sóller.
Fiesta: 8. September zu Ehren
des Geburtstages der Muttergottes „Mare de Déu".
1983 als „schönstes Dorf" Spaniens ausgezeichnet. 1982 vom
mallorquinischen Fremdenverkehrsverband und 1985 vom Naturschutzbund GOB (Grup Ornitológic Balear) prämiert.
Oliven, Mandeln, viele Plantagen
mit Zitrusfrüchten.
Sehr sehenswerter Dorfkern.

*In Fornalutx scheint die Zeit
stehengeblieben zu sein.
Schläfrige Hunde und Katzen sonnen sich auf den blanken
Stufen der winkligen Treppen.
Häuser aus goldbraunen Quadersteinen, stille Gärten mit
blühenden Ranken, kleine Holzbalkone. Der Kirchplatz mit dem
Dorfbrunnen bietet ein Bild vollkommener Idylle. Besucher genießen vor allem den herrlichen
Blick von der Terrasse der Bar
„Bellavista".*

*Stilecht erreicht man Fornalutx
von Sóller aus mit der Kutsche.
Oder zu Fuß: Über einen Wanderweg ist man weniger als eine
Stunde unterwegs. Das Bergdörfchen liegt 180 Meter hoch. Majestätisch wird es vom Puig Mayor
überragt, mit fast 1500 Metern
der höchste Berg der Balearen.
Rund um Fornalutx laden weite
Olivenhaine und Zitrusplantagen
zu Wanderungen und Spaziergängen ein.*

*Schon der Name deutet darauf
hin, daß Fornalutx von den Arabern gegründet wurde - wie alle
Orte auf Mallorca, die mit -tx
enden.*

*Am Fuße des Puig Mayor, Mallorcas
höchstem Berg: Fornalutx. Es ist
längst aus dem Dornröschenschlaf
erwacht. Fornalutx gilt als schönstes
Dorf Spaniens. Entsprechend sind
mittlerweile die Preise für
die Häuser gestiegen.*

GALILEA

(Gemeinde Puigpunyent)
250 Ew., davon 150 Ausländer.
Bergdorf am Fuß des Galatzó, landschaftlich sehr reizvoll.
Fiestas: 8. und 9. September Marienfest

GÉNOVA

(Gemeinde Palma)
5 km westlich von Palma.
Straßendorf mit vielen Kneipen und Restaurants (Fressdorf) mit überwiegend typisch mallorquinischen Gerichten.

S'HORTA

(Gemeinde Felanitx)
500 Einwohner
Markt: Samstag
Die meisten Dorfbewohner arbeiten im Tourismus.
Golfplatz Vall d'Or

S'ILLETES

(Gemeinde Calviá)
6 km westlich von Palma.
Nobler Ferienort mit Tradition, sehr kleiner Strand.
Hier liegt der Anchorage Club Bendinat mit Golfplatz.

DREHORT
HOTEL PARADIES
ZDF

INCA

21.720 Ew., zwischen Palma und Alcúdia.
Markt: Donnerstag (Der Legende nach soll Eroberer König Jaime I. zum erstenmal an einem Donnerstag nach Inca gekommen sein)
Fiestas: 17. Januar Sant Antoni;
30. Juli Patronatsfest.
Im November „Dijous Bou", der gute Donnerstag
Aktive Industriestadt: Schuh- und Lederfabrikation für den Export.

*E*ssen hat Tradition in Inca. Jedes Jahr im November feiert man das große Landwirtschafts-Fest „dijous bó" - Fetter Donnerstag. Das Stadtbild prägen die Cellers, die Kellerkneipen. In den kühlen Gewölben stehen riesige Weinfässer und mächtige Holztische. Auf der meist handgeschriebenen Speisekarte finden sich nur wenige, dafür aber umso nahrhaftere Gerichte. Hier gibt es noch die originale „Cuina mallorquina", die mallorquinische Küche: schwer und deftig.

Die drittgrößte Stadt Mallorcas war im Mittelalter ein Zentrum der Majolika-Herstellung. Im 15. Jahrhundert gab es mehr als 400 Keramik-Manufakturen. Heute lockt eher das große Angebot an Lederwaren die Touristen an. Mit rund 100 Schuhfabriken und 60 lederverarbeitenden Betrieben ist Inca ein beliebter Einkaufsort.

Aber auch die schöne Pfarrkirche Santa Maria la Mayor ist einen Besuch wert. Leider wird man außerhalb der Gottesdienste meist an eine verschlossene Tür kommen. Inca ist ein geeigneter Ausgangspunkt für Ausflüge in die Umgebung, zum Beispiel zum Kloster Oratorio de Santa Magdalena auf dem Puig d'Inca. (→ S. 135)

LLORET DE VISTALEGRE

800 Ew., in der geographischen Inselmitte.
Markt: Montag
Jeden zweiten Sonntag im Mai Landwirtschaftsmesse.
Fiestas: 15. Mai San Isidro;
8. August Santo Domingo Patronatsfest;
im September Feigenfest (Festa d'es Sequer).
Landwirtschaft ohne künstliche Bewässerung: Mandeln, Feigen (die getrockneten Feigen von Lloret sind berühmt), Getreide.

LLOSETA

4.600 Ew., an der C-713 Palma - Inca.
Markt: Samstag vormittag
Fiestas: 8. September zu Ehren des Geburtstages der Muttergottes (Mare de Déu);
Mittwoch nach Ostern: Wallfahrt zu Ermita „El Cocó".
Mandeln, Getreideanbau; bei künstlicher Bewässerung Orangenplantagen,
Braunkohleabbau, Zementwerk, Schuh- und Lederindustrie, einige kleine Webereien. 90 % aller Baumaterialien auf der Insel kommen aus Lloseta.

LLUBÍ

2.000 Ew., in der Ebene.
Markt: Dienstag.
Fiestas: 1. August Sant Feliu Patronatsfest;
Dienstag nach Ostern: Wallfahrt zur Ermita del Santo Cristo del Remedio.
Kapern, Mandeln, Johannisbrot. Verarbeitungbetriebe für Kapern (Export).
In der Bar Central (Cas Xato) sind ca. 40 mißgestaltete, ausgestopfte Tiere ausgestellt; z.B. Hunde mit fünf Pfoten, Katzen mit zwei Köpfen und sieben Pfoten, siamesische Schweinezwillinge. Der Eintritt zur „Monstergalerie" ist gratis.

LLUCALCARI

(Gemeinde Deiá)
13. Ew..
Gilt als eines der schönsten Dörfer der Insel.
Picasso lebte hier eine Zeitlang im Hause des katalanischen Malers Sebastian Junyer.
Kleiner Badestrand.

LLUCMAJOR

16.500 Ew., Gemeinde im Südosten mit der größten Ausdehnung: 10% der Inselfläche.
Markt: Mittwoch, Freitag und Sonntag.
Fiestas: 29. September Sant Miquel; 2. Sonntag im August Santa Candida.
Schafzucht, Getreideanbau, Mandeln, Johannisbrot. Berühmt sind die auf Mandelbäume gepfropften Aprikosen.
Sandsteinbrüche.
Schuhindustrie (z.B. Herstellungsbetriebe für „Charles Jourdan"), Export von „Cowboystiefeln". Allerdings sind diese Produkte in Llucmajor selbst nicht zu bekommen.
Herstellung von Keramik und Likören.

Das kleinste Dorf Mallorcas ist zugleich eines der schönsten: Llucalcari, unweit vom Drehort Deiá.

MANACOR

27.000 Ew., zweitgrößte Stadt der Insel. Im Osten.
Markt: Montag vormittag auf der Plaza Ramón Llull.
Fiestas: 17. Januar Sant Antoni. Januar: Kunsthandwerksmesse; Ende Mai/Anfang Juni Frühjahrsmesse mit Landwirtschaftsausstellung.
Getreide- und Gemüseanbau, Mandeln, Feigen.
Perlenmanufakturen.
Möbelfabrikation, Holzverarbeitung.

Manacor ist eine Stadt der Arbeit, des Handwerks, der Industrie. Hier sind 60 holzverarbeitende Fabriken angesiedelt, ebenso die drei großen Perlenfabriken der Insel.

Es gibt in Manacor selbst kein Urlauberhotel, wohl aber täglich eine geballte Ladung Tourismus: Viele hundert Ausflügler aller Nationen, die den Perlenmanufakturen einen Besuch abstatten oder in großen Tiendas wie „Ceramicas y Decorativos" oder in den Olivenholz-Manufakturen „Oliv Art" Souvenirs kaufen.

In der Zeit der arabischen Herrschaft auf Mallorca (ca. 900 bis 1229) befand sich eine der Hauptmoscheen auf dem heutigen Gemeindegebiet, das schon 2.000 Jahre zuvor besiedelt war.

Daß die nur 13 Kilometer von der Küste entfernte Stadt vor türkischen Piraten nicht sicher war, zeigen die beiden Wehrtürme, die von der mächtigen Stadtbefestigung des 14. und 15. Jahrhunderts übrig geblieben sind. In einem, der Torre de Ses Puntes, leistet sich die Stadt von Zeit zu Zeit Ausstellungen zeitgenössischer Maler.

Die Stadtverwaltung, die im ehemaligen Kloster Santa Domingo untergebracht ist, hat in den letzten Jahren tapfer gegen manchen Skandal angekämpft. Die Superdisco „Drhaa", die sich stolz „Ruine des Jahres 3.000" nennt, eröffnete 1986 den Betrieb am Rande der Legalität. Im Zuge der Ermittlungen ergab sich, daß mindestens 1.000 Hotelzimmer auf dem Gemeindegebiet ohne Baugenehmigung hingestellt wurden, und daß etwa 400 Betriebe ohne Lizenz arbeiten. Dies vor allem in Portocristo, dem alten Hafen von Manacor. Er gilt als einer der lebhaftesten Ferienorte der Insel.

MAGALUF

(Gemeinde Calviá)
Ausgedehnte, sehr lebhafte Fe-
riensiedlung.
Vornehmlich englische Urlauber
Disco BCM.

MANCOR DE LA VALL

900 Ew., unterhalb des Massanella
(1.310 m) am Hang des Tramuntana-Gebirges.
Markt: Samstag.
Fiesta: 24. Juni Sant Joan;
Dienstag nach Pfingsten Wallfahrt
zur Ermita Santa Lucía
Oliven, Mandeln, Getreideanbau;
bei Bewässerung auch Gemüse
und Obstbäume. Lederverarbei-
tende Betriebe.

MARÍA DE LA SALUT

1.800 Ew., in der Ebene.
Markt: Freitag
Fiestas: 17. Januar Sant Antoni;
8. September zu Ehren des Geburtstages der Muttergottes „Mare
de Déu".
Getreideanbau: Hafer und Gerste
Herstellung von Baumaterialien
und Futtermitteln.

MARRATXI

10.000 Ew., an der C-713 Palma -
Inca, km 14. Zum Gemeindegebiet
gehören Portól, Sa Cabaneta und
Pont d'Inca.
Markt: Mittwoch.
Fiesta: 30. Juni Sant Marçal.
Anfang März Töpfermesse.
Marratxi ist das Töpferzentrum der
Insel (➔ S. 125, Keramik).
Gemüse- und Getreideanbau.

MONTUIRI

2.100 Ew., auf einem Hügel in der
Ebene.
Fiesta: 24. August Sant Bartomeu
Immer weniger Landwirtschaft
Reste von alten Getreidemühlen,
einige davon restauriert.

MOSCARI

(Gemeinde Selva), 225 Ew.
Fiesta: 26. Juli Santa Ana.
Landschaftlich sehr reizvoll.

MURO

6.000 Ew., im Norden der Ebene.
Markt: Sonntag vormittag in der
Markthalle.
Fiestas: 17. Januar Sant Antoni;
24. Juni Sant Joan;
25. Juli Sant Jaume;
Montag nach Ostern Wallfahrt zum
Oratorium Sant Vicens;
Sonntag nach Ostern Landwirt-
schaftsmesse „Fira de Sant Fran-
cesc"
Ethnologisches Museum
Kleine Stierkampfarena
Gutes Bewässerungssystem. An-
bau von Kartoffeln, Gemüse, Obst
und Zitrusfrüchten.
Zum Gemeindegebiet gehört das
Sumpfgebiet „L'Albufera"
Lokale Spezialität: „Fideus amb
angulles" - Glasaale mit Nudeln.

ORIENT

(Gemeinde Alaró)
30 Ew., am Fuß des Tramuntana-
Gebirges.
Kleiner, sehr reizvoller Gebirgsort.
Ausgangspunkt für Wanderungen.

PALMA

320.000 Ew.
Fiestas: 6. Januar Heilige Drei
Könige; 20. Januar San Sebastián;
Karfreitagsprozession; Sonntag
nach Ostern Dia del Angel (Picknick
am Castel Bellver).
Regierungssitz der Autonomen
Region Baleares und Hauptstadt
der Provinz Baleares, die mit
700.000 Einwohnern und 5.000
Quadratkilometern die viertklein-
ste der 17 Autonomen Regionen
Spaniens bildet.
Verwaltungs-, Handels- und Ver-
kehrszentrum.
(➔ S. 48 „Bummel durch Palma")
Golfplatz Son Vida.
Yachthäfen.

PAGUERA

oder **Peguera**
(Gemeinde Calviá)
Vor allem von deutschen Urlaubern bevorzugter Badeort,
im Sommer sehr lebhaft.
Im Winter beliebter Ausgangspunkt für Wanderer.

*E*rzherzog Ludwig Sal-
*vator schwärmte 1897
von Paguera: „Ein
stattliches Haus mit ausgedehnten Weinbergen. Vor dem
Haus steht eine große Tanne. "*

*Und heute: Paguera ist ein rie-
siger Ferienort mit perfekter
Infrastruktur. Chalets mit klei-
nen Gärten, Ferienhäuser in
Reihen, große und sehr große
Hotels, und auch kleine und
sehr kleine. Bars, Discos,
Läden. Nur das Haus mit der
Tanne sucht man vergebens.*

*Paguera hat das ganze Jahr
Saison. Denn es hat Strand
und Landschaft. Sanft steigt
der Ort vom Meer aus an, kaum
hat man die Ortsgrenze erreicht, ist man mitten im wald-
reichen Bergland. Der Sonnen-
freund ist mit ein paar Schrit-
ten am Meer, der Wanderer
ebenso schnell auf seinem Spa-
zierpfad.*

*Die Umgangssprache ist
deutsch. Selbst die französische Konditorei annonciert
„Kaffee und Kuchen wie bei
Muttern". Dafür nennt sich der
deutsche Treffpunkt französisch „Rendezvous".*

*Im Sommer überwiegt gesetz-
tes Mittelalter, im Winter kommen die Senioren.*

*In der Cala Fornells schuf
Anfang der siebziger Jahre der
Architekt Pedro Otzoup eine
vorbildliche, blumenüberflute-
te Appartementanlage.*

*Am Ortseingang gibt es zwei
Schilder: „Paguera" und „Peguera". Beides spricht sich
gleich aus: Pegerra.*

Die Playa de Palma mit L'Arenal: Europas größte Badewanne und Schmelztiegel vieler Nationalitäten.

PLAYA DE PALMA

(Gemeinde Palma und Lluchmajor)

Seit 1966 Sammelname für die Siedlungen L'Arenal, Son Verí, Las Marravillas, Sometimes und C'an Pastilla.

Größte Feriensiedlung Europas.

Yachthäfen

*S*ieben Kilometer lang ist der Strand zwischen den ehemaligen Fischerdörfern L'Arenal und C'an Pastilla. Jenseits der Strandpromenade stehen 50.000 Betten in 250 Betrieben. Dazu die unangemeldeten, „schwarzen". Viele sind seit Jahren durchgelegen. Was soll's: Die Nacht ist nicht allein zum Schlafen da. Dafür sorgen Biergärten, Pubs, Discos, Top- und Topless-Bars. (→ S. 138)

1920 wohnten 60 Menschen in L'Arenal, meistens Fischer. Ihre Häuser erkennt man noch heute an den großen Terrassen auf Sandsteinsäulen. Es gab kein Hotel, nur drei Kneipen.

Fünf Kilometer weiter C'an Pastilla: Drei Häuser und das alte Café la Sirena. Hier war die Endstation der Straßenbahn von Palma. Sie brachte Sonnenhungrige an den Strand. In den Zwanziger Jahren fanden immer mehr Städter Gefallen am Strandurlaub. Die Fischer vermieteten ihre Häuser.

1950 landeten die ersten Chartermaschinen auf dem nahen Flughafen. Am Rande des „Großen Sands" (arena = Sand) wuchsen die Hotels.

Ein Journalist schlug 1966 vor, die Strandsiedlungen unter dem Namen Playa de Palma zusammenzufassen. Politisch teilen sich

allerdings Palma und Llucmajor noch das Gemeindegebiet.

1989 wurde mit der Restaurierung der Playa de Palma begonnen. Allzu lange wirkte der Name abschreckend. Die älteren Hotels müssen renovieren oder schließen. Die Strandpromenade wurde mit Palmen verschönt, im Sommer herrscht Bauruhe (→ S. 36).

Die größte Feriensiedlung Europas wird zwar niemals ein beschaulicher, ruhiger Badeort werden - dagegen wären auch die meisten Gäste. Aber sie hat einen schönen und gepflegten Strand, der im Frühjahr zu dem durch Sandanschüttungen aus dem Meer verbreitet wird. Vorbildlich sind die neun Balnearios entlang der Strandzone, mit ihren Restaurants, Toiletten, Duschanlagen und Erste-Hilfe-Stationen.

PALMANOVA

(Gemeinde Calviá)
Ausgedehnte Hotelsiedlung, sehr lebhaft, vornehmlich englische Urlauber.
Yachthafen

PETRA

2.700 Ew., in der Ebene.
Markt: Mittwoch
Fiestas: 21. Juli Santa Praxedes; 2. und 3. August Engelsfest „Els Angels";
3. Samstag im September Landwirtschaftsmesse.
Getreideanbau, Oliven, Wein und Melonen (Honig- und Wassermelonen).
Holzverarbeitende Betriebe, Kachelproduktion.
Geburtsstadt des Franziskanermönches Junípero Serra, kleines Museum (➔ S. 114)
Kloster Bonany (➔ S. 135)
Lokale Spezialität „Bunyols" (Schmalzgebäck)

LA POBLA

10.500 Ew., im Norden der Ebene.
Markt: Sonntag auf der Plaça Mayor.
Fiestas: 16. Januar „Revetla de Sant Antoni" Vorabend vom Hl. Antonius; 17. Januar Sant Antoni; 20. Juli Santa Margalida; 25. Juli Sant Jaume.
Dienstag nach Ostern Wallfahrt zum Oratorium von Crestatx.
Letzter Sonntag im November „Trobada de pintors": Malertreffen, hier versammeln sich bis zu 100 Kunstmaler.
Zentrum des Gemüseanbaus der Insel, Kartoffeln, Auberginen, Paprikaschoten, Tomaten, Bohnen, Artischocken, Erbsen, Erdbeeren; im Sumpfgebiet der „L'Albufera" auch Reisanbau.
Wenig Industrie oder verarbeitende Betriebe.
In Can Planas kleines, aber feines Museum für zeitgenössische Kunst, das „Museu d'Art Contemporáni de Mallorca" mit Werken mallorquinischer und auf Mallorca lebender Künstler.

PORRERES

4.500 Ew., im Südosten.
Markt: Dienstag.
Fiestas: 16. August Sant Roc; Dienstag nach Pfingsten Wallfahrt zum Kloster Montesión.
Am letzten Dienstag im Oktober Landwirtschaftsmesse.
Mandeln, Aprikosen, Wein.
Herstellung von Baumaterialien.
Im Rathaus kleines Museum für zeitgenössische Kunst.

PORT D'ALCÚDIA

(Gemeinde Alcúdia)
Ferienort an der Nordküste
Langer Sandstrand
Fiesta: 29. Juni Sant Pere, oft mit Schiffsprozession.
ca. 32.000 Fremdenbetten.
Yachthafen

POLLENÇA

13.000 Ew., im Norden an den Ausläufern des Tramuntana-Gebirges.
Markt: Sonntag.
Fiestas: 17. Januar Sant Antoni; 2. August Patronatsfest „Nostra Senyora dels Angels"; Karfreitag: Kreuzabnahme „Devallement" Kalvarienberg.
Wenig Landwirtschaft, die meisten Bewohner arbeiten im Tourismus.
Internationale Musikwochen im Juli/August.

*P*ollença ist eine exklusive Stadt. Schon am Ortseingang gibt's im ersten Supermarkt französischen Champagner. Und die Internationalen Musikwochen sind so berühmt, daß man Mühe hat, Karten für ein Konzert zu bekommen. Viele Mallorquiner sagen: Pollença ist die heimliche Hauptstadt der Insel, Palma nur Regierungssitz.

Die Römer gründeten 123 v.Chr. an der heutigen Bahia de Alcudia eine Stadt, die sie Pollentia nannten: Die Mächtige. Tausend Jahre später kamen die maurischen Eroberer und fanden die von den Vandalen kurz und klein geschlagene Stadt vor. Sie gründeten auf dem Hügel einen neuen Ort und nannten ihn Al-Kudia. Wieder 500 Jahre später flüchteten die Bürger vor Piraten landeinwärts, bauten eine dritte Stadt und gaben ihr den Namen der ersten: Pollença.

Nachdem maurische Piraten die Stadt 1552 niedergebrannt hatten, wurde Pollença in Anlehnung an toskanische Vorbilder neu gestaltet. Das imposanteste Bauwerk der Stadt ist das frühere Dominikanerkloster Santo Domingo. Im Innenhof finden die jährlichen Musikwochen statt.

Man sollte auf das Hinweisschild zum Puig de Maria auf der Straße nach Inca achten (etwa Kilometerstein 52). 45 Minuten dauert der Aufstieg. Man wird entlohnt mit einem gewaltigen Blick auf die Stadt, die Bucht, den Hafen und die 13 km lange Halbinsel Formentor. Im ehemaligen Bergkloster Ermita d'es Puig kann man neuerdings in einfachen Zellen für ein Spottgeld übernachten. Tel.: 530235.

Geduldig trocknen und flicken die alten Fischer am Kai von Port de Sóller ihre Netze. Wie seit Jahrhunderten.

PORT D'ANDRATX

(Gemeinde Andratx)
1.250 Ew.
Fischerei- und Yachthafen, 4,5 km westlich von Andratx mit Schickeriatouch. Der Ortsteil Sa Mola gilt als noble Wohngegend: Hier haben viele Deutsche einen zweiten Wohnsitz. Nach und nach wurden die Berghänge zugebaut.
Exklusiver Yachthafen.

PORT DE SÓLLER

(Gemeinde Sóller)
1.500 Ew.
Kreisrunder Naturhafen an der Nordwestküste.
Beliebter Ausflugsort.
3.200 Fremdenbetten,
Yachthafen.
Endstation der Sraßenbahn Sóller - Port de Sóller.

PORT DE POLLENÇA

(Gemeinde Pollença)
2.100 Ew., 5 km von Pollença entfernt.
Markt: Mittwoch.
Fiesta: 16. August „Virgen del Carmen" (Schiffsprozession zu Ehren der Muttergottes).
Schöne Strandpromenade
Yachthafen. Segelschulen.

PORTALS NOUS

(Gemeinde Calviá)
Ferienkolonie und Villenort an der C-719 Palma - Andratx
mit dem Ortsteil Costa den Blanes. Wohngegend für Ausländer.
Puerto Portals: bester Yachthafen der Insel. Der Ortsteil ist teilweise noch im Aufbau. Viele moderne Cafés und Restaurants an der Promenade. Nobelboutiquen.
Luxusrestaurants.
In der Nähe: Marineland

PORTALS VELLS

(Gemeinde Calviá)
Kleine Badebucht bei Santa Ponça. Höhlen oberhalb des Strandes.

PORTOCOLOM

(Gemeinde Felanitx),
1.800 Ew.
Hafen von Felanitx. Fischerei.
Fiesta: 25. Juli Sant Jaume.
Wenig Strand, hübscher Ortskern.
Wenig Tourismus.
Yachthafen.

PORTOCRISTO

(Gemeinde Manacor)
2.650 Ew., Hafen von Manacor belebter Ausflugsort. Villenurbanisation im drei Kilometer entfernten Portocristo Novo. In unmittelbarer Umgebung von Portocristo zwei große Höhlen: Cuevas del Drach und Cuevas del Hams (→ S. 176).
Yachthafen.

103

Trotz der Nähe zu Cala d'Or ist Portopetro ein Fischerdörfchen geblieben, in dem es fast keine Hotels gibt.

PORTOPETRO

(Gemeinde Santanyi) 250 Ew., im Südosten.
Stiller Ferienort mit Naturhafen. Fischerei und mäßiger Tourismus. Yachthafen.
Club Mediterranée.

PÓRTOL

(Gemeinde Marratxi) 1.500 Ew.
Fiesta: 8. Dezember Maria Empfängnis.
Töpferei, „Siurells" (➜ S. 125).

PUIGPUNYENT

1.200 Ew., unterhalb des Galatzó.
Fiesta: 15. August „Festa de l'Asunció" Mariä Himmelfahrt.
Waldgebiet (Pinien und Steinei-chen), einige Oliven und Mandeln.
Viele Bewohner arbeiten in Palma (16 km entfernt).
Zum Gemeindegebiet gehört Galilea.

RANDA

(Gemeinde Algaida)
250 Ew., 543 m ü.M.
(➜ Klöster S. 135)
Dorf am Fuß des Klosterberges. Feigen, Mandeln, Schweinezucht.

SA CABANETA

(Gemeinde Marratxi)
1.000 Ew., langestrecktes Straßendorf.
Älteste Landpfarre der Insel (San Marcial). Keramikverkauf (➜ S. 125)

SANTANYI

7.000 Ew., im äußersten Südosten.
Markt: Mittwoch und Samstag.
Fiestas: 30. Nov. Sant Andrés;
3. Samstag im Oktober Landwirtschaftsmesse
Fast alle Bewohner arbeiten im Tourismus.
In der Pfarrkirche Sant Andres Orgel von Jordi Bosch.

SANT ELM

(früher San Telmo)
(Gemeinde Andratx). Kleiner Badeort am Westkap.
Blick auf die Inseln La Dragonera und Es Pantaléu.
Schloßruine.

SANTA EUGENIA

950 Ew., am östlichen Rand der Ebene.
Fiesta: 1. Sonntag im August Patronatsfest.
Landwirtschaft ohne Bewässerung: Getreideanbau, Mandeln, Johannisbrot.
Kleiner jüdischer Friedhof.

SANT JOAN

1.800 Ew., im Zentrum der Insel.
Markt: Donnerstag.
Fiestas: 29. August (Enthauptung Johannes des Täufers);
am 4. Sonntag der Fastenzeit: „Festa des Pa Peix";
am 1. Sonntag im Oktober „Festa des Botifarró" - „Blutwurstfest".
Getreideanbau (Hafer), Obst, Mandeln.
Schweinzucht und Wurstherstellung.
Südlich von Sant Joan in 3,5 km Entfernung: Kloster „Santuario de Consolación" (➔ S. 135).

SANT LLORENÇ DEL CARDASSAR

4.300 Ew., an der Ostküste.
Markt: Donnerstag vormittag
Fiesta: 10. August Sant Llorenç.
Heute kaum noch Landwirtschaft.
Zum Gemeindegebiet gehört ein Teil von Cala Millor, Sa Coma und S'Illot. Fast alle Bewohner arbeiten im Tourismus.

SANTA MARGALIDA

früher **Santa Margarita**
5.500 Ew., im Nordosten der Ebene.
Markt: Dienstag und Samstag.
Fiestas: 20. Juli Santa Margalida; 15. August Marienfest; 1. Sonntag im September „La Beata" im Ge-

denken an Inselheilige Santa Catalina Tomás.
Mandeln und Feigen, Schaf- und Schweinezucht.

SANTA MARIA DEL CAMÍ

3.900 Ew., an der Straße Palma - Inca.
Markt: Sonntag auf der Plaza de España.
Fiestas: 20. Juli Santa Margalida; letzter Sonntag im April Landwirtschaftsmesse „Fira d'Abril"; 1. Sonntag im September Santa Maria del Camí.

Weinanbau, sonst wenig Landwirtschaft.
Leineweberei nach traditionellen Mustern (➔ S. 125)
Schuhfabrikation.
Likörherstellung: Palo und Hierbas.
Im Kloster „Convento de los Minimos" (17. Jh.) Trachtenmuseum an der Hauptstraße, geöffnet tgl. außer Sonntag 16 - 19 Uhr
Eintritt frei (Trinkgeld).
Schöner Kreuzgang.
Bahnstation auf der Strecke Palma - Inca.

Pimiento-Schoten trocknen an der Hauswand. Im Herbst ein alltägliches Bild im Dorf Pórtol

Eine Schafherde bei Sineu. Drei-Sterne-Koch Heinz Winkler hält Mallorcas Lammfleisch für Weltspitze: „Die Schafe fressen Kräuter. Ihr Fleisch würzt sich dadurch von selber."

SENCELLES

1.500 Ew., in der Ebene.
Markt: Mittwoch.
Fiestas: 5. Februar Santa Agata. 15. August Marienfest „Mare de Déu d'Agost".
Mandeln, Wein, Getreideanbau

SES SALINES

3.000 Ew., im Süden.
Markt: Donnerstag, wenn kein Feiertag.
Fiestas: 17. Januar Sant Antoni; 24. August Sant Bartomeu.
Landwirtschaft und Tourismus.
Am Ortsausgang in Richtung Santanyi: Botanicactus, der größte botanische Garten Europas (→ S. 172)

SON CARRIÓ

(Gemeinde Sant Llorenç)
Bauerndorf zwischen Manacor und Son Servera. Beim Bau der Dorfkirche wirkte Spaniens berühmtester Architekt Antonio Gaudí mit.

SANTA PONÇA

(Gemeinde Calviá),
vor allem von deutschen Urlaubern bevorzugter Badeort, der in den letzten Jahren schnell gewachsen ist.
Fiesta: zwischen dem 9. und 15. September feiert man die Landung der christlichen Wiedereroberer „Festa del Desembarc"
Im Sommer sehr lebhaft.
Yachthafen
Golfplatz

SELVA

3.000 Ew., am Südhang des Tramuntana-Gebirges.
Markt: Mittwoch.
Fiestas: 10. August Sant Llorenc Patronatsfest; am Sonntag vor Himmelfahrt Wallfahrt del Cristo Rey.
Waldgebiet (Pinien und Steineichen)
Mandeln, Gemüseanbau (Treibhäuser)
Schuhfabrikation

SINEU

2.600 Ew., geographischer Mittelpunkt der Insel.
Markt: Mittwoch.
Fiestas: 25. April San Marco; 15. August „Mare de Déu d'Agost".
Am ersten Sonntag im Mai und am ersten Sonntag nach der Fiesta am 25. August Landwirtschaftsmesse.
Mandeln, Feigen, Johannisbrot und Obstbäume.
Kunstzentrum S'Estació im alten Bahnhof, geöffnet Di - So 11 - 13 und 17 - 20 Uhr.

Der steinerne Löwe hält Wache vor der alten Pfarrkirche Nuestra Señora de los Angeles. Er symbolisiert den Hl. Markus, den Schutzpatron von Sineu, und hütet den wertvollen Kirchenschatz.

Sineus Pfarrkirche ist sehenswert, und auch ein Blick ins Rathaus „Casa Consistorial" lohnt sich: Rundbogige Arkaden säumen den Innenhof mit einem marmornen Ziehbrunnen. Ein auffälliges Wegkreuz von 1585 befindet sich in der Calle Cruz. Im alten Bahnhof richtete der deutsche Kunsthändler Klaus Drobig im August 1988 eine originelle Galerie ein: „Centre d'Art S'Estaciò".

Die lebhafte Marktstadt war als geographischer Mittelpunkt einer der sechs arabischen Hauptorte auf Mallorca. König Jaime II.

wählte ihn zur Residenz. 1309 wurde der ehemalige Königsitz zum Nonnenkloster „Convento de Monjas".

Sineu bietet mittwochs eine besondere Attraktion: den Viehmarkt. Wenn es auf der Plaza España von Schafen, Pferden, Ziegen, Eseln und Federvieh wimmelt, sollte man sich in eine unscheinbare Kneipe an der nördlichen Breitseite des rechteckigen Marktplatzes begeben. Hinter der niedrigen Tür liegt ein Raum mit langen Holztischen, an denen meist ein ziemliches Gedränge herrscht: Hier gibt es jeweils mittwochs das beste „frito mallorquin" der Insel. (→ S. 124)

SÓLLER

10.000 Ew., an der Nordwestküste.

Markt: täglich in den Markthallen. Samstag Flohmarkt.

Fiestas: 16. Januar Sant Antoni; 2. Maiwoche „Morus i cristianos"; 23. und 24. August Sant Bartomeu.

Anbau von Zitrusfrüchten, Mandeln und Oliven.

Museum „Casa de Cultura", C/. de Mar 5, tägl. außer So 11 - 13 und 16 - 18 Uhr, Eintritt frei.

Endstation der Eisenbahn Palma - Sóller

„**M**orus a terra!" - Die Mauren sind da! Als 1561 der türkische Freibeuter Occhialis bei Sóller landete, ging der Warnruf über die Insel. Die reiche Stadt verteidigte sich eisern. Männer und Frauen kämpften gemeinsam mit Küchenmessern und Mistgabeln gegen die Piraten – bis Hilfe aus Palma kam.

Der historische Schreckensschrei ertönt noch heute in Sóller aus Lautsprechern und bildet den Auftakt zum Fest Morus i cristianos. Jedes Jahr im Mai vibriert die Stadt erneut im Kampfgetümmel, und jedes Jahr siegen unter johlendem Beifall die Christen, sinken die Mauren geschlagen zu Boden.

Nicht alle Eroberer konnten in Sóller so erfolgreich abgewehrt werden. Um 900 landeten die Araber in dem kreisrunden Naturhafen und richteten sich in „suliar", dem Sonnental, ein. Die Vorfahren der späteren Piraten legten Terrassen und Gärten an und schufen ein vorbildliches Bewässerungssystem, das zum Teil bis in die heutige Zeit erhalten ist.

Die Tausendmetergipfel des Tramuntana-Gebirges schirmen das fruchtbare Tal um die Orangenstadt Sóller ab.

Das milde, sonnige Klima im Schutz des Tramuntana-Gebirges läßt Orangen, Zitronen, Mandarinen und Feigen wachsen. Einträgliche Ernten für Sóller, das durch den Handel mit Frankreich den Namen „Jardin d'Espagne", Garten Spaniens, erhielt.

Der Wohlstand ist Sóller erhalten geblieben. Schöne Gäßchen, gepflegte Bürgerhäuser und lebendige Geschäftsstraßen bestimmen das Bild der Stadt. Imposant ist die Pfarrkirche San Bartolomé mit der übergroßen Fassade.

Am romantischsten erreicht man Sóller mit der Bahn ab Palma. Und mit der Straßenbahn geht's dann weiter zum Hafen.

Wir drehten in Valldemossa. Und besichtigten natürlich die Kartause.

Jemand stieß mich grinsend an: „Ich habe gerade was erfahren. Die Zellen, die man uns zeigt, die sind gar nicht die richtigen. Chopin und George Sand haben in anderen gewohnt."

Eine Sekunde war ich erschrocken. Betrug? Aber dann lachte ich über mich selbst: Was macht es aus, ob man uns das Nebengemach zeigt? Wichtig ist doch die Atmosphäre, der Geist des frühen 19. Jahrhunderts. Und der kommt rüber. Ich habe mir jedenfalls sehr gut vorstellen können, wie die beiden hier gelebt haben. Ich bin auch sicher, daß sie schöne Stunden hatten. Trotz seines Hustens. Und trotz ihrer Zigarren.

SON SERVERA

6.300 Ew., im Nordosten.
Markt: Freitag.
Fiestas: 17. Januar Sant Antoni; 24. Juni Sant Joan Bautista.
Wenig Landwirtschaft (Zitrusfrüchte, Johannisbrot)
Viel Tourismus (Cala Millor, Cala Bona)
Berühmte Volkstanzgruppe Sa Revetla de Son Servera.

VILLAFRANCA

2.100 Ew., in der Ebene, an der Straße Palma - Manacor.
Markt: Mittwoch.
Fiestas: 28. Juli Santa Catalina Tomás; 4. Dezember Santa Barbara Patronatsfest; 2. Woche im September „Melonenfest".
Melonen, Tomaten, Knoblauch.
Traditionelle Stickereien. Ziegelherstellung.

VALLDEMOSSA

1.300 Ew., im Südwesten des Tramuntana-Gebirges.
Fiestas: 24. August San Bartolomeu; 8. September Fiesta de "Sa Beata" im Gedenken an Santa Catalina Tomás.
Im Sommer Chopin-Festival.
Weltberühmt: Kartäuserkloster

*S*eit Jahrhunderten ist das kleine Bergstädtchen bekannt für sein mildes Klima. Seine Berühmtheit verdankt es jedoch dem Regen: Als der Komponist Frédéric Chopin und die Schriftstellerin George Sand den Winter 1838/39 auf Mallorca verbrachten, wurde die Insel von Dauerregen heimgesucht. Er hielt die beiden wochenlang in ihrem Quartier, der Kartause von Valldemossa, gefangen. (→ S. 110)

Valldemossa war einst Landgut eines reichen Mauren. Das grüne Hochtal erwies sich als fruchtbar und die Geschäfte des „Wali Mussa" florierten. Nach der christlichen Wiedereroberung 1229 wurde aus dem Tal des Arabers „Vall de Musa".

König Jaime II. ließ hier ein Schlößchen für seinen Sohn, den Kronprinzen Sancho, errichten. Aber der Asthmakranke starb früh, und die Sommerresidenz des Prinzen verfiel. Als dann das rasch gegründete Königreich Mallorca ebenso rasch wieder aragonesi-

Atemberaubend schön: Das Dorf Valldemossa mit der weltberühmten Kartause (links)

Valldemossa. Die neuen weltlichen Besitzer vermieteten die Zellen der Kartause gelegentlich an Touristen – wie Chopin und George Sand. Ihre Zellen locken heute jährlich tausende von Besuchern an.

Weiter talabwärts, wenige Schritte in Richtung der Pfarrkirche San Bartolomé, liegt das Geburtshaus der Heiligen Catalina. Die Häuser um die Kirche sind mit bunten Kacheln geschmückt, die je eine Szene aus dem Leben der Catalina zeigen. Insgesamt sind es 48 verschiedene Motive. Sie sind übrigens nicht sehr alt: ein Pfarrer kam Anfang der Sechziger Jahre auf die Idee, die Kacheln herstellen zu lassen.

Valldemossa ist über eine gut ausgebaute Landstraße ab Palma in einer knappen halben Stunde zu erreichen (18 km). Viel schöner ist jedoch die Fahrt über die Küstenstraße von Andratx über Banyalbufar und Estellencs (59 km).

sche Provinz wurde, schenkte König Martin von Aragón das morsche Gemäuer den Kartäusern von Tarragona, die dort eine Klostergemeinschaft gründeten.

Zu den zunächst zwölf Mönchen kam später ein dreizehnter hinzu: der Apothekermönch. Die Klosterapotheke gehört auch heute noch zu den Sehenswürdigkeiten Valldemossas. Sie entstand wie alle wesentlichen Teile der „Cartuja" im 18. Jahrhundert. Eine Darstellung der Inselheiligen „Catalina Tomás", die in Valldemossa zur Welt kam, kann man in der Klosterkirche sehen. Sie stammt wie die Gestaltung des Hauptaltars von dem katalanischen Künstler Adrián Ferrán.

Als 1835 die spanischen Mönchsorden aufgehoben wurden, verkaufte die Regierung das Kloster

Die Kartause ist von Oktober bis März von 9 bis 13 Uhr und von 15 bis 17.30 Uhr geöffnet, von April bis September von 9.30 bis 13 Uhr und von 15 bis 18.30 Uhr. Eintritt: 450 Pts.

Catalina Tomás (1531–1574), eine fromme Dienstmagd, war lange die einzige Mallorquinerin, die heilig gesprochen wurde. Sie stammte aus Valldemossa. Ihr zu Ehren hängen an den Haustüren Kacheln mit Szenen aus ihrem Leben.

MALLORCAS GRÖSSTE LOVE-STORY

FRÉDÉRIC CHOPIN

GEORGE SAND

Am 15.November 1838 mietete ein seltsames Paar zwei Zimmer mit Talblick in der Kartause von Valldemossa: Er zart und sensibel, sie kräftig und selbstbewußt. Der Komponist Frédéric Chopin und die Schriftstellerin George Sand suchten auf Mallorca Ruhe vor dem Pariser Klatsch. Sie freuten sich auf einen schaffensfrohen Winter, und Chopin sollte sich in dem milden Klima von seinem Lungenleiden erholen.

Sie erreichten die Insel unter Schwierigkeiten - Chopins Klavier kam erst, als sie sich auf die Rückreise vorbereiteten. Beide waren jedoch begeistert von der Schönheit des Landes. „Der angenehmste Ort der Welt", schrieb George Sand über die Insel, und Chopin war glücklich, weil die Sonne noch schien „wie manche Tage im Juni". Mit ihren beiden Kindern unternahm George Sand lange Wanderungen in die Umgebung.

Dann regnete es sechs Wochen lang. Für den introvertierten Komponisten wurde der Aufenthalt auf der Insel zum Alptraum. Ohnehin von Krankheit geschwächt, überanstrengte er sich bei einem Ausflug und erholte sich nie wieder davon. An seinen Verleger in Paris

Sie waren nur einen Winter auf Mallorca. Aber davon lebt noch heute eine ganze Stadt: Das zauberhafte Valldemossa. George Sand und Frédéric Chopin wußten etwas nicht, als sie 1838 dort eintrafen: Valldemossa hat im Winter leider so manchen Regentag.

schrieb Chopin: „Meine Zelle ist wie ein Sarg. Eine schreckliche Stille, auch wenn ich schreie. Ich kann nicht schlafen. Ich huste. In Decken eingehüllt warte ich auf den Frühling."

Auf einem „armseligen mallorquinischen Klavier" versuchte ·er zu arbeiten. 24 Klavierstücken gab er den letzten Schliff. Sie wurden im Jahr darauf als „24 Préludes op. 28" in Paris veröffentlicht - Meisterwerke, erfüllt von Trauer und Melancholie.

Seine vitale Gefährtin war den unvorhergesehenen Strapazen besser gewachsen. Die emanzipierte George Sand hieß eigentlich Aurore Dupin Baronin Dudevant. Das Pseudonym diente dem Schutz vor Vorurteilen: Im 19. Jahrhundert traute man einer Frau keine große literarische Begabung zu. Die attraktive Französin gehörte jedoch bereits mit 34 Jahren zu den renommiertesten Schriftstellern Europas.

Ihr unkonventioneller Lebensstil lieferte den Pariser Salons viel Gesprächsstoff, bei den strenggläubigen Mallorquinern stieß die Frau mit dem Männernamen nur auf Ablehnung: Sie lief in Hosen herum und rauchte in der Öffentlichkeit Zigarren. Aber vor allem reiste sie ohne Trauschein mit einem Mann, der zudem eine ansteckende Krankheit zu haben schien. Aurore war zwar verheiratet, nur eben nicht mit Chopin. Von ihrem Ehemann fühlte sie sich unverstanden und hielt deshalb Affären mit anderen Männern für ihr gutes Recht.

Aber Chopin war mehr als ein Seitensprung, ihn liebte sie wirklich, und sein Gesundheitszustand machte ihr große Sorgen. Aurore war entsetzt über die mangelnde Hilfsbereitschaft der Insel-Ärzte. Durch orkanartige Stürme und sintflutartige Regenfälle wurde jede ihrer Besorgungen zum Abenteuer. In einem Brief an eine ihrer Freundinnen in Paris schwor die erboste Schriftstellerin: „Das vergebe ich ihnen nie, und wenn ich über sie schreibe, dann voller Gift und Galle!"

Das tat sie dann auch. In „Ein Winter auf Mallorca" machte George Sand ihrer Wut Luft. Die Schönheit der Insel hatte sie trotz ihrer schlechten Erfahrungen indes nicht ganz übersehen und widmete ihr viele Zeilen. Als das ungewöhnliche Liebespaar im Februar 1839 Valldemossa nahezu fluchtartig verließ, war Chopin kränker als zuvor. Sie hingegen schied mit „aus Freude und Schmerz gemischtem Gefühl".

Das alles liegt lange zurück. Heute ist George Sands Romantitel Werbeslogan des offiziellen mallorquinischen Kulturprogramms für Winterurlauber: „Un invierno en Mallorca". Und Chopin wurde in Valldemossa zur Kultfigur: Seit Jahren ist die Kartause Schauplatz von Konzerten und Festivals. 150.000 Besucher besichtigen jedes Jahr die Kartause, auch wenn eigentlich niemand so genau weiß, welche die wahre Chopin-Zelle ist.

Mallorcas meistfrequentierte Zelle ist in der Kartause von Valldemossa: Hier soll Chopin vor gut 150 Jahren einen Winter verbracht haben. Nebenan wohnte seine Geliebte George Sand mit ihren Kindern. Das ehemalige Kloster war in Privatbesitz übergegangen.

MIRÓS VERMÄCHTNIS

Einer der größten Maler des Jahrhunderts lebte und starb auf Mallorca: Joan Miró. Seine Bilder sind so einzigartig wie unbezahlbar.

Eigentlich sollte der Junge, der am 20. April 1893 in Montroig bei Tarragona geboren wurde, Kaufmann werden. Aber er setzte sich durch. Er wollte die Welt mit Pinsel und Farbe so darstellen, wie er sie sah. Ein Glück für die Kunstwelt. Sie wäre sonst um ein gigantisches Werk avantgardistischer Gemälde und Skulpturen ärmer.

Die schöne Landschaft um Tarragona hinterließ bei dem jugendlichen Joan Miró einen tiefen Eindruck, inspirierte ihn sein Leben lang. Über seine ersten Malversuche waren die Eltern jedoch alles andere als beglückt: „Daß das Kind so gern zeichnet, ist ja ganz schön. Aber was dabei herauskommt, sieht leider gar nicht so aus wie die Wirklichkeit."

Sie schickten ihn auf die Handelsschule. Mit 17 Jahren sollte er Farbenhändler werden - und zerbrach fast daran. Endlich wurden die Eltern einsichtig. Ihr Sohn durfte malen - und nur malen.

Die ersten Ölbilder entstanden 1911, geprägt von den frühen Werken kubistischer Meister. 1918 bewunderte man bei seiner ersten großen Ausstellung in Barcelona ein Bild, das heute zu den berühmtesten zählt: „Retrat d'una vaileta" (Mädchenbildnis).

Ein Jahr darauf reiste Miró nach Paris - damals Künstlertreff der Welt. Er lernte Picasso kennen und andere Maler, wie Max Ernst, George Braques und Henri Matisse, dazu Schriftsteller wie Hemingway und Henry Miller. Der kleine, schüchterne Spanier Miró war fasziniert vom pulsierenden Großstadtleben, und trotz seiner bescheidenen Mittel mauserte er sich zu einem richtigen Dandy.

Im Oktober 1929 heiratete er in Palma de Mallorca, der Geburtsstadt seiner Mutter, Pilar Juncosa. Mit ihr blieb er zeitlebens zusammen.

Seine Bilder wurden immer gefragter. Bald stellte er in Barcelona aus, in Paris, Basel, Venedig, Osaka und New York. Man feierte den Avantgardisten als „großen Befreier" der Kunst.

1940 flüchtete er vor dem Einmarsch deutscher Truppen in Paris nach Mallorca und bezog ein Haus in der damals noch stillen Landschaft von Cala Mayor: Son Abrines. Doch in den Fünfziger Jahren wuchsen Hotels um sein stilles Paradies. Er wollte weg, sehnte sich nach dem ruhigen Landhaus Son Boter, das 200 Meter höher auf einem Hügel lag. Es war verkäuflich, aber zu teuer für ihn. 1959 gewann er den hochdotierten Preis der New Yorker Guggenheim-Stiftung. Von dem Geld kaufte er Son Boter.

Er ließ die Räume fast leer, malte Grafitti und Traumfiguren an die langen weißen Wände. Ein Reich des Raumes, ein Reich des Traumes. „Ich träume nie, wenn ich schlafe", sagte er. „Ich träume, wenn ich wach bin." Die Ergebnisse waren immer aufs Neue Überraschungen für die Kunstwelt.

Politisch blieb er hellwach. Er lehnte sämtliche Ehrungen aus der Hand von Diktator Franco ab. Erst König Juan Carlos I. durfte Miró die höchste Kulturauszeichnung des Landes überreichen. Das war Ende der Siebziger Jahre, als Miró schon über achtzig war und von der New York Times als „der größte lebende Künstler" gefeiert wurde.

1981 gaben ihn die Ärzte nach einer schweren Operation auf. Miró war fast blind, konnte kaum mehr als seinen Namen malen. Er ordnete seinen Nachlaß, machte große Schenkungen. Und er bestimmte, daß sein Haus einmal eine Stiftung werden sollte, in der alle unvollendeten Werke ausgestellt sind. Es sind unzählige, da Miró stets an vielen Bildern gleichzeitig arbeitete.

Ein Fotograf, der ihn kurz vor seinem Ableben noch besuchte, trat aus Versehen auf ein frisches Gemälde, das auf dem Boden lag. Entsetzt hob er seinen Fuß von dem unschätzbaren Kunstwerk. „Macht doch nichts", lachte Miró. „Ich habe noch mehr davon."

Miró starb am ersten Weihnachtstag 1983. Er wurde neunzig. Der Bischof von Mallorca sagte in seiner Predigt: „Niemand malte den Himmel so schön wie er. Aus diesem Himmel blickt er jetzt auf uns herab."

Was ihn bei diesem Blick von oben irritieren dürfte: Die „Fundació Pilar i Joan Miró" (Stiftung Pilar und Joan Miró) war sieben Jahre nach seinem Tod noch immer nicht zur Besichtigung freigegeben. Anfang 1990 wurde noch heftig an dem Museum gebaut.

Der Maler als Achtzigjähriger im Atelier - umgeben von Bildern, an denen er gleichzeitig arbeitete. ▷

MISSIONARE

Ramón Llull

Ramón Llull, geboren 1232 in Palma, war ein Philosoph, ein Denker. Er wollte das Buch der Bücher schreiben, in dem die Welt durch Logik erklärt wurde. Ein gefährliches Unterfangen im düsteren Mittelalter.

Als Sohn eines Mannes, der dem katalanischen König Jaime I. bei der Wiedereroberung Mallorcas behilflich war, genoß Ramón eine höfische Erziehung, lernte fechten und reiten, sang zur Laute süße Liebeslieder und verführte so die Schönen der Insel. Auch als verheirateter Mann stellte er den Damen nach.

Aber nachdem ihm der gekreuzigte Christus erschien, entsagte der 30jährige allen irdischen Freuden, verkaufte Gut und Besitz und widmete sich der Verbreitung des christlichen Glaubens.

1275 zog Ramón Llull als Eremit in eine Höhle auf dem Berg Randa. Aus der Eremitei entstand ein Kloster, das größte von dreien. Zudem richtete der gelehrte Mann in der Nähe von Valldemossa auf Schloß Miramar eine Missionsschule ein, an der Latein gelehrt wurde. Miramar wurde später ein Wohnsitz des Erzherzogs Ludwig Salvator.

Ramón Llull (lat.: Raimundus Llullus) verfaßte 260 Bücher, meist theologischer und philosophischer Art. Sie beeinflußten im Mittelalter Hochschulen in ganz Europa. Llull bereiste viele Metropolen, lernte arabisch und versuchte, die Mohammedaner vom Christentum zu überzeugen.

1315 oder 16 starb er - laut Legende hat man ihn in Nordafrika gesteinigt. Er wurde heilig gesprochen. Sein Leichnam liegt im Kloster San Francisco in Palma. Vor der Kathedrale steht ein Denkmal des größten Sohnes Mallorcas.

Fray Junipero Serra

Fray Junipero Serra kam 1713 als Sohn armer Landleute in der Nähe des Klosters San Bernadino zur Welt. Im Kloster wurde der intelligente Knabe, der damals noch Miguel José hieß, unterrichtet. Bereits mit 16 Jahren trat er in den Franziskaner-Orden in Palma ein. Er studierte Theologie und Philosophie, mit 27 Jahren war der Bauernsohn Dozent.

Doch Mallorca wurde ihm eng. Man hörte soviel vom fernen Amerika. Mit vier Ordensbrüdern und missionarischem Eifer segelte der 36jährige 1749 gen Mexiko. Zu Fuß wanderte Bruder Junipero, wie er sich nun nannte, durch das Land der Indios, predigte und taufte.

Als ihn der spanische Vizekönig bat, Missionen in Baja California, an der kalifornischen Küste, aufzubauen, folgte der Bruder dem Ruf. Er gründete 21 Missionsdörfer und lehrte die Bewohner schreiben, lesen, rechnen und Ackerbau nach mallorquinischem Vorbild. Die Dörfer benannte er nach den Heiligen, die auf Mallorca verehrt wurden: San Diego, Santa Barbara, San Carlos, Santa Clara und Santa Dolores. Aus der letztgenannten Mission entstand San Francisco. Sein Missionszentrum San Carlos Borromeo lag auf dem heutigen Grund von Los Angeles - nicht weit von Hollywood.

Am 28. August 1784 starb der kalifornische Apostel im Alter von 71 Jahren und hinterließ 21 intakte Gemeinden. Ungeachtet heftiger Proteste der noch in Kalifornien lebenden Indianer - sie warfen dem Missionar Völkermord vor -, sprach ihn Papst Johannes Paul II. im September 1988 in Rom selig.

Bruder Juniperos Geburtshaus im Dorf Petra ist heute ein kleines Museum.

Der Rolls-Royce preschte über die Insel. Die Vorhänge waren zugezogen. Leichter Regen hatte den Staub der Straße zu einer rutschigen Masse verklebt.

Ein LKW stellte sich quer. Es krachte, und im Fond des Rolls Royce starb Juan March, einer der reichsten Männer der Welt. Er wurde 83.

Was wie der Auftakt zur „Guldenburg"-Serie klingt, ist mallorquinische Realität aus dem Jahre 1963. Ein rascher Tod für einen geschäftigen Mann, dem man geniale Habsucht, Verbrechen von souveräner und geistreicher Niedertracht, Intelligenz und Esprit nachsagte.

1880 war Juan im Dorf Santa Margalida zur Welt gekommen. Sein Vater war ein erbärmlich armer Schweinehirt, und auch der kleine Juan hütete sie in der Kindheit oft. Schon früh entwickelte er aber einen Geschäftssinn, über den noch heute die Leute in seinem Heimatdorf schmunzeln.

Einige Bauern waren sehr erfreut, als der 17jährige Juan ihnen die Feigenernte abkaufte - und zwar grün und ungepflückt, direkt vom Baum. Er bekam sie für einen Spottpreis. Die Früchte ließ er einfach hängen, wartete bis sie vom Baume fielen. Als die Bauern ihre Schafe in die Haine aufs grüne Herbstgras treiben wollten, berief sich Juan March auf die Schutzwürdigkeit seines aufgeweichten Eigentums und ließ das Abweiden verbieten. Die unglücklichen Bauern mußten für das Weiderecht ihrer Schäfchen zahlen, und zwar den Marktpreis, den die frischen Feigen eingebracht hätten.

Eine Vorübung für das, was er, kaum volljährig, um die Jahrhundertwende inszenierte. König Jaime I. hatte, als er die Insel 1229 von den Arabern eroberte, seine Mitkämpfer mit großen Ländereien belohnt. 650 Jahre später besaßen diese Familien noch immer den gesamten Grund der Insel. Aber durch die industrielle Revolution verarmten die Landedelleute. Grundbesitz wurde billig, nicht zuletzt durch eine Reblausepedemie auf Mallorca. Juan kaufte Feu-

VOM SCHWEINEHIRT ZUM MILLIARDÄR

**Die Banca March kennt jeder Mallorca-Urlauber.
Ein Schmuggler hat sie gegründet: Juan March**

Die Villa March liegt wie ein Piratennest über Cala Ratjada.

dalland, ließ die Ländereien in kleine Parzellen von wenigen Hektar aufteilen und verkaufte sie an Kleinbauern. Schließlich dehnte er das Geschäft aufs Festland aus.

Für die Abwicklung der Abzahlungsgeschäfte brauchte er eine Bank. Juan March gründete sie selber: Die Banca March (sprich: Mark). So kassierte er Gebühren und Zinsen, und wenn einer nicht zahlen konnte, gleich das ganze Grundstück. 1930 stellte die Regierung in Madrid fest, daß Juan March 40.000 Grundstücke gehörten.

Um 1910 herum besaß Juan March eine stolze Dreimastyacht mit Motor. Sie wurde das berüchtigste Schmugglerschiff im westlichen Mittelmeer, schaffte Zigaretten aus Nordafrika nach Spanien. Wenige Jahre später war eine ganze Armada von Schiffen für den Bankier unterwegs. March besaß in Nordafrika eigene Zigarettenfabriken. Die Beamten der Küstenwache bezogen von ihm ein zweites reguläres Gehalt und waren sogar für den Fall ihrer Entlassung versichert. Bald rauchte kein Spanier mehr verzollte Zigaretten. Die Einnahmen der Staatskasse sanken von fünfzig Millionen Pesetas auf 100.000.

Der 1. Weltkrieg eröffnete dem findigen Geschäftsmann neue Geldquellen. Juan March, mittlerweile Besitzer aller Schiffahrtslinien der spanischen Mittelmeerküste und einer Ölraffinerie bei Palma de Mallorca, half dem englischen Kriegsminister Winston Churchill und dem Secret Service bei der Überwachung der deutschen Unterseeboote im Mittelmeer. Die U-Boote Kaiser Wilhelms II. wiederum versorgte er mit Treibstoff und Proviant. So verdiente er an beiden Seiten.

Erst in den Wirren des spanischen Bürgerkriegs wurde March ernsthaft belangt. Die kommunistische Regierung brachte ihn zeitweise hinter Gitter. Nach einem recht komfortablen Gefängnisaufenthalt setzte sich der Gefangene samt Gefängnispersonal nach Gibraltar ab.

Mit der Franco-Diktatur hatte der Mallorquiner keine Schwierigkeiten. Viele Historiker meinen, ohne die mit „Juan March" unterschriebenen Schecks hätten die Faschisten keine Chance gehabt, an die Macht zu kommen.

March hinterließ bei seinem Tod zwei Söhne. Einer ist mittlerweile ebenfalls tot, Bartolomé lebt in einem Schloß zwischen Capdepera und Cala Ratjada. Er widmet sich dem Sammeln von Kunst und der Förderung junger Maler.

Auch der Vater hatte einen gewissen Sinn für die Kultur. Die Biblioteca March in Palma de Mallorca sammelt alle Publikationen, die jemals über Mallorca erschienen sind und erscheinen werden. Nur eines sucht man vergeblich: eine Biografie von Juan March. Zwar hatte der spanische Schriftsteller Benavides 1934 einen Schlüsselroman veröffentlicht, Titel „Der letzte Pirat des Mittelmeers". Aber March ließ sämtliche Bücher direkt an der Druckerei aufkaufen: insgesamt 38 Auflagen - ein tolles Geschäft für den Verlag. Irgendwann gelang es dem Beschriebenen, die Rechte an dem Buch zu erwerben. Seither ist nur noch in Moskau ein Exemplar aufgetaucht.

Die Marchs zählen heute zu den zehn reichsten Familien der Welt.

IM REICH DES ERZ-HERZOGS

**Österreichs Kaiserin „Sissi"
kam gerne nach Mallorca.
Sie besuchte einen Mann,
den viele in Wien sehr
merkwürdig fanden**

Wenn man von Valldemossa nach Deiá fährt, sieht man auf halber Strecke einen kleinen klassizistischen Tempel über dem Meer. Wie ein überdimensionaler Pfefferstreuer steht er auf dem Hang.

Ein paar hundert Meter weiter lockt ein Schild. „Arxiduc" steht darauf. Bessere Wörterbücher übersetzen es mit Erzherzog. Wir sind mitten drin in seinem Reich, dem Reich des Ludwig Salvator von Habsburg-Lothringen und Bourbon.

Es ist ein verflossenes Reich, zur Besichtigung freigegeben.

Mitte des 19. Jahrhunderts verlor das habsburgische Kaiserhaus Macht und Einfluß in der Toscana. Großherzog Leopold II. mußte die Residenzstadt Florenz verlassen. Mit ihm sein Sohn Ludwig Salvator, der Thronfolger. Er war neun Jahre. Man zog nach Böhmen. In Brandeis hatte die Familie weite Ländereien.

Elf Jahre später traf Ludwig Salvator auf seiner Yacht „Nixe" erstmals in Palma ein. Er war zwanzig Jahre und nannte sich Graf von Neudorf. Das Inkognito blieb nicht lange gewahrt - bald schickten Mallorcas Adelsfamilien Einladungen an Arxiduc Luis Salvador.

Allerdings hielt sich der junge Habsburger, dessen gute Bildung allgemein gerühmt wurde, weitgehend dem gesellschaftlichen Leben fern. Er begann an der Westküste Land aufzukaufen. Grundstück für Grundstück, Finca für Finca. Er zahlte den Bauern gute Preise dafür, und er hielt ihnen schon damals Vorträge über Umweltschutz und Naturschutz. Kein alter Baum durfte gefällt werden, kranke Tiere wurden gepflegt wie Menschen. Und wenn er nicht gerade mit dem Zeichenblock in der Natur unterwegs war, legte der Arxiduc kräftig Hand mit an. „Er schuftet", berichtete ein Zeitgenosse nach Wien, „halbnackt im Weinberg, wie ein Bauer mit sonnenverbranntem Gesicht."

Viele Handwerker arbeiteten für ihn. Auch der Tischler Miguel Homar aus Valldemossa. Catalina, seine elfjährige Tochter, die ihm täglich das Mittagessen brachte, konnte weder lesen noch schreiben. Sie hatte keine Schule besucht, aber sie war ein hübsches Kind, zierlich, anmutig, mit einem dunklen Madonnengesicht, das zu dem stattlichen, elf Jahre älteren Erzherzog großäugig aufblickte.

Die Jahre gingen dahin. Eines Tages war das Kind kein Kind mehr, sondern eine auffallende Schönheit. Ludwig Salvator machte sie zur Aufseherin seiner Weinberge von S'Estaca.

Eine Geschichte wie „My Fair Lady": Geleitet vom Erzherzog reifte die Bauernschönheit zur weltgewandten Dame. Sie lernte nicht nur Lesen und Schreiben, sondern in kürzester Zeit auch vier Fremdsprachen: Deutsch, Französisch, Italienisch und das ihr bis dahin völlig fremde Kastilisch, die Weltsprache Spanisch.

In Wien wurde man immer unruhiger über den merkwürdigen Sproß des Kaiserhauses. Allein Kaiserin Elisabeth war neugierig. „Sissi", wie sie der Volksmund nannte, reiste nach Mallorca.

Der Erzherzog empfing sie herzlich, zeigte ihr die Ländereien, die er bewirtschaftete, und die Weinberge. Dann wollte die Kaiserin seine Geliebte Catalina kennenlernen. Sie stieg hinab zu ihr in die Bucht von S'Estaca.

Ihre Kaiserliche Majestät zeigte sich sehr angetan von der jungen Schreinerstochter. Sie plauderten miteinander, als ob sie sich Jahre kannten. „Sissi" lud Catalina an den Hof nach Wien ein.

Catalina wurde dem Erzherzog unentbehrlich. Sie lernte überdies noch Griechisch und Arabisch in Wort und Schrift, so daß er sie als Sekretärin und Vertraute mit auf Reisen nahm: Rastlos wie eh und je, von Hafen zu Hafen.

◁ *Von diesem Pavillon genoß der Erzherzog gemeinsam mit Kaiserin „Sissi" den Sonnenuntergang über dem Meer.*

1897 beschloß Ludwig Salvator, die Wanderschaft aufzugeben. Er war jetzt genau 50 Jahre, und er wählte Son Marroig, das Herrenhaus bei Deiá, zu seinem Ruhesitz. Im selben Jahr erschien sein siebenbändiges Kompendium „Die Balearen in Wort und Bild" in einer limitierten Auflage in Würzburg.

Eine harte Nachricht traf ihn 1898: Sein guter Geist in Wien, die zehn Jahre ältere Kaiserin Elisabeth, war von einem italienischen Anarchisten ermordet worden.

Bald darauf trieb die alte Unruhe den Erzherzog wieder. Die „Nixe" wurde flottgemacht und Kurs auf Ägypten genommen. Catalina fuhr mit. Doch vor den Pyramiden kam ihr plötzlich die Reiselust abhanden. Heimweh nagte. Sie sehnte sich nach den Weinbergen, Sonnenuntergängen, S'Estaca - nach Zuhause. Catalina brach die Reise ab, Ludwig Salvator blieb unterwegs.

Jahrelang schrieben sie Briefe hin und her. In Catalinas Briefen stand nichts von einer Krankheit, die sie

Aus Grits Notizbuch

Unser Titelbild

An einem drehfreien Tag bin ich einmal nach S'Estaca gewandert. In dem Landhaus lebte Catalina Homar, die Geliebte des Erzherzogs. Hierhin kam auch mehrfach Kaiserin „Sissi".

Ich bin in meinem Leben viel gereist. Aber nie hat mich ein Fleckchen Erde mehr beglückt. Es geht eine eigenartige Faszination von S'Estaca aus, der sich ein Mensch nur schwer entziehen kann. Wolfgang Rademann kam einmal mit deutschen Journalisten hierhin und hatte Mühe, sie wieder loszueisen. Dabei lockte er mit einem Menue im Spitzenrestaurant.

In S'Estaca ist zu spüren, daß das wirkliche Mallorca etwas ganz anderes ist, als Betonburgen und volle Strände. Der Trend geht zur Ursprünglichkeit, zur Romantik. Als Symbol für diesen Trend habe ich ein Foto von S'Estaca ausgewählt. Es ist der Buchtitel. (Und wenn Sie auch hinwandern wollen: Auf Seite 194 ist der Weg beschrieben)

offenbar aus Ägypten mitgebracht hatte, von Ekzemen, die ihr beide Arme aufwärts krochen.

Ein ärztliches Telegramm rief ihn zu ihr. Als er eintraf, war sie tot. Sie starb am 11. April 1905 im Alter von 47 Jahren. Ein Arzt hielt Lepra für die Todesursache, ein zweiter eine Venenerkrankung, eine Verwandte diagnostizierte schlicht, Catalina sei am Alkohol gestorben.

1914 wurde der Arxiduc nach Österreich zurückbefohlen. Der Erste Weltkrieg war ausgebrochen. Ludwig Salvator starb indes friedlich im Bett, am 12. Oktober 1915 in Brandeis. Er wurde in der habsburgerischen Kapuzinergruft in Wien beigesetzt.

In seinem Testament hatte er das mallorquinische Vermögen den fünf Kindern seines Privatsekretärs Colóm vermacht. Eine Tochter heiratete den berühmten Maler Antonio Ribas. Gemeinsam bauten sie das Refugium des Erzherzogs zu einem Museum aus. Heute gehört das Anwesen ihrer Enkelin.

Son Marroig, das Wohnhaus von Ludwig Salvator, blieb weitgehend unverändert. Es ist zu besichtigen.

Deiá vor hundert Jahren. Damals noch ein reines Bergbauerndorf.

DAS ALTE MALLORCA NEU ENTDECKT

Der erste Mallorca-Reiseführer kam 1897 heraus. Verleger und Verfasser war Erzherzog Ludwig Salvator. Er schrieb das mehrbändige Werk in deutscher Sprache. Die 600 Zeichnungen wurden nach seinen Skizzen gemacht. Es handelt zwar von den gesamten Balearen, Mallorca nimmt indes den größten Raum ein.

1989 wurden die Bände als originalgetreue Reproduktion neu herausgegeben (Verlag L'Arxiduc, Plaza Mayor 10-1, Palma). Eine interessante Rückschau auf das alte Mallorca. Und die Erkenntnis: vieles hat sich verändert. Aber viele Orte würde der Erzherzog wiedererkennen.

Der alte Hafen von Santanyi. Heute steht hier der Ferienort Cala Figuera.

KATZ UND MAUS

Märchen und Sagen haben auf Mallorca eine lange Tradition. Über Jahrhunderte hinweg wurden sie weitererzählt, jedesmal ein bißchen anders. Fast immer beginnen sie mit „Lange bevor es auf Mallorca schneite ...". Erst vor hundert Jahren wurden sie vom österreichischen Erzherzog Ludwig Salvator gesammelt. Das Märchen von Katz und Maus gefiel Grit Boettcher besonders gut.

Grit Boettcher brachte von Mallorca drei Katzen mit nachhause. Und sie erfuhr, warum Katzen Mäuse fressen ...

*L*ange bevor es auf Mallorca schneite, und lange bevor die Katzen Mäuse fraßen, lebte in Manacor eine Maus, die fand einen Sack Gold.

„Man a cor!" rief sie, „Hand aufs Herz! Ein Sack Gold ist viel mehr wert als ein Sack Mais oder Weizen. Dabei ist's die gleiche Menge. Jetzt baue ich mir ein Haus."

Die Maus kaufte Mauersteine, Ziegel, Balken, Mörtel, Sand, Riegel und Gitter, denn das Haus mußte verriegelt sein. Der Mäuse wegen.

Es war Frühling. Das Haus war bald fertig. Da stolzierte ein Hahn vorüber und sagte: „Mäuslein, willst du mich heiraten?"

„Gewiß", sagte die Maus, „aber nur, wenn du auch schön singst."

„Und ob", sagte der Hahn und machte, so laut er konnte, „Kikerikih! Kikerikih!"

Die Maus verzog das Gesicht: „Das ist nicht schön gesungen. Das wird mein Haus verärgern und auch mich. Sieh zu, daß du fortkommst, ich mag dich nicht!"

Kurz darauf flatterte eine Krähe herbei und fragte: „Mäuslein, willst du mich heiraten?"

„Gewiß, aber nur, wenn du schön singst."

„Und ob", sagte die Krähe und machte, so laut sie konnte, „Krah! Krah! Krah!"

„Das ist nicht schön gesungen", verzog die Maus das Gesicht, „das wird mein Haus verärgern und mich auch. Sieh zu, daß du wegfliegst. Ich mag dich nicht!"

Es dauerte nicht lange und ein Esel kam. Dann kam ein Schwein, dann ein Hund, dann ein Ziegenbock. Aber weder Esel, Schwein noch Hund sangen der Maus schön genug. Sie sagte: „Das wird mein Haus verärgern und auch mich. Macht euch davon. Ich mag euch nicht!"

Endlich kam ein kleiner Kater und fragte, ob ihn die Maus heiraten wolle. „Gern, Käterchen", sagte die Maus, „aber nur, wen du schön singst."

Da sang das Käterchen: „Miéu! Miéu! Miéu!" Die Maus rief: „Man a Cor! Hand aufs Herz! Das wird mein Haus erfreuen und auch mich."

Flugs vermählten sich die beiden und legten sich, Katz und Maus, Rücken an Rücken, ins Hochzeitsbett. Nach einer Weile fing das Käterchen an, sich zu putzen.

„Laß das", sagte die Maus, „das macht mich krank!"

„Soll ich dich auch putzen?", fragte das Käterchen, „dann sind wir beide schön."

„Nein!", sagte die Maus, „das macht mich krank."

„Soll ich dir ein Vögelein fangen?"

„Nein, das macht mich krank."

„Möchtest du ein Fischlein fressen?"

„Nein, das macht mich krank."

„Was, Mäuslein, möchtest du? Schühlein vielleicht? Du hast so nackte, kalte Füßlein und wirst dich erkälten."

Die Maus rollte sich zusammen und schlief ein. Das Käterchen ging zum Schuhmacher und sagte: „Bon dia, sabaté – Herr Schuhmacher, Guten Tag. Ich brauche ein Paar Schühlein für mein Mäuslein, das hat so nackte, kalte Füßlein und wird mir sicher krank. Könnt Ihr mir ein Paar Schühlein für mein Mäuslein..."

„Ja!", sagte der Schuhmacher, „Wie groß sollen sie sein?"

„Nur ganz klein, Herr Schuhmacher. Mein Mäuslein hat nämlich nur ganz kleine, nackte..."

„Schon gut!", sagte der Schuhmacher. „Schuhe sind Schuhe. Die kleinen kosten zwar weniger als die großen, aber sie kosten. Hast du Geld?"

„Geld? Nein!"

„Dann, kluges Käterchen, verdien dir einen halben Duro und zahl ihn mir. Denn soviel kosten die Schühlein für dein Mäuslein mit den kalten, nackten Füßlein. Adeu, moixêt - Adieu, Käterchen"

Das Käterchen überlegte. Dann ging es aufs Feld und sagte: „Bon dia, camp – Guten Tag, Feld! Laß mir Halme wachsen! Die tragen Ähren, die voller Körner sind. Die mahlt der Müller zu Mehl, das der Bäcker zu Brot backt und der Kaufmann verkauft. Davon bekäme ich meinen Teil, einen halben Duro. Den gäb' ich dem Schuhmacher, der dafür Schühlein für mein Mäuslein macht, das so nackte und kalte Füßlein hat."

„Gern!" sagte das Feld, „das will ich tun, doch brauche ich Wasser dazu. Gib mir Wasser, Käterchen.

Hast du Wasser?"

„Nein."

„Dann geh zum Brunnen und hol, was wir brauchen!"

Das Käterchen ging zum Brunnen und sagte: „Bon dia, font – Guten Tag, Brunnen! Willst du mir Wasser geben für das Feld? Denn das Feld soll mir Halme wachsen lassen, mit Ähren, in denen Körner sind. Die mahlt der Müller zu Mehl, das der Bäcker zu Brot backt, das der Kaufmann verkauft. Davon bekäm' ich meinen Teil, einen halben Duro und gäb' ihn dem Schuhmacher. Denn mein Mäuslein braucht Schühlein. Es hat ganz kalte und nackte Füßlein."

„Ich will dir gern Wasser geben", sagte der Brunnen, „aber ohne Regen kann ich's nicht."

Da machte sich das Käterchen auf den langen Weg nach Alqueria Blanca, wo des Heiligen Benedict Schwester Escolastica, die Regenmacherin, wohnte, und bat sie um Hilfe.

Und die Regenmacherin ließ es regnen, und der Brunnen füllte sich mit Wasser, und das Käterchen trug das Wasser auf das Feld, das viele Halme wachsen ließ, mit vielen Ähren, in denen Körner waren, die der Müller zu Mehl mahlte, das der Bäcker zu Brot buk. Der Kaufmann verkaufte das Brot und gab dem Käterchen seinen Teil, einen halben Duro, den es zum Schuhmacher trug, der dafür Schuhe für das Mäuslein machte.

Als das Käterchen nach Hause kam, lag die Maus noch im Hochzeitsbett.

„Mäuslein", sagte das Käterchen, „sind das nicht wunderschöne Schühlein, die ich dir bringe? Rasch, zieh sie an, damit du nicht mehr so nackte, kalte Füßlein hast!"

„Nein", sagte die Maus, „das macht mich krank."

Seitdem fressen Katzen Mäuse.

NACHERZÄHLT
VON MARIA GABRIEL

*Immer weniger Menschen arbeiten in
der Landwirtschaft.*

LAND UND LEUTE

Wovon die Mallorquiner leben

Mallorca hat im Sommer oft Probleme mit der Wasserversorgung. Das liegt nicht an den Touristen. Sie zapfen nur fünf Prozent aus Mallorcas Wasserleitungen ab. 25 Prozent verbrauchen die Haushalte und die Industrie. Siebzig Prozent dagegen gehen für die Landwirtschaft drauf.

Beim Bruttosozialprodukt ist das Verhältnis umgekehrt. 70 Prozent des Aufkommens erwirtschaftet der Fremdenverkehr. Die Industrie steuert 24 Prozent bei, und die Landwirtschaft sechs Prozent. Mallorcas Wasserprobleme wären also ein für allemal gelöst, wenn man aufhören würde, die Felder zu bewässern.

Allerdings weiß man, daß nur Produkte aus den bewässerten Regionen auf dem europäischen Markt konkurrenzfähig sind.

Es wird ohnedies nur ein kleiner Bruchteil der Inselfläche bewässert: von 3640 qkm lediglich 20.000 Hektar. Man braucht das Wasser beim Anbau von Gemüse und Feldfrüchten rund um La Pobla, Muro, Campos, in den Huertas von Andratx, Artá und Pollença, sowie in der Aprikosenebene von Lllucmayor und Porreres. In Sóller ermöglicht die Bewässerung den Anbau der Zitrusfrüchte.

Mit fast 80.000 Hektar nehmen Mandelbäume den größten Teil der landwirtschaftlichen Nutzfläche ein. Die meisten der Bäume sind älter als sechzig Jahre, sie werfen im Jahr nur noch ein Kilo Mandelkerne ab. Das ist nicht sehr viel, aber die Mallorca-Mandel ist geschmackvoller als die Konkurrenz von der spanischen Ostküste oder aus Kalifornien. Zudem gibt es 70 verschiedene Sorten auf der Insel. Die Vielfalt ist kein Vorteil: Sie erschwert die Vermarktung in der Nougat- und Schokoladenbranche. Die Bäume werfen allerdings noch auf andere Weise Gewinn ab: Zur Zeit der Mandelblüte lockt die Pracht in weiß und rosa zahlreiche Urlauber auf die Insel.

Auf knapp 14.000 Hektar mallorquinischem Boden stehen Olivenbäume. Der Anbau geht zurück. Mallorquinisches Olivenöl wird hauptsächlich auf der Insel verbraucht. Der hohe Säuregehalt von zwei bis vier Grad ist auf dem EG-Markt nicht gefragt. Ähnlich geht es dem Johannisbrotbaum. 48.000 „Algarrobos" gibt es, aber die Kerne der Früchte werden kaum noch gebraucht. Die früheren Hauptabnehmer (Papierindustrie und Arzneihersteller) haben Ersatzstoffe gefunden. Die meisten Schoten verfaulen - Mallorcas Schweine können die 25000 Tonnen Jahresernte nicht auffressen.

Eine gute Entwicklung zeigt Mallorcas Weinproduktion: Qualität geht jetzt vor Quantität. Es gibt bereits ein Sortiment neuer Mallorca-Weine mit 10 und 11 Grad Alkohol, die ohne weiteres mit Tischweinen aus Katalonien, Navarra oder Rioja konkurrieren können.

Bei der Viehzucht haben die Mallorquiner ein in Vergessenheit geratenes Borstentier wiederentdeckt: das Schwarze Schwein. Mittlerweile sind es schon mehr als 1.500 Exemplare. Von ihrem Fleisch wird die Wurst Sobrasada gemacht.

Die Fischerei ist ein wichtiger Wirtschaftsfaktor auf Mallorca. Dabei geht man dazu über, den traditionellen Fischfang durch die Fischzucht zu ersetzen - und erzielt sehr gute Ergebnisse. Die größte

mallorquinische Fischzucht wird in Es Murterar bei Alcúdia aufgebaut. Hier nutzt man das temperierte Wasser, das aus dem Kraftwerk kommt. Durch die Veränderung dürfte der Montag seinen Ruf als fischfreier Tag verlieren: Bisher fürchteten die Mallorquiner nämlich, montags Fisch vom Freitag zu bekommen, weil Sonntag nacht kein gottesfürchtiger Fischer hinausfuhr.

Außer dem Zementwerk in Lloseta, das die Insel zu 90 Prozent mit Baustoffen versorgt, und den Mineralwasser-Herstellern, gibt es auf Mallorca nur Kleinindustrie. Manufakturen und Handwerksbetriebe stellen Leder- und Holzwaren, Perlen oder Keramiken her. Die Produkte werden größtenteils als Souvenirs verkauft. Mallorcas wichtigste Exportartikel sind Perlen aus Manacor und Kapern aus Llubí, Sant Joan oder Felanitx.

Der wichtigste Import sind die urlaubsreifen Nordeuropäer. Die Tourismus-Branche hat auf Mallorca die Nase weit vorn. 1960 waren 34 Prozent der mallorquinischen Bevölkerung in der Landwirtschaft tätig. Ebensoviele arbeiteten im Dienstleistungsgewerbe. Innerhalb von dreißig Jahren verdoppelte sich die Beschäftigungsquote im Dienstleistungsgewerbe auf 68 Prozent und fiel in der Landwirtschaft auf zehn Prozent ab. Zugleich stieg die Einwohnerzahl von Palma von 160.000 auf 320.000 (1989) an. Das veränderte Arbeitsplatz-Angebot ließ viele junge Leute vom Inneren der Insel an die Küsten und nach Palma ziehen.

Schon aber zeichnet sich ein Rückfluß an. Wenn im Landesinnern weitere Golfplätze und Nobelhotels entstehen, wird es dort auch wieder mehr Arbeitsplätze geben.

Über tausend Jahre alt sind viele der knorrigen Olivenbäume, die das Landschaftsbild Mallorcas bestimmen.

Soviel Geschnatter wie auf dem Markt in Sineu hat die kleine Gans selbst im Gänsestall nicht erlebt.

MARKTTAG

Jede Gemeinde Mallorcas hat ihren Wochenmarkt. Am schönsten ist der von Sineu

Natürlich erwartet niemand, daß Sie ein Schwein kaufen oder einen Esel. Aber man wird Sie auch nicht sonderlich zur Kenntnis nehmen, auf dem wöchentlichen Viehmarkt in Sineu. Denn hier werden Geschäfte gemacht, hier wird gefeilscht und getratscht. Man kann Männer beobachten, die mit ernsthafter Miene stundenlang aufeinander einreden, als ginge es um eine Staatsrevolte. Irgendwann begreift man, daß einer zwei oder drei Hühner kaufen will.

Der Viehmarkt ist in Sineu ein gesellschaftliches Ereignis, jeden Mittwoch vormittag. Hier treffen sich Bauern und Viehhändler aus der ganzen Ebene. Die einen bringen die Tiere mit, vom Küken bis zum Pferd, die anderen das Geld. Ein Handschlag gilt heutzutage noch soviel wie ein Notariatsvertrag.

Rund um die Kirche wird allerdings auch anderes feilgeboten. Gebrauchsgegenstände, Eisen- und Lederwaren, Textilien. Ganz ähnlich wie auf den zahlreichen anderen Wochenmärkten der Insel.

Für viele Mallorquiner ist der Markttag der wichtigste Einkaufstag der Woche.

MARKTKALENDER

Montag: Caimari, Calviá, Lloret de Vistalegre.
Dienstag: Alcúdia, Artá, Campanet, Llubí, Llucmajor, Porreres, Santa Margalida.
Mittwoch: Andratx, Capdepera, Colonia de Sant Jordi, Marratxí, Petra, Port de Pollença, Santanyi, Sineu, Villafranca, Selva, Sencelles.
Donnerstag: Ariany, Campos, Consell, Inca, Sant Llorenç del Cardassar, Sant Joan, Ses Salines (wenn Do kein Feiertag ist).
Freitag: Alaró (am Nachmittag), Algaida, Binissalem, Búger, Can Picafort, Llucmajor, Maria de la Salut, Santa Eugenia, Son Servera.
Samstag: Bunyola, Cala Ratjada, Campos, Costitx, S'Horta, Lloseta, Mancor de la Vall, Palma (Flohmarkt), Santanyi, Sóller (Flohmarkt), Santa Margalida.
Sonntag: Alcúdia, Felanitx, Llucmajor, Muro, La Pobla, Pollença, Santa Maria.

Erst werden die Neuigkeiten ausgetauscht, dazwischen über den Kaufpreis für das Kalb verhandelt.

EINKAUFTIPS

SCHUHE

Billiger als in Deutschland - wenn man nicht in die Nobelläden in Palma geht. Ganz günstige Schnäppchen sind mit Vorsicht zu genießen: Qualitätsfrage.

LEDER

Lange Zeit galt Mallorca als Einkaufsparadies für Lederkleidung. Vorsicht bei „Superangeboten". Es ist oft mindere Qualität; und die Schnitte sind nicht der letzte Schrei. Wer es modisch will, muß sich umschauen und ein bißchen mehr ausgeben. In den meisten Ferienorten kann man sich Lederkleidung nach Maß machen lassen. Dauer: 1 Woche..

GLAS

Vasen, Gläser, Krüge und Kunstgegenstände aus Glas gibt es günstig und schön in drei Werkstätten:

- Vidrios Gordiola, Algaida, Ctra. Manacor, km 19
- La Menestralía, Campanet, Ctra. Alcúdia, km 36
- La Fiore, S'Esglaieta, Ctra. Palma - Valldemossa, km 11.

PERLEN

Bei Perlas Majórica, Manacor Via Roma, kann man den Produktionsvorgang genau verfolgen. Die Perlen sind im Vergleich zu Perlen in deutschen Schmuckgeschäften billig. Allerdings: Sie sind künstlich hergestellt.

GESCHNITZTES

Kunstgegenstände aus Olivenholz gibt es bei:

Oliv-Art, Ctra. Palma-Manacor, km 49, von Palma kommend am Ortseingang Manacor rechts.

ANTIQUITÄTEN

In Palma gibt es zwei gute Läden:

Jaime Gelabert, C/. Arabí, 3
Juan de Juan, C/. Arabí, 5.

Ein interessanter Trödelladen ist in Sta. Maria del Camí, direkt am Ortseingang: „Mas viejo que mi abuela" (älter als meine Großmutter).

MÖBEL

Ausgefallenes für die Einrichtung von Haus und Hof, sei es nun alt oder neu, bekommt man in Pollença, am Abzweig zum Port de Pollença:

Paco Mobles Artesans, Ctra. Pollença - Port s/n.
Galerías Vicens, Ctra. Pollença - Port s/n.

STOFFE

Handgewebte Dekoraktionsstoffe in dem für Mallorca typischen „Llengua"-Muster finden Sie bei Vicens (→ Möbel). Die älteste noch in Betrieb befindliche Weberei ist:

G. Bujosa Cañellas, Santa Maria del Camí, Ctra. Inca, 77.

GEMÄLDE

Kunstinteressierte finden ein reiches Angebot an zeitgenössischer Malerei in den fast fünfzig Galerien in Palma und ebensovielen in anderen Orten. Ein paar stehen auf Seite 81.

KERAMIK

In vielen Werkstätten des Dörfchens Pórtol (von Palma Richtung Inca) werden Schalen und Schüsseln handwerklich hergestellt - in überlieferten Formen. Man kann sie im Ort direkt erwerben oder in den vielen Souvenirläden. Im Nachbardorf Sa Cabaneta werden Siurells (sprich siuräis) hergestellt: Grün und rot bemalte Figuren mit schrillen Pfeifen. Junge Männer schenkten sie früher einem Mädchen. Ließ das Mädchen das Geschenk fallen, war es eine Abfuhr.

ENSAIMADAS

Auf dem Flughafen haben Sie die letzte Chance, eine Ensaimadas mit nach Hause zu nehmen, das schneckenförmige Schmalzgebäck. Allerdings: Nach einem Tag sind sie trocken.

SCHILDER-STÜRMER

Spanisch ist eine Weltsprache. Nicht für die Mallorquiner. Seit sie eine Autonome Region sind, wollen sie ihre eigene Sprache durchsetzen: Das Mallorquin.

Wichtige Wörter Seite 220

Für Urlauber unverständlich und verwirrend: Über Nacht werden die Straßenschilder überpinselt. Die Verwaltung kann draufschreiben, was sie will, irgendjemand ist immer dagegen.

Man kann schon ins Grübeln kommen, wenn man eine mallorquinische Landkarte aufschlägt. Da heißt die Strandstadt Arenal mal El Arenal, dann wieder L'Arenal oder S'Arenal. Man liest La Puebla, La Pobla, Sa Pobla. Plätze sind als Plaza oder Plaça ausgewiesen, Straßen als Calle oder Carrer. Drei Namensgebungen: Spanisch, Katalanisch, Mallorquin.

Die Sprachverwirrung hat politische Ursachen. Jahrhundertelang lebten in Spanien Sprachgruppen friedlich nebeneinander und miteinander: Kastilier, Katalanen, Basken und Galizier. Dann kam Franco, der faschistische Diktator. Seine Leute erklärten Kastilisch, die Sprache, die die Welt „Spanisch" nennt, zur einzig gültigen Amtssprache. Alles andere wurde verboten.

Besonders das Katalanische war dem Regime verhaßt. In Katalonien, vor allem in Barcelona, saßen die linken Republikaner. Sie hatten im Bürgerkrieg 1936 — 1939 den längsten Widerstand geleistet. Ihnen sollte das Rückgrat gebrochen werden. Auch auf den Balearen wurde Katalanisch mitsamt seinen Dialekten (wie Mallorquin) aus dem öffentlichen Leben verbannt. Nadal Batle, Rektor der Balearen-Universität in Palma: „Da kamen die Männer in ihren blauen Hemden und erklärten uns, daß wir nur noch die Sprache zu sprechen hätten, die man in Madrid spricht." Fortan fühlten sich die Mallorquiner als Bürger zweiter Klasse. Vor allem die jungen Rekruten. Sie wurden in Kasernen gesteckt, in denen kein Mensch ihre Sprache verstand.

Nach dem Ende der Franco-Diktatur wurde der Zentralismus wieder abgebaut. Ähnlich wie in der Bundesrepublik entstanden 17 Autonome Regionen mit eigenen Landesregierungen, die vor allem ihre kulturelle Eigenständigkeit entfalten können und sollen. Damit erwachen die alten Sprachen zu neuem Leben. Im Baskenland, in Galizien, oder in Katalonien herrscht heute Zweisprachigkeit: „Bilingüismo".

Auch auf den Balearen. Nirgendwo sonst in Spanien gibt es so viele Einwanderer wie hier: Gastarbeiter im eigenen Land, vorwiegend Andalusier, die in Mallorcas Gastronomie wirken.

Folglich kommt es manchmal zu – meist nur verbalen – Reibereien zwischen den ethnischen Gruppen. Zwar ist auch auf Mallorca die Zweisprachigkeit amtlich. Aber davon wollen sie nichts wissen, die radikalen „Katalanisten" auf der einen und die „Españolisten" auf der anderen Seite. „Bilingüisme, no!" beziehungsweise „Bilingüismo, no!" sprühen sie an die Mauern: Nur ihre Sprache soll gelten!

Oft werden Straßenschilder nachts mit dem Pinsel umgetauft. Der Hinweis auf das Stadtzentrum etwa vom katalanischen „Centre Ciutat" ins spanische „Centro Ciudad" oder umgekehrt die Tafel zum Flughafen von „Aeropuerto" in „Aeroport". Anfang 1989 kulminierte der Sprachenkrieg. Die Fernsehstation von TVE 3, die in Katalanisch sendet, ging in Flammen auf.

Dabei sind beide Sprachen durchaus miteinander verwandt. Beide stammen aus dem Vulgärlatein. Spanisch wird außerhalb des Landes noch in Lateinamerika und auf den Philippinen gesprochen, Katalanisch auch in Andorra, im südfranzösischen Roussillon und in Alghero auf Sardinien.

GLÜCKS-RITTER

Nirgendwo auf der Welt, Monte Carlo und Las Vegas ausgenommen, wird so gern um Geld gespielt wie auf Mallorca. Bingo, Toto, Lotterien: Nur wer wagt, gewinnt.

Gut eine Milliarde Peseten setzen die mallorquinischen Glücksspieler pro Jahr aufs Spiel. Die Hälfte davon werfen sie in Glücksspielautomaten, in Einarmige. Sie haben in Spanien bezeichnenderweise den Namen „maquinas recreativas": Erholungsmaschinen.

Ähnlich beliebt ist Bingo. Mehr als ein Viertel der mallorquinischen Bingospieler ist süchtig und sucht täglich eine Bingohalle auf. Dabei gehen 365 mal im Jahr 50 Millionen Peseten über die grünen Tische. Hauptsächlich in geheimen Spielsalons, denen die Polizei gelegentlich unangenehm mitspielt, indem sie den Türschlüssel mitnimmt.

Nummer Drei auf der Beliebtheitsskala ist die Loteria Nacional, gefolgt von Loteria primitiva (6 aus 49) und Fußballtoto.

Eine besondere Stelle nimmt die Blindenlotterie ONCE ein. Once, das spanische Zahlwort für elf, bedeutet hier Organización Nacional de los Ciegos Españoles - Staatliche Blindenorganisation. Sie wurde vor knapp 35 Jahren gegründet, um die etwa 27.000 Blinden und stark Sehbehinderten in Spanien zu unterstützen.

Auf Mallorca gibt es etwa 300 ONCE-Mitglieder. Die meisten sind Losverkäufer. Bei der Blindenlotterie werden 50 Prozent der Einnahmen als Gewinne ausgeschüttet, die anderen 50 Prozent fließen in die Betreuungsorganisation. Der ONCE-Mann hat Zutritt zu jedem Restaurant, zu jeder Bar. Er wird nicht etwa als Bettler der besseren Sorte betrachtet, sondern gilt als Glücksbote: Gewinne bis zu 10.000 Peseten zahlt er an Ort und Stelle aus.

Die alljährlich ausgespielte Weihnachtslotterie ist ein nationales Ereignis. Ihre Ziehung, bei der die Schüler des Ildefonse-Gymnasiums in Madrid die Gewinnzahlen „aussingen", wird durch Funk und Fernsehen live übertragen. Die Gewinner des „Gordo", des Hauptgewinnes, erscheinen per Bild und Interview in allen Zeitungen Spaniens. Für kurze Zeit sind sie die größten Stars des Landes.

Spielcasino

Mallorcas einziges Spielcasino gibt es in Magaluf. Man kann dort beim Roulette und anderen Glücksspielen Fortuna herausfordern (Krawatte ist erwünscht). Im angeschlossenen Dinnerrestaurant „Paladium" gibt's um 23 Uhr oft eine Show (Tel. 681865).

Seit über zwanzig Jahren steht dieser Losverkäufer an einer Ecke der Via Sindicato in Palma. Er und seine Kollegen von der spanischen Blindenorganisation gehören zum Stadtbild. Die Ziehung findet meist am selben Abend statt. Ob man gewonnen hat, erfährt man aus der spanischen Zeitung. Jeder Losverkäufer zahlt Gewinne bis 10000 Peseten aus.

Teufel mit üblen Fratzen beim Fest des Heiligen Antonius

FIESTAS, FERIAS UND FESTIVALS

Fiestas sind Feste. Ferias nennt man Messen oder Jahrmärkte. Einen Grund zum Feiern finden die Mallorquiner immer: Über hundertmal im Jahr ...

Jede der 52 selbständigen Insel-Gemeinden hat ihren eigenen Schutzheiligen, der mindestens einmal im Jahr geehrt wird. Etwa eine Woche dauert so ein Patronatsfest, und dabei geht's durchaus nicht still und fromm zu. Es gibt viel Musik und Tanz, eine Miss-Wahl, Fußballspiele, Tontaubenschießen und natürlich auch Heilige Messen. Höhepunkt einer solchen Festwoche ist immer die Verbena: Fanfaren- und Trommlercorps, Festwagen und Menschen mit Kostümen und Masken ziehen durch den Ort. Es wird getanzt, es werden historische Ereignisse nachgestellt. Und zum Schluß ein Feuerwerk hochgeschossen.

Zu Ehren des Heiligen Petrus (Sant Pere) gibt es am 29. Juni in Palma, Andratx und Alcúdia farbenprächtige und spektakuläre Schiffsprozessionen auf dem Meer. In Cala

Ratjada verbindet man es gleich mit einem Internationalen Windsurfing-Marathon.

◆

Mallorca ist voller Teufel. Am Vorabend des 17. Januar, des Sankt-Anton-Tages, versammeln sie sich regelmäßig in einer Stadt im Osten - mal in Artá, mal in Manacor oder Inca. Etwa neunzig sind es meistens, die sich hier treffen und dem Heiligen Antonius auflauern. Der kommt todsicher in Gestalt eines Priesters mit einer Prozession vorbei und wird von den Teufeln angepöbelt und verhöhnt. Aber der Mann Gottes braucht nur die Bibel aufzuschlagen und ein paar Psalme zu verlesen - schon flüchtet die Teufelsbande. Nicht in die Hölle, sondern in die nächste Kneipe. Hochwürden gesellt sich zu später Stunde dazu.

◆

Die Fastenhexe, „Sa jaia corema", überwacht die Einhaltung der Fastenregeln vor Ostern. Vierzig Tage sind eine lange Zeit, und in den Dörfern auf Mallorca, vornehmlich um Porreres, hilft eine häßliche, siebenbeinige Hexe aus Pappe beim Durchhalten. Nach jeder harten Woche der Enthaltsamkeit schneidet man ihr einen der sieben Füße ab, und am Donnerstag der vierten Woche wird sie feierlich mitten durchgesägt: Aus „Sa jaia corema" wird „Sa jaia serrada" - die Zersägte. Es ist Halbzeit, nur noch zwanzig Tage bis Ostern!

◆

Während der Karwochen beobachtet man in vielen Orten der Insel „Bußgänge": Die „Cofrodías", Laienbruderschaften, ziehen in Prozessionen durch den Ort, um Abbitte für ihre Sünden zu tun. Sie tragen dabei einheitliche Bußgewänder und Masken vor den Gesichtern. Jede Bruderschaft hat ihre eigene Kleidung. Ganz besonders fallen die Laienbrüder des Heiligen Hieronymus auf: Sie sind in Sackleinen gekleidet und aneinander gekettet. Ein Spaßvogel band

die letzte Kette mal um einen Baum. Es gab einen Heiterkeitserfolg, als die Gruppe losmarschieren wollte.

◆

Ostern gibts keine Eier, sondern selbstgebackene Empanadas (Fleischpasteten). Und statt des Osterhasen verschenkt man kunstvolle Schokoladennachbildungen von historischen Gebäuden. Ostermontag fahren die meisten Familien aufs Land und machen Picknick.

◆

Jakob, Jaime, Jaume, Diego - Spaniens Nationalheiliger hat viele Namen. Der 25. Juli ist sein Namenstag und offizieller Feiertag. Er ist den Spaniern fast heiliger als Weihnachten. Nach dem mutigen Apostel wurden viele Könige benannt, und die meisten mallorquinischen Männer heißen so. Übrigens sind Namenstage im katholischen Mallorca wichtigere persönliche Feiertage, als Geburtstage.

◆

Die Fastenhexe wacht in den Küchen während der sieben Fastenwochen über die Enthaltsamkeit. Aber jede Woche darf man ihr einen Fuß abschneiden. Mit dem vierten verliert sie ihren Schrecken.

Jedes Jahr im Mai stürzt sich ganz Sóller in ein historisches Kampfgetümmel. Der Sieg der Christen über maurische Seeräuber im Jahre 1561 wird nachgespielt. Natürlich gewinnen jedesmal die Christen. In Santa Ponça gedenkt man im September mit der „Festa del Desembarc" der Landung des christlichen Invasionsheers von 1229.

◆

Alle Jahre wieder zu Weihnachten wird in mallorquinischen Familien eine wichtige Entscheidung getroffen: Weihnachtsbaum oder Krippe? Seit Jahrhunderten stellten mallorquinische Familien zum Christfest Krippen in ihren Wohnungen auf. Aber dann kamen die Touristen, und sie brachten Tannenbäume mit. Viele Familien fanden Gefallen am Kerzenschmuck, und seit Mitte der Siebziger Jahre gibt es in Palma und anderen Städten vor Weihnachten Christbaumverkaufsstände.

◆

Zauberkönige, „Reyes Magos", heißen die Heiligen Drei Könige auf Mallorca. Am Vorabend des 6. Januar treffen sie im Hafen von Palma ein und werden vor allem von den Kindern bejubelt: Sie bringen die heißersehnten Geschenke, die dann auf geheimnisvolle Weise im Elternhaus landen. Auf Mallorca findet traditionell die Bescherung im Januar statt.

◆

Die christliche Wiedereroberung durch Jaime I. feiern die Mallorquiner am 31. Dezember, dem wichtigsten Nationalfeiertag der Insel, mit der „Festa de l'Estandart". In Palma wird auf der Plaza Cort, dem Rathausplatz, ganz feierlich das Königliche Banner (L'Estandart) entfaltet. Um Mitternacht treffen sich in der Silvesternacht wiederum Tausende von Menschen auf den großen Plätzen Palmas. Jeder hat eine Rebe mit zwölf Trauben dabei. Wenn die Glocke um Mitternacht schlägt, wird zu jedem Glockenschlag eine Traube in den Mund gesteckt.

FESTKALENDER

Datum	Ort	Anlaß
6. Januar	Palma, Capdepera	Los Reyes Magos - Heilige Drei Könige
9. Januar	Campos	San Julián
16. Januar	Algaida Capdepera La Pobla Sóller	Sant Honorat Sant Antoni Revetla de Sant Antoni Revetla de Sant Antoni
17. Januar	Artá, Capdepera Consell, Inca, Manacor Maria de la Salut, Muro, La Pobla, Pollença, Ses Salines, Son Servera	Sant Antoni
20. Januar	Palma, Costix Alcúdia	San Sebastian
5. Februar	Sencelles	Santa Agata
23. April	Colonia de Sant Jordi	Sant Jordi
25. April	Sineu	San Marco
3. Mai	Caimari	Festa de la Creu - Kreuzfest
15. Mai	Lloret de Vistalegre	San Isidro
24. Juni	Deiá, Mancor de la Vall, Muro, Son Servera	Sant Joan
28. Juni	Esporles	Sant Pere
29. Juni	Alaró, Andratx Port d'Alcúdia, Búger Colonia de Sant Pere, Escorca, Palma	Sant Pere
30. Juni	Marratxí	Sant Marçal
2. Juli	Alcúdia	Wallfahrt zum Heiligtum der „Verge de la Victoria"
16. Juli	Cala Figuera Cala Ratjada	Virgen del Carmen
20. Juli	Felanitx, La Pobla, Santa Margalida, Santa María del Camí	Santa Margalida
21. Juli	Petra	Santa Praxedes
25. Juli	Alcúdia, Binissalem, Calviá, Muro, La Pobla, Portocolom	Sant Jaume
26. Juli	Binissalem, Moscari	Santa Ana
28. Juli	Villafranca	Santa Catalina Tomás
29. Juli	Ariany	Gedenktag:1982 wurde Ariany eigene Gemeinde
30. Juli	Inca	Patronatsfest
1. August	Llubí	Sant Feliu
2. August	Petra, Pollença	Nuestra Senyora dels Angels
6. August	Artá	San Salvador
8. August	Lloret de Vistalegre	Santo Domingo
10. August	Sant Llorenç del Cardassar, Selva	Sant Llorenç
15. August	Caimari, Can Picafort, Puigpunyent, Santa Margalida, Sencelles, Sineu	Festa de Mare de Deu d'Agost (Mariä Himmelfahrt)
16. August	Alaró, Alqueria Blanca, Porreres Port de Pollença	Sant Roc Virgen del Carmen
24. August	Capdepera, Consell, Montuiri, Ses Salines, Sóller, Valldemossa	Sant Bartomeu
28. August	Ariany Felanitx	Sant Agustí

Datum	Ort	Anlaß
29. August	Estellencs Sant Joan	Degollació de Sant Joan Bautista (Enthauptung Johannes des Täufers)
8. September	Alaró Banyalbufar Costitx, Fornalutx, Galilea, Lloseta, María de la Salut Valldemossa	Wallfahrt zum Berg Alaró zu Ehren der Muttergottes Festa de Mare de Déu (Muttergottesfest) Sa Beata (Santa Catalina Tomás)
21. September	Bunyola	Sant Mateu
23. September	Biniamar, Bunyola, Binibona	Santa Trecia
29. September	Campanet, Llucmajor	Sant Miquel
25. November	Bunyola	Santa Catalina Tomás
30. November	Santanyi	Sant Andrés
4. Dezember	Villafranca	Santa Barbara
31. Dezember	Palma	Fahnenfest zur Erinnerung an die Wiedereroberung 1229

FIESTAS OHNE FESTES DATUM

Ort	Datum	Anlaß
Alaró	Sonntag nach Ostern	Wallfahrt zur Burg von Alaró „Romería del Angel"
Artá	Karfreitag 2. Sonntag im September	Karfreitagsprozession Landwirtschaftsmesse
Binissalem	4. Sonntag im September	Weinlesefest (Festa des Vermar)
Cala Millor	1. Septemberhälfte	Internationale Touristenwoche
Campanet	Dienstag nach Ostern	Wallfahrt zur Kirche San Miquel
Campos	im Mai und Oktober	Landwirtschaftsmesse
Esporles	4. Sonntag im August	Wallfahrt zur Einsiedelei „Maristela"
Inca	Donnerstag im November	„Dijou Bó", Der gute Donnerstag, Markt und Landwirt- schaftsmesse
Lloret de Vistalegre	im September	Feigenfest „Festa des Sequer"
Lloseta	Mittwoch nach Ostern	Wallfahrt zur Ermita „El Cocó"
Llubí	Dienstag nach Ostern	Wallfahrt zur Ermita del Santo Cristo del Remedio
Llucmajor	2. Sonntag im August	Santa Candida
Manacor	Januar Ende Mai / Anfang Juni	Kunsthandwerksmesse Frühjahrsmesse mit Landwirtschafts- ausstellung
Mancor de la Vall	Dienstag nach Pfingsten	Wallfahrt zur Ermita Santa Lucía
Marratxí	Anfang März	Töpfermesse in der Finca Ses Tres Germans

Ort	Datum	Anlaß
Muro	Montag nach Ostern	Wallfahrt zum Oratorium Sant Vincenç
Palma	Karfreitag od. Gründonnerstag	Karfreitagsprozession
	Sonntag nach Ostern	Dia del Angel (Picknick am Castel Bellver)
	letzter Sonntag im Juli	„Marxa", Wallfahrt zum Kloster Lluc
Petra	3. Samstag im September	Landwirtschaftsmesse
La Pobla	Letzter Sonntag im Nov.	„Trobada dels Pintors" (Malertreffen)
	Dienstag nach Ostern	Wallfahrt zum Oratorium „Es Crestatx"
Pollença	Karfreitag	„Devallement", Kreuzabnahme
Porreres	Dienstag nach Pfingsten	Wallfahrt zum Kloster Montesion
	letzter Dienstag im Okt.	Landwirtschaftsmesse

Ort	Datum	Anlaß
Santa Eugenia	1. Sonntag im August	Patronatsfest
Santanyi	3. Samstag im Oktober	Landwirtschaftsmesse
Sant Joan	1. Sonntag im Oktober	„Festa des Butifarró", Blutwurstfest
	4. Sonntag der Fastenzeit	„Festa des Pa i Es Peix"
Santa Margalida	1. Sonntag im September	„Sa Beata" Santa Catalina Tomás
Santa María del Camí	1. Sonntag im September	Marienfest
	Letzter Sonntag im April	Landwirtschaftsmesse
Santa Ponça	zwischen 9. u. 15. Sept.	„Festa del Desembarc"
Selva	Sonntag vor Himelfahrt	Wallfahrt „del Cristo Rey"
Sineu	1. Sonntag nach Festa am 25. August	Landwirtschaftsmesse
Sóller	2. Woche im Mai	„Morus i cristianos"
Vilafranca	2. Woche im September	Melonenfest „Festa des Meló"

Farbenprächtige Schiffsprozession in Palma (29. Juni)

DER LANGE MARSCH

Einmal im Jahr wandern 50.000 Menschen von Palma nach Lluc. Nachts, 48 Kilometer weit. Gabriela Kunze war dabei.

Für viele Mallorquiner ist der nächtliche Fußmarsch von Palma zur Schwarzen Madonna vom Kloster Lluc das aufregendste Ereignis des Jahres. Die „Marxa" (sprich Martscha) hat der Barbesitzer Tolo Güell 1973 ins Leben gerufen - als stillen Protestmarsch gegen das damalige Franco-Regime. Sie findet immer am letzten Samstag im Juli statt.

„Sus!" ruft Tolo gegen 18 Uhr und los geht's. 48 Kilometer lang ist der Weg von Palma nach Lluc, an Mallorcas felsiger Nordwestküste.

Auf den Spruchbändern, die uns begleiten, steht: „Gehn wir nach Lluc, gehn wir zu Fuß, gehn wir als Brüder..." Als Tolo Güell 1973 zum ersten Mal loszog, waren es neun Freunde, die ihn begleiteten. Im vergangenen Jahr gingen 50.000 mit. Diesmal dürften es noch mehr sein. Ich bin zum ersten Mal dabei.

„Jeder richtige Mallorquiner muß einmal im Jahr nach Lluc marschieren", sagt Tolo, schwingt sich auf die Vespa, organisiert, dirigiert die Getränkewagen, die Obst- und Wassertransporter, verständigt die Helfer vom Roten Kreuz. Und wir marschieren: Alte, Junge, Männer, Frauen, Kinder, Menschen, die das Erlebnis der Gemeinsamkeit suchen. Gläubige und Ungläubige. Das Thermometer zeigt noch 32 Grad.

In Consell mache ich das erste mal Halt. Helfer von Tolo Güell verteilen Früchte und Wasser. Ich komme mit Consuelo Gomez ins Gespräch. Sie sagt: „Ich habe ein Gelübde abgelegt, als ich eine schwierige Operation an der Wirbelsäule hatte. Jetzt geht es mir wieder gut. Darum gehe ich zur Madonna."

Nicht alle sind so gesprächig. Der Mann mit dem Kinderwagen sagt niemandem, warum er mit Kleinkind und weißer Katze nach Lluc pilgert.

In Lluc schlägt das Herz Mallorcas, sagt der Volksmund. Es muß was dran sein. Sonst würden nicht zigtausend Menschen die Nacht hindurch diesen beschwerlichen Weg auf sich nehmen.

In Binissalem kommt das erste Angebot eines Taxifahrers. Er hat kein Glück. Schließlich sind es nur noch 20 Kilometer bis zum Ziel.

In den Dörfern sitzen die Leute an der Straße, ermutigen die Pilger, manche spotten auch oder geben mitleidige Kommentare. Die Karawane ist endlos, kilometerlang. Mal gehst du neben diesem, mal neben jenem, mal trottest du eine halbe Stunde allein.

Die jungen Leute schleppen ihre Recorder, lachen auch noch nach Stunden. „Hier können wir endlich mal tun, was wir wollen", klärt mich eine Sechzehnjährige auf. „Wann sind wir sonst mal eine Nacht so lange allein?" Minuten später verschwindet sie mit ihrem jungen Freund unter dem schützenden Astwerk eines Feigenbaumes.

Eine alte Frau sagt mir: „Das hier, das ist Befreiung, Abenteuer. Laufen, die Sterne angucken, einfach frei sein. Ich bin schon zum siebten Mal unterwegs." Vom Ankommen ist viel die Rede. Dabei gibt es weder einen Sieger noch einen Verlierer. Allein dabeizusein ist wichtig. Lluc, unser Ziel, ist eines der größten Klöster Mallorcas. Nach der Vertreibung der Araber fand hier ein kleiner, auf den Namen des Heiligen Lukas getaufter Maurenjunge das halb vergrabene Bild einer Schwarzen Madonna. Man errichtete in der Nähe das Kloster und benannte es nach dem Jungen: Lukas. Lluc in der Landessprache.

Ab Selva geht es bergauf. Wir marschieren langsam, keuchend, mittlerweile schweigsam. Am Salt de la Bella Donna halte ich bei der Rot-Kreuz-Station. Die Krankenschwester ist barmherzig. Sie sprüht mir Muskelspray auf die Waden und Fußgelenke. Dann schickt sie mich wieder los.

In Caimari krähen die Hähne. Es wird hell.

Kilometer 46. Die Straße neigt sich bergab. Eine Erleichterung? Ich weiß es nicht mehr. Die Knie tun weh, die Waden krampfen. Schließlich schaffe ich es doch. Mit letzter Kraft wanke ich in den Klosterhof, bekomme wie alle meine Urkunde, sehe Tolo bei der Messe in der Klosterkirche ein bißchen weinen. Eine Volkstanzgruppe gibt ihr bestes, Kinder suchen ihre Eltern, Männer ihre Frauen.

Am Brunnen setzt sich ein junger Mann erschöpft neben mich: „Die Marxa ist eine Sache der Kameradschaft. Hier fühle ich mich geborgen, unter Freunden."

Ich stimme ihm zu, freue mich, als mir jemand anbietet, mich mit dem Auto zurück nach Palma zu nehmen. Ich steige ein. 48 Kilometer, endlos. Er sagt mir irgendetwas nettes, Sekunden später schlafe ich schon tief.

Mallorcas heiligster Ort: Das Kloster Lluc an der Nordküste. Es wurde vor etwa 700 Jahren gegründet.

GOTTES HÄUSER

Es gibt auf Mallorca weit über hundert Pfarrkirchen. Viele entstanden auf den Mauern arabischer Moscheen und haben ihren Wehrcharakter bis heute bewahrt. Kunstschätze findet man in den Kirchen Mallorcas selten, dafür häufig kraftvolle Volkskunst: buntbemalte Holzmadonnen und Heiligenfiguren. In der Kirche zu Campos hängt der „Leidende Christus" von Murillo und in Santany ist eine der kostbarsten Orgeln Spaniens errichtet. Leider: Die meisten Kirchen kann man nur zu Zeiten des Gottesdienstes betreten.

DIE ZEHN SCHÖNSTEN KIRCHEN:

Die Pfarrkirche **„Transfiguración del Señor"** in Artá (Foto), 1248 geweiht. In der höhergelegenen Wallfahrtskirche ist eine kleine Gemäldesammlung.

Das **„Oratorio de San Miguel"** in Campanet. Das Gotteshaus ist eines der ältesten Mallorcas.

Die **„Ermita de la Pau"** beim Gehöft Castellitx zwischen Algaida und Llucmajor, eine kleine Einsiedlerkirche aus dem frühen 13. Jh.

„Sant Pere" in Escorca, eine früh-romanische Wehrkirche, ebenfalls eine der ältesten der Insel. Sie liegt wenig abseits der Küstenstraße C-719 zwischen Lluc und Sóller.

Die Pfarrkirche **„San Miquel"** in Felanitx, die bereits 1248 zum ersten Mal erwähnt wurde. Der heutige Bau mit der stattlichen Freitreppe stammt aus dem 18. Jh.

„Nuestra Señora de los Angeles", Pfarrkirche in Sineu. Sie liegt in der Nähe des Marktplatzes und ist am Markttag (Mittwoch) geöffnet. Ein Steinlöwe am Kirchenaufgang symbolisiert den Heiligen Markus, Schutzpatron der Stadt.

Kirchen in Palma:

Die **„Capilla de Santisima Sangre"**, im Vorhof des Hospital General an der Via Roma, tgl. geöffnet. Die kleine Kirche ist traditionelle Pilgerstätte Jungvermählter.

„Santa Cruz" (Santa Creu) in der Calle Santa Cruz. Nur nach dem Gottesdienst zugänglich. Die Unterkirche „Krypta San Lorenzo" gilt als das älteste Gotteshaus in Palma.

„San Francisco" (San Francesc), Plaza San Francisco. Tgl. von 9.30 - 13 und 15.30 - 19 Uhr geöffnet, So. nachm. geschl. Der Kirchenbau entstand um 1280. Hinter dem Hauptaltar das Grabmal von Ramón Llull (1235-1315). Auf dem Vorplatz Standbild Junípero Serra (1713-1784).

„San Miguel" oder „San Miquel", Calle San Miguel. Geöffnet Mo. bis Sa. 8 - 13 und 17 - 20 Uhr, So. 10.30 - 13.45 und 17 - 18 Uhr. Die romanische Marienfigur „Virgen de la Salud" soll König Jaime I. von Barcelona mitgebracht haben.

Palmas Kathedrale gehört zu den schönsten Kirchen der Welt

DIE KATHEDRALE

König Jaime I. versprach der Gottesmutter eine Kathedrale zu bauen, wenn sie ihm bei einer Seeschlacht beistehen würde. Es sollte „die schönste Kirche werden, die Spanien und die Welt je gesehen haben."

Der siegreiche König nutzte die Grundmauern der Hauptmoschee als Fundament, als er 1230 mit dem Bau der Kathedrale beginnen ließ. Sein Nachfolger Jaime II. nahm den mächtigen Glockenturm in Angriff. Das Hauptportal wurde 1604 fertig. Erst zu Beginn unseres Jahrhunderts vollendete der berühmte katalanische Architekt Antonio Gaudí das Bauwerk.

Der mächtige Dom aus goldbraun patiniertem Sandstein hat drei Portale. Das schönste befindet sich an der Südfassade, zum Meer hin: Puerta del Mirador. Aber das Tor ist meistens zu. Außerhalb der Gottesdienste betritt man die Kirche durch die Puerta de la Almoina an der Nordseite.

Im leuchtenden Glas der bunten Fenster bricht sich das Tageslicht. Es taucht die drei Kirchenschiffe in das faszinierende Lichtspiel, dem die Kirche ihren Namen verdankt: La Seo - Kathedrale des Lichts. Die größte Rosette besteht aus 1236 Glasscheiben und hat einen Durchmesser von 11,30 Meter. Ungewöhnlich sind die 14 über 20 Meter hohen, schlanken Säulen. Sie lassen den Blick frei auf die prunkvollen Barockaltäre und die 18 Kapellen an den Seiten. In den beiden Kapitelsälen der Kathedrale wird der Domschatz aufbewahrt. Er kann besichtigt werden.

KLÖSTER UND EINSIEDELEIEN

Dreihundert Jahre war Mallorca von Arabern beherrscht worden. Die meisten Inselbewohner beteten zu Allah, als 1229 ein spanisches Heer Mallorca eroberte.

Im Gefolge der Soldaten kamen die Mönche und Priester, um die Bevölkerung zum Christentum zu bekehren. Die Moscheen wurden in Kirchen umgewandelt, und überall auf der Insel entstanden mächtige Klöster.

Viele Mönche entflohen auf der Suche nach dem Sinn des Daseins dem strengen Klosterleben. Sie zogen in einsame Höhlen, später in bescheidene Einsiedeleien. Heute noch kennt man siebzig „Ermitas", Einsiedeleien. Allerdings sind nur noch fünf bewohnt (Betlem, Els Ermitans, Bonany. Sant Honorat und San Salvador). Man kann sie zum Teil besuchen.

Die zehn schönsten Klöster und Einsiedeleien:

Betlem, Anfahrt von Artá, 9 km. Die entlegenste Einsiedelei der Insel. Ermita und Kirche sind nicht zugänglich, wohl aber die Felsengrotte mit der Marienfigur (Hinweisschild „Fuente"). Schöne Ausblicke.

Els Ermitans (Ermita de la Santissima Trinitat). Anfahrt über die C-710 zwischen Valldemossa und Deiá. Abzweig nach km 2,5. Schmaler Fahrweg, am besten zu Fuß gehen. Im Vorhof Denkmal des Ordensgründers Joan Mir Vallés.

Ermita de la Mare de Deu del Puig (sprich: Putsch), Auffahrt über Abzweig an der Straße Inca-Pollença, kurz vor Pollença; letztes Wegstück zu Fuß. Ehemals von vier frommen Frauen als Pilgerherberge bewirtschaftet, jetzt von Laienbrüdern. Anmeldung Tel. 530235

Ermita de la Santissima de Bonany, Auffahrt von Petra, Plaza de la Cruz, 5 km. Kirche von 9 Uhr bis Sonnenuntergang geöffnet, Kloster nicht zugänglich.

Lluc, Anfahrt über die Küstenstraße Sóller-Pollença C-710, Abzweig km 2,4, nach der Straßengabelung Inca-Pollença. Seit dem Mittelalter wichtigster Wallfahrtsort der Mallorquiner. (➔ S. 132). Gnadenbild der Schwarzen Madonna. Restaurant, kleines Museum. Knabenchor täglich um 11.15 Uhr, außer in Schulferien.

Montesión, Auffahrt zum Klosterberg (2,7 km) über PM-502 Llucmajor-Porreres. Verlassene Jesuitenkirche, Innenhof zugänglich.

Randa, Auffahrt (5 km) vom Dorf Randa, das man über den Abzweig von der PM 502 Llucmajor-Algaida erreicht. Der „Puig de Randa" (549 m) ist ein Berg mit drei Etagen. Auf jeder steht ein Kloster:
3 km vom Dorf das „Santuario de Nuestra Señora de Gracia", eine verlassene Einsiedelei aus dem 15. Jahrhundert.

1 km weiter bergauf das „Santuario de Sant Honorat" aus dem 14. Jhd. Für Besucher nicht zugänglich.
Auf der Berghöhe das „Santuario de Nuestra Señora de Cura". Wirkungsstätte des Ramón Llull (➔ S. 114). Führung durch Ordensbruder tgl. von 10-13 und 16-18 Uhr. Montags geschl. Übrigens: in diesem Kloster können Sie auch Urlaub machen. Sehr preiswert und mit Verpflegung. Tel. 660994.

San Salvador, Auffahrt von der PM-401 ab Felanitx, 4 km kurvenreiche Strecke. Auf dem Hochplateau (509 m) 7 m hohes Christusmonument. Klosterkirche geöffnet. Restaurant.

Weltabgewandt aber nicht weltfremd: bei den Mönchen im Kloster San Salvador liegt die Bibel neben dem Fernseher.

VON HEILIGEN UND SCHEINHEILIGEN

Glaube und Aberglaube liegen oft nah beieinander. Ein paar von vielen überlieferten Geschichten hat Grit Boettcher zusammengetragen.

903 wurde Mallorca von den Mauren erobert. Sie empfanden die Madonnenverehrung der Mallorquiner als Götzenanbetung und verboten sie. Die Bilder sollten verbrannt werden. Die Mallorquiner aber vergruben sie. Nach der Vertreibung der Mauren, immerhin erst 300 Jahre später, tauchten die Bilder blitzschnell wieder auf. Nicht alle natürlich - in 300 Jahren gerät vieles in Vergessenheit. Der kleine Lluc, ein arabischer Waisenjunge, fand um 1300 eine schwarze Madonna und brachte sie zum Pfarrer von Escorca. Der stellte sie in der Pfarrkirche auf. Aber am nächsten Tag war sie verschwunden. Man entdeckte sie dort wieder, wo der kleine Lluc sie gefunden hatte. Das Spiel wiederholte sich mehrfach, bis man begriff: Die Madonna wollte dort bleiben. Man baute ein Kloster - Mallorcas heiligsten Ort; das Kloster Lluc (→ Seite 132).

◆

Als Mallorca immer wieder von Piraten heimgesucht wurde, halfen oft die Madonnen-Bilder. In der Cala Ratjada landete im 14. Jahrhundert eine arabische Freibeuterflotte und griff die Festung von Capdepera an. In höchster Not holte man das Bild der Gottesmutter aus der Petrus-Kapelle und pflanzte es auf den Wachtturm Sa Baira. Und plötzlich legte sich undurchdringlicher Nebel über die Bucht. Die Angreifer zogen sich erschrocken zurück. Noch heute wird das Gnadenbild in der Pfarrkirche San Bartolomé in Capdepera verehrt.

Viele Gläubige bedanken sich mit Briefen bei der Mutter Gottes oder bei einem Heiligen für die Erhörung des Gebetes.

In Mancor de la Vall hatte im 14. Jahrhundert ein Priester eine einträgliche Idee. Damals mußte das Bild der Madonna in der Capilla der Heiligen Jungfrau restauriert werden. Der Priester wußte, wieviele Menschen unter dem Schwinden ihres Augenlichts litten - in einer Zeit zumal, in der es keine Brillen gab. Ihnen blieb nichts als das Gebet. Also beschloß er, ihnen eine Pilgerstätte zu schaffen. Er beauftragte den Maler, an die Stelle, an der die Madonna das Jesuskind hielt, eine Schale zu malen - eine Schale mit Augäpfeln. Damit war aus der Madonna die Heilige Lucia geworden, die Schutzpatronin der Blinden. Fortan zog über Jahrhunderte hinweg eine endlose Kette von Pilgern zur Kapelle. Auch heute noch - und es gibt viele, die beschwören, daß sie nach dem Besuch besser sehen konnten. (Jeden Osterdienstag gibt es eine Pilgerfahrt mit Musik und Tanz zu Ehren der Heiligen Lucia.)

◆

Der Teufel sitzt auf Mallorca. Man weiß auch ziemlich genau, wo: im kleinen Museum von Sóller. Dort stehen sechs Flaschen. In einer hockt er. Nur in welcher, das ist unbekannt. Ein mallorquinisches Märchen erzählt, wie er hineinkam: eine reiche Frau in Sóller wollte noch reicher werden und vermählte ihre Tochter deshalb mit dem Teufel. Als die entsetzte Braut den Pferdefuß des Leibhaftigen entdeckte, traktierte sie ihn dermaßen mit dem Kruzifix, daß er heulend durchs Schlüsselloch flüchtete. Hinter der Tür lauerte die Mutter und preßte eine dickbauchige grüne Flasche gegen das Schloß. Der Teufel zischte rein und sitzt nun fest in der Flasche.

GRIT BOETTCHER

ABER-GLAUBE, WUNDER-GLAUBE, PENDLER

Es gibt Dinge zwischen Himmel und Erde, die wir uns mit unserem Schulwissen nicht erklären können. Daran glaube ich. Auch auf Mallorca habe ich mich für Mystisches und Überliefertes interessiert. Und dabei ein paar interessante Erkenntnisse gewonnen.

Ich bin sicher, deutsche Krankenkassen werden es nicht anerkennen. Aber alte Mallorquiner schwören: es gibt eine unfehlbare Methode, wenn man an einer schlecht heilenden Wunde oder einem Abszeß leidet. Man braucht nur einen Menschen, der am 29. Juni (Peter und Paul) auf Mallorca geboren wurde, um einen Gefallen zu bitten. Er soll ein Stück Weißbrot kauen. Das durchtränkte Brot wird auf die Wunde gelegt, und sie schließt sich über Nacht. Denn die Spucke dieser Menschen hat heilende Wirkung. Sagt man. Ich habe es nicht ausprobiert.

Da im Team niemand schwanger war, konnte ich leider auch das zweite todsichere Geheimrezept nicht erproben. Wenn eine schwangere Frau das Treppensteigen immer mit dem rechten Fuß beginnt, bekommt sie einen Sohn.

Wenn man sicher erfahren will, ob es ein Junge oder ein Mädchen wird, dann braucht man ein Messer und eine Schere. Es klingt schrecklich, ist aber harmlos: Man muß beide Gegenstände auf zwei Stühle legen und sie mit Kissen verdecken. Eine Schwangere, die nichts von dem Experiment wissen darf, wird gebeten, Platz zu nehmen. Wählt sie den Stuhl mit der Schere, wird es ein Mädchen, beim Stuhl mit dem Messer ein Junge.

Kein Mallorquiner wird eine Schere geöffnet herumliegen lassen: sie lockt böse Geister an.

Wenn einem Baby zum erstenmal die Fingernägel geschnitten werden, sollte es auf keinen Fall die Mutter machen. Sondern die Patentante. Verstößt man gegen dieses Gebot, wird der Sohn ein Dieb.

Ist ein Kind bei der Taufe zu brav, sollte man es besser ein bißchen kneifen. Denn Kinder, die bei der Taufe weinen, haben Aussicht auf ein langes Leben.

Und wenn ein Kind die ersten Zähnchen schmerzlos kriegen soll, braucht man ihm nur eine Kette mit Igelzähnen umzuhängen. Ich frage mich nur: Wie zieht man einem armen Igel schmerzlos die Zähne?

Ich weiß nicht, ob meine Kollegen den Rat befolgt haben, den uns eine alte Dame in einem Dorf gab. Um Mitternacht, sagte sie, müsse man im Bett liegen. Denn Punkt zwölf eilt der Teufel übers Land und sucht sich die Seelen aus, die er haben will. Das einzige, was vor ihm schützt, ist das Glaubensbekenntnis. Aber das muß man ab Mitternacht unentwegt vor sich hin sprechen.

Alte weise Frauen gibt es in allen Dörfern Mallorcas. Leider erfahren wir als Ausländer selten, wer eine mystische Begabung haben soll. Ich habe mich danach erkundigt. Zwei hat man mir genannt.

In Portocristo lebt Señora Maria, eine Wunderheilerin. Das Wartezimmer der alten, rundlichen und fröhlichen Dame ist immer wohlgefüllt - überwiegend von Einheimischen. Señora Maria spricht auch konsequent mallorquin. Aber man braucht ihr ohnehin nicht zu sagen, wo man Beschwerden hat. Sie vermißt den Körper ihrer Patienten mit einem Bandmaß, murmelt unverständliche Worte und tippt dann auf die Region, die krank ist. Während sie Beschwörungsformeln aufsagt, zerschnippelt sie das Band an einer bestimmten Stelle - und schon setzt die Heilung ein. Manchmal hilft sie durch Handauflegen noch nach.

Juan Galeri aus Felanitx soll Mallorcas erfolgreichster Pendler und Wünschelrutengänger sein. Angeblich hat er der Polizei schon häufiger den richtigen Bösewicht ausgependelt. Er sucht verlorengegangene Gegenstände und vermißte Personen. Und natürlich Wasseradern.

Die Einheimischen schätzen auch Juans Fähigkeit, unterirdische Grotten aufzuspüren. Bei dem felsigen Gestein erleichtert das den Bau von Abwassergruben erheblich.

Ich habe keine gebraucht. Deshalb alle Angaben ohne Gewähr. Auch für den, der die Sache ernst nimmt.

Tagsüber Sonne, abends ins Vergnügen: Urlaubsspaß in L'Arenal.

WO MAN NIE ALLEINE IST

Viele Urlauber suchen auf Mallorca den großen Rummel. Sie finden ihn in Orten wie L'Arenal und Magaluf. Hansjochen Kunze beschreibt die Szene

Eine bemerkenswerte Dame: Hochgewachsen, schlank, schön, mit wilder schwarzer Mähne. Sie trägt nichts außer Goldsandalen mit Zwölfzentimenterhacken und einem Tanga-Minimum, das auch hinten herum deutlich macht, auf was sie stolz ist. Haut vor allem, braunglänzend, faltenfrei, eine brasilianische Asphaltprinzessin, die dem Karneval in Rio entsprang und sich auf die Promenade der Playa de Palma verirrte?

„Heinerisch", sagt sie und zieht den stattlichen Tarzan an ihrer Seite vor einen Nippesladen. „Kuckemal, is dat nit schöön!" Heinrich zögert nicht lange, entert den Laden und ersteht, was sie so schön findet: Eine Altsilberkette, an der ein mallorquinisches Kruzifix baumelt. Sie legt die Kette um, bettet das Kruzifix zwischen ihre Brüste und schreitet weiter. Heinrich bewundert sie: „Mensch, Marion, wenn de so über die Kö in Düsseldorf jingst!"

„Heinerisch", sagt sie, „dat is hier nit die Kö, dat is Mallorka!"

Marion ist Verkäuferin in einem Warenhaus. „Sie glauben gar nicht", sagt sie, „wie ich die Klamotten leid bin. Den ganzen Tag, elf Monate lang in dem Mief da! Und der Heinrich, mein Gatte übrigens, der ist noch viel schlimmer dran. Der ist bei 'ner Versicherung, wo sie alle wie die Pinguine herumlaufen. Wenn wir nach Mallorca fahren, reißen wir uns schon im Flieger die Sachen vom Leib. Nicht gerade so wie jetzt, aber schon ziemlich heftig."

Das ist klar und deutlich. Nichts anderes, als was kluge Leute über den Urlaubsdrang, sich freizumachen, von sich geben. Freizeitpsychologen etwa. Urlaub, sagen die Seelenkundler, habe mit Karneval zu tun. Urlaub und Karneval bedeuten Weg-vom-Alltag, Freisein von täglichen Zwängen. Daher das Über-die-Stränge-schlagen, die Maskerade. Karnevalskostüme als Indizien für heimliche Wünsche. Da möchte einer Pirat sein, Seiltänzerin, Löwenbändiger, Clochard, Harlekin, Seemann, India-

ner, Tarzan: Sehnsüchtige Selbstverwirklichung für drei tolle Tage. Oder für die „kostbarsten Wochen des Jahres". Urlaubsgarderobe ist auch Maskerade, Verkleidung, der notgedrungen die Demaskierung folgt, die Entkleidung: Man macht sich frei.

Manchmal gibt es sogar Prämien dafür. Bei der Misswahl. Die höchsten Prämien setzt BCM aus, die Superdisco in Magaluf. Man wählt Miss Tanga, Miss Obenohne, Miss Busen, Miss Nasses Hemd. Misswahlen im Endlosreigen: Mit Miss Springtime fängt es an, mit Miss Gänsehaut hört es auf. Da capo im nächsten Jahr.

Marion aus Düsseldorf lacht sich kaputt. Sie hat in diesen drei Urlaubswochen schon dreimal die Miss gemacht und damit das Urlaubsbudget kräftig aufgestockt. Miss Tanga wurde mit baren 250.000 Peseten dotiert, für zwei weitere Demaskierungen gab es je 50.000, und in den Tageszeitungen erschien jedes Mal ihr Foto in aller Pracht.

„Wenn dat nix ist", lacht sie. „Beinahe hätte mir eine Engländerin die Prämie weggeschnappt. Die kühlen Blonden sind hier die schärfste Konkurrenz."

Stimmt. So wollte es Manuel Fraga, Francos Tourismusminister im Jahre 1962, als es der Mallorquinerin Maruja Garía gelang, über die niederen Weihen der Miss Mallorca zur Miss España und schließlich gar zu Miss Europa aufzusteigen. Da empfahl Tourismusdenker Fraga den Hoteliers im Lande, regelmäßig Miss-Spektakel zu veranstalten und dabei möglichst ausländische Beauties siegen zu lassen: Urlauberinnen aus England, Deutschland, den skandinavischen Ländern. Die Mallorquiner - voll im Maruja-Rausch - nahmen seinen Rat so ernst wie niemand sonst: Kein Ferienort auf der Insel, kein größeres Hotel, keine Disco, wo nicht die Fetzen fliegen: „Das stockt das Image auf, das bringt Umsatz."

„Und mir macht's Spaß", sagt Marion aus Düsseldorf. „Spaß ist

die Hauptsache." Und was macht noch Spaß? Damenboxen zum Beispiel, oder Wildwestrodeo, Stierkampf für Amateur-Matadores mit zahmen Kälbern im Hinterhof, oder die Mister-Slip-Wahl, bei der frau gelegentlich hilfreich Hand anlegen darf.

Oder Barbacoa. Hier versammeln sich die Urlaubsnationen beim Backhendl. Es läuft wie geschmiert, die Organisation ist anbetungswürdig. Toll, wie die Kellnerriege 2.000 Backhendl im Parademarsch serviert! Toll, wie das Team der Hausfotografen 2.000 „Wanted"-Fotos von Hähnchenessern und -esserinnen schießt, in Windeseile entwickelt und an den richtigen Mann, beziehungsweise die richtige Frau bringt.

Da kommt Freude auf, das ist peppig, Wein a gogo, Sekt muß man nachkaufen. Es kann auch klebrig werden - wenn sie das Magaluf-Spiel spielen. Die Spielregeln sind denkbar einfach: Man erwirbt eine Flasche vom billigsten Sekt, trinkt sie zur Hälfte aus und füllt mit höchsteigenem Urin wieder auf. Dann schüttelt man den Cocktail und bespritzt die lieben Miturlauber, denen nicht verboten ist, sich gleicherweise zu revanchieren.

Ein Spiel der Minderheit, das die Mehrheit verabscheut und Italiener mit Deutschen ausnahmsweise solidarisch sein läßt: „Hooligans, hooligans!" Nein, das macht keinen Spaß.

„Uns jedenfalls nicht", sagt Kegelvater Heiko aus der niederdeutschen Tiefebene. „Das lehnen wir grundsätzlich ab."

Auch nachlässige Kleidung stößt auf Ablehnung. Alleingänge ohne kegelväterliche Genehmigung, besoffen herumtorkeln, kurzum undiszipliniertes Verhalten.

Da sitzen sie auf der Hotelterrasse, ein gutes Dutzend ansehnlicher Herren, selbständige Handwerker mit Angestellten, Kaufleute mit Laden, geschnatzt und aufgesetzt, in der vorschriftsmäßigen Kluft: Schwarze Hose, weißes Hemd, grüner Schlips, den Clubtalismann in der Hosentasche. Auf Kommando zieht ihn jeder hervor. Es ist ein zehn Zentimeter langer Hammer, den sie einmütig auf die Tischplatte knallen. Wer nachklappt muß zahlen. In die Kegelkasse. Zahlen muß jeder, der zu spät kommt, der nicht korrekt gekleidet ist, der danebentritt. Wer mault, zahlt das Doppelte.

„Stille Gesetze", sagt der Kegelvater. „Streng, aber gerecht." Dann gibt er die Startrunde: Wodka Lemon.

„Früher tranken wir immer Baccardi Cola. Aber dann kann man ja zu Hause kaum noch den Suppenlöffel hochkriegen. Von Wodka Lemon schafft man ganz gut so an die 45 über Tag und Nacht."

Umzug zur Bonner Barbara, ganz oben in L'Arenal. Da steht über dem Eingang: „Wer nicht auf die Wirtin hüpft, wird aufgeknüpft."

„Kein Interesse", lautet die Keglergesinnung. „Lieber Wodka Lemon." „Mein Gott", seufzt Kegelvater Heiko. „Wenn man bedenkt, was man seinem Körper so alles zumutet! Und der macht das auch noch mit."

Dem Damenkegelklub aus Westfalen geht es nicht besser. Da hat man gerade ein paar Stunden Strand herausgeschlagen, aber befriedigt das vielleicht? Was liegt an? Wodka Lemon. Dann Oberbayern. Da ist doch gerade so ein Star vom gleichen Jahrgang, der Tony Marshall, der Gunter Gabriel, der Roy Black, Tommy Steiner oder Gottlieb Wendehals mit der Polonaise aus Blankeneese.

Das gibt es bei der Geierwally nicht. Die Geierwally liegt an der Autobahnausfahrt zur Playa de Palma Salida 3, durchaus fußgängerfreundlich. Da singt man deutsche Volks- und Marschlieder Hollahi-Hollaho. Geierwally singt vor. Wer nicht mitsingt und nicht mittrinkt

wird beschimpft oder rausgeekelt. Das kann die Geierwally keine. Das imponiert wie nichts. Und macht Spaß. Und Spaß ist die Hauptsache.

Die Calle Pellissa an der Playa de Palma im Ortsteil Las Maravillas ist die deutsche Bierstraße. Hier gibt es nicht eine einzige Inschrift in Spanisch. Hier fließt Hannen Alt vom Faß, Königpils, Bitburger und andere Erzeugnisse deutscher Braukunst. Am Ende der Straße ist der Deutsche Biergarten. Am Eingang steht in kernigen Lettern: „Heute großes Bierwettrinken!"

Da sind echte Könner am Werk. „Wieviel Liter trinken Sie denn für gewöhnlich zu Hause? Ich meine pro Tag?"

„Kann ich so genau nicht sagen. Auf alle Fälle trink' ich hier ein paar mehr."

Die Biergartenmannschaft hat alle Hände voll zu tun, die Hundertliterfäßchen unter dem Zeltdach auszuwechseln, voll gegen leer, im Dutzend. Unermüdlich, bis die Müllabfuhr kommt. Bis sich der Markt verläuft. Ein paar Standhafte hocken noch herum, schlucken kalte Bouletten mit Löwensenf. Unter ihnen auch Marion Miss Tanga nebst Tarzan, schick in Jeans und T-Shirt.

„Heinerisch", sagt Marion und hebt ihr Glas mit Düssel Alt ins Morgengrauen, „dafür kann mir die janze Kö jestohlen bleiben."

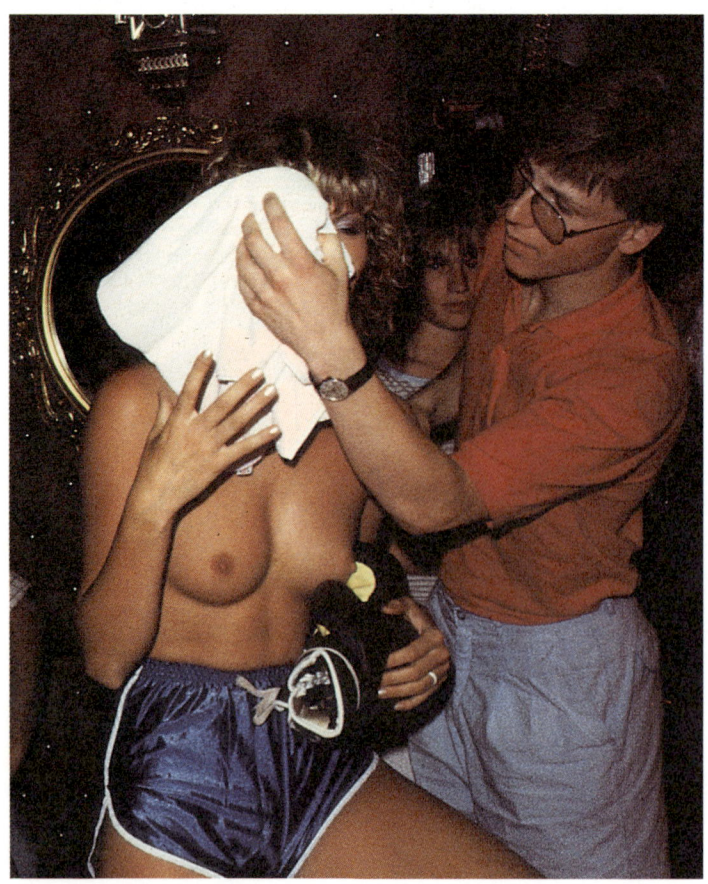

Abkühlung dringend nötig:
Frauenboxkampf in einer Disco.

TONY MARSHALL:

HEUTE HAU'N WIR AUF DIE PAUKE

... und machen durch bis morgen früh." Das ist nicht nur der Refrain eines meiner Schlager. Es ist auch das unumstößliche Motto für einige tausend Nachtschwärmer, die sich allabendlich ins Getümmel von L'Arenal stürzen. Jedenfalls erlebe ich es jedesmal so, wenn ich im Riu Palace auftrete.

Zehn Uhr abends. Dreitausend Menschen sitzen bereits im Lokal und vernichten Bier, Cuba Libre, Sangria und andere Seligmacher. Zu der Zeit esse ich noch gemütlich zu Abend. Mein Auftritt ist zwar für elf angesagt. Aber falsche Eile wäre dem Wirt nicht recht, und den Gästen wahrscheinlich auch nicht.

Gegen halb zwei am Morgen ist der rechte Zeitpunkt für den Auftritt. Die Stimmung explodiert. Ich habe noch keinen Menschen mit müden Augen gesehen. 60 bis 70 Minuten dauert die Show, dann kocht der Saal, singen dreitausend Menschen mit, trinken, tanzen, küssen. Ich mische mich unter die Leute, genieße das Bad in der Menge. Natürlich, eine Alkoholallergie darf man bei diesen Gelegenheiten nicht haben.

Immerhin habe ich schon so manchen netten Menschen kennengelernt. Die meisten Urlauber in L'Arenal sind, so kommt es mir vor, aus dem Rheinland und so richtige Frohnaturen.

Irgendwann macht das Riu Palace dicht, fragen Sie mich nicht

Stimmungssänger Tony Marshall beschreibt einen Auftritt in L'Arenal und die Nacht danach.

wann. Auf die Uhr hat schon lange keiner mehr geschaut und einen Gedanken ans Bett verschwenden die wenigsten. Auf geht's in die Bierstraße, in der die gesamte Palette deutscher Braukunst angeboten wird. Da reiht sich eine Kneipe an die andere, da kommt aus jedem Schuppen eine andere Musik. Das turnt an bis morgens um sieben.

Doch der Mensch lebt nicht vom Bier allein. Also weiter in die Schinkenstraße. Die sieht nicht viel anders aus als die Gasse nebenan. Einziger Unterschied: zum Bier werden dicke Schinkenbrote und Wurststullen serviert.

So manche schöne Maid verliert langsam die Gesichtszüge, so

mancher stramme Kerl die Haltung. Und erst wenn sich die Lippen nicht mehr über den Glasrand stülpen lassen, versucht man die Richtung zu treffen, in der das Hotel steht. Man braucht es, um für die Sause am nächsten Abend auszuschlafen. Am Swimmingpool habe ich jedenfalls nie einen von meinen nächtlichen Begleiterinnen oder Begleitern wiedergetroffen, und am Strand auch nicht.

Für diese Mallorca-Touristen ist L'Arenal der Puls der Insel. Hier können sie erleben, was sie das ganze Jahr nicht haben. Die große Freiheit, ein bißchen Erotik und viele durchgefeierte Nächte. Ich komme immer wieder gerne hierhin.

NIGHTLIFE

Die Hotels haben sich auf Mallorca mitteleuropäischen Eßsitten angepaßt: bis 22 Uhr sind meistens die Tische in den Restaurants schon wieder abgeräumt. Um diese Zeit beginnen die Spanier erst mit der Vorspeise.

Viel Zeit läßt man sich auch in den Vergnügungslokalen. Vor ein Uhr nachts ist in den Discos nichts los. Da unterscheidet sich Palma nicht von den großen Ferienorten.

Eines ist sicher: Auf Mallorca sind die Nächte lang und für jeden Geschmack gibt es das richtige Etablissement. Von der heißen Jugenddisco, in der schon der Dreißigjährige als flotter Opi bestaunt wird, bis zum Tanzlokal, in dem sich Fünfzigjährige nette Dinge sagen. Worte, die sie vielleicht seit langer Zeit vermißt haben.

An der Playa de Palma kann man solches beispielsweise im Lokal „Rutschbahn" erleben, oder im „Oberbayern" - animiert von böhmischer Blasmusik oder einem deutschen Schlagerstar live. Gediegene Tanzmusik auch in der Royal Suite des RIU-Palace, während in der Disco Lasershow und Mammutsound die Gäste in Schwung bringen.

In Palma treffen sich Nachtbummler unterhalb des Hotels Meliá Victoria am Paseo Marítimo. Hier ist von der Pizzeria über die Pianobar bis zur Disco zu finden, was jungen Leuten und Junggebliebenen einen schönen Abend verspricht. Die allerjüngsten Nachtschwärmer gehen zur Plaza Gomila.

Wer es gerne ruhiger hätte: Einen schönen Abend verspricht auch ein Bummel durch Puerto Portals. Hier gibt es weder einen Nightclub noch eine Disco. Aber es gibt die nobelsten Yachten und prominente Eigner zu betrachten. Viele Gäste sitzen hier einfach, schauen, plaudern, staunen und kritisieren. Im Sommer kommt auch oft der König.

Große Mode unter Spaniern sind die „Casas Rocieras": Tanzlokale, in denen man den Folkloretanz „Sevillanas" pflegt. Man kommt meistens stilgerecht im Rüschenkleid.

Folkloretänze und internationale Shows bieten die beiden großen Varietébühnen Mallorcas:

Es Fogueró Playa de Palma, an der Straße nach Llucmajor (Tel. 262745) und Es Fogueró Palace in Alcudia (Tel. 548511). Vorbestellungen sind wichtig - entweder direkt oder über einen Reiseveranstalter. Beide Show-Restaurants bieten ein wechselndes Programm mit Tanz und Gesang, Cabaret, Jongleuren, Dompteuren und Zauberern. Etwas, das es in Deutschland in dieser Form kaum noch gibt. Zur Show wird ein Essen serviert. Preis ca. 4000 Pts.

Eine Show gibt es oft auch im Casino von Magaluf, Mallorcas einzigem Spielcasino. Wer sein Glück versuchen will, darf den Ausweis nicht vergessen.

Die Nacht ist nicht allein zum Schlafen da: Schwungvoll tanzen Caterina Valente und Wolfgang Wahl in ein neues Leben - in der Serie.

DISCO TIME

Es gibt allein in Palma 3.000 Discos und Musikpubs, und auf der gesamten Insel mindestens nochmal so viel. Deshalb nur eine kleine Auswahl von Lokalen, in denen sich Leute vom Fernsehteam wohlfühlten.

PALMA

Tito's Palace, Plaza Gomila
Treffpunkt mit Tradition (seit 1923). Glasaufzug vom Paseo Marítimo aus. Laser-Show, Videoclips. Feste mit wechselndem Motto. z.B. „Tropische Nacht" oder „Hexentreffen". Irrer Blick über die Bucht von Palma.

Victoria, Paseo Marítimo (gleich neben Tito's)
Unbedingt in Schale werfen; besser geeignet zum Sitzen und Schwatzen als zum Tanzen. Musik: Vor allem Oldies und Schlager.

Alexandra's, Plaza Mediterráneo (neben Plaza Gomila)
Seit Jahren beliebt, immer mit dem neuesten Sound, doch nie ganz groß in Mode.

La Luna, Paseo Marítimo
Mit Open-Air-Bar, an der sich auch am früheren Abend die ganz jungen Leute treffen. Die größte Disco am Paseo. So richtig los geht es dann noch einmal zwischen 3.00 und 4.00 Uhr.

Factory, Plaza Mediterráneo (neben Plaza Gomila)
Hier tummelt sich das Jungvolk von fünfzehn Jahren an aufwärts. Immer die neueste Musik.

Joe's Bar, Plaza Gomila
Von der Terrasse aus ist schön zu beobachten, was sich heute abend tut. Gute Mix-Getränke.

El Patio de Triana,
Avda. Joan Miró, 15
Sevillana-Lokal mit ausgezeichneten andalusischen Gruppen. Am Wochenende oft Tanzwettbewerbe. Das gleiche gilt für:

La Caseta Rociera, Paseo Marítimo, Portopí

Bar Barcelona, C/. San Juan, Ecke C/. Apuntadores
Ab Mitternacht gute südamerikanische Live-Musik.

ANDERE ORTE:

Disco DHRAA, zwischen Cala Millor und Portocristo.
Nur im Sommer geöffnet; zehn Musikanlagen, Grill und Snackbar, vor allem am Wochenende „in". Der Werbespruch der Disco: „Die Ruinen des Jahres 3.000". Open Air Disco.

Moby Dick, Pub und Musikbar, **Cala Millor,**
Avda. Cristóbal Colon. Mehrere Biersorten vom Faß, Musik nicht allzu laut.

RIU-Palace, Playa de Palma,
Calle Laud, am Balneario 5.
Superdisco im RIU-Centre, 4 Bars, Lasershow mit Nebelschwaden, daneben Royal Suite mit sanfterer Tanzmusik, Snack-Bar und Boutique.

BCM Magaluf
Die größte Disco Europas mit Platz für ca 7.000 Besucher. Laseranlage und Soundmaschine, Live-Auftritte, Lichteffekte. Gilt als die lauteste Disco der Insel. Wandelt sich nach und nach zum „In"-Treff. Regelmäßig Miss-Wahlen.

Xiroi, Cala Ratjada,
Hostal „Gili", Strand von Son Moll, mit Freiluftpool.

COCKTAIL BEI VIVALDI

Sandra Kreisler führt Sie in Palmas schönste Nachtbar, das „Abaco"

Abaco, Calle San Juan, Palma, täglich geöffnet von 21 - 3 Uhr.

Ein Tip vorweg: Gehen Sie nicht allein ins „Abaco". Nehmen Sie einen Menschen mit, den Sie mögen, einen, der ein bißchen Sinn für Romantik hat.

Es sind ein paar Schritte nur, vom Hafen oder von der Kathedrale. Die Straßen in diesem Viertel erwachen erst gegen Mitternacht zu richtigem Leben. Hundert kleine Restaurants locken noch späte Esser, in simplen Kneipen grölen die Fernseher. Altstadt, Hafengegend, schmale Straßen.

Am Ende der Calle San Juan spannt sich ein halbrunder Baldachin über einen Torbogen. In Messingbuchstaben steht schlicht neben dem Tor: „ABACO".

Jemand hatte meinem Mann Marnix und mir den Tip gegeben, der, wie wir heute wissen, längst kein Geheimtip mehr ist. „Zieht euch ein bißchen schick an", hatte er gesagt. „Ihr habt dann mehr davon."

Die Tür geht schwer auf, und unser Auftritt ist gigantisch. „Halleluja, halleluja", schwingt uns Händel kraftvoll entgegen. Wir bleiben unwillkürlich eine Sekunde lang stehen. Es ist, als wären wir auf einer Opernbühne mit grandioser Kulisse.

Berge von Früchten liegen lässig hingeschüttet auf dem Boden und an den Säulen, dekoriert wie bunte Wasserfälle. Gigantische Gladiolensträuße ragen aus mannshohen Vasen. Überall flackern Kerzen und in der Luft liegt ein Hauch von Weihrauch. An den Wänden hängen Putten und schwülstige Ölgemälde und an der breiten Treppe zum Obergeschoß grüßt eine Statue. Der Heilige Sebastian, wie ich später erfahre, geschaffen von Prof. Salvador Palao, dem Gründer des „Abaco".

Palao lehrt an der Kunsthochschule von Palma. Er hatte vor etwa sechs Jahren die Vision dieser Nachtbar, wählte einen verfallenen Stadtpalast und restaurierte ihn. Mit Abaco bezeichnet man den quadratischen Abschluß einer Säule, dort wo das Gebälk aufliegt. Im Innenhof steht ein besonders

Der Besuch im „Abaco" krönt den Abend in Palma - meint Sandra Kreisler.

schönes Exemplar. Danach wurde das Lokal benannt.

Wir finden nicht auf Anhieb einen Platz, lassen uns zunächst durch diesen Rausch aus Farben, Kunst und Kitsch treiben. Das „Abaco" ist ein sinnenfroher Ort.

Die Treppe lockt nach oben. Liebevoll nachgestellt sind hier einige Wohnräume und eine Küche des vorigen Jahrhunderts. So, als ob die Hausherren gerade mal fortgegangen wären. In der Küche liegt noch ein frischer Kopf Salat und eine angeschnittene Gurke.

Von der Galerie ein Blick in den Innenhof. Auch hier sitzen Gäste an kleinen Tischchen, lauschen der - ausschließlich - klassischen Musik, Mozart, Vivaldi, Rossini. In großen Volieren krächzen Papageien, schnäbeln Tauben, putzen Enten ihre bunten Federn.

Endlich wird ein Platz frei, auf einem kleinen alten Sofa, direkt am Kamin. Ein junger Mann, glutäugig und mit der Haltung eines Toreros, legt uns die Karte vor. Cocktails, Champagner, Eisbecher. Es steht kein Bier drauf, kein offener Wein und keine Coca Cola. Um die 15 Mark muß man für einen Cocktail rechnen, frisch gepreßt aus den Früchten der Dekoration.

„Manchmal", erzählt ein Tischnachbar, „regnet es Rosenblätter von

der Decke herab. Tausende in fünf Minuten. Dann geht man wie über einen Moosteppich."

„Freitags", bestätigt der schöne Boy und stellt uns die Manhattans hin. „Freitags und samstags um Mitternacht."

Die Köpfe der Gäste wenden sich zur Tür. Ein paar Touristen in allzu lässiger Kleidung sind hereingekommen. Kurze Hosen, T-Shirts. Sie schauen ein paar Sekunden, drehen sich schnell um, gehen. Keiner hat sie dazu aufgefordert. Man spürt automatisch, daß man so nicht reinpaßt.

Relativ selten nur kommt ein Bus mit Touristen. Das „Abaco" ist eine Bar für Paare, für einen schönen Abend mit Freunden.

Wir haben im „Abaco" nicht gedreht. Der Geschäftsführer fand, daß man die Atmosphäre im Film nicht wiedergeben könne. Vielleicht hat er recht.

Für Marnix und mich ist ein Besuch im „Abaco" obligatorisch geworden, jedesmal wenn wir nach Mallorca kommen. Und wenn wir Freunde dabeihaben, sagen wir nach dem Abendessen: „Kommt, wir gehen noch in eine Kneipe." Nur um ihre verblüfften Gesichter zu genießen, wenn sie die Tür aufstoßen zum „Abaco" und ihnen ein Halleluja entgegenschallt.

145

DEUTSCHE, DIE IHR GLÜCK AUF MALLORCA FANDEN

Beim Glas Wein im Urlaub hat schon mancher davon geträumt: Wie schön es wäre, für immer auf Mallorca zu leben. Eine kleine Kneipe zu haben, ein hübsches Hotel oder eine schnuckelige Boutique. Immer Sonne, weniger Hetze, freundliche Finanzbeamte ...

Wolfram Seifert, seit vielen Jahren auf der Insel als Journalist tätig, hat schon viele kommen und gehen sehen: „Nur ganz wenigen gelingt es, auf der Insel geschäftlich Fuß zu fassen."

Ungefähr fünftausend Deutsche sind auf Mallorca offiziell gemeldet. Etwa tausend verdienen auf der Insel ihren Lebensunterhalt. Aber wirklich wohlhabend, glaubt der Journalist, sind höchstens hundert geworden.

Gescheitert sind unzählige, die ein Lokal übernahmen. Auch Modegeschäfte schließen oft schneller, als sie eröffnen. Recht gute Chancen haben Handwerker, die einen Betrieb aufmachen wollen. Aber um Erfolg zu haben, muß auf der Insel hart, sehr hart gearbeitet werden. Und wem fällt das in einem Urlaubsparadies schon leicht?

Einige Deutsche allerdings haben mit guten Ideen und einer Menge Kraft und Energie auf Mallorca ihr Glück gemacht. Ein halbes Dutzend von ihnen stellen wir vor.

Im Garten des La Residencia: Axel Ball mit seiner Frau.

AXEL BALL
DER HOTELBAUER

Es sind nicht alle glücklich über die Serie HOTEL PARADIES. Auch nicht der Deutsche Axel Ball. Er lebt in Deiá, mit seiner englischen Frau und sechs Kindern. „Ich will keine Touristen in Deiá", sagt er.

Axel Ball ist sowas wie ein Wunderknabe. Und er hat sogar einiges mit der Serie zu tun. Er baute zwei Hotels, in denen das ZDF gefilmt hat: Das La Residencia und das Es Molí.

Mit 16 landete er 1961 zum erstenmal auf Mallorca. Und hatte die spontane Idee, aus einem alten Landhaus ein Hotel zu machen - als Kontrapunkt zu den Betonklötzen am Strand. „Zwei Jahre", sagt Axel Ball, „habe ich versucht, Leute von meiner Idee zu überzeugen. Dann fand ich Geldgeber."

Er war kein Architekt. Ein anderer mußte die Zeichnungen machen.

Aber er setzte seinen Geschmack durch und baute, mit 18 Jahren, das schönste Hotel, das Mallorca damals hatte: Das Luxushotel Es Molí.

Danach kamen viele Leute zu dem Naturtalent. Sie baten ihn, alte Bauernhäuser umzubauen. Dutzenden prägte er seinen Stil auf. Vor acht Jahren begann er, am anderen Ortseingang von Deiá zwei verfallene Gutshäuser in ein Hotel zu verwandeln: Das La Residencia. „Diesmal konnte ich meine Gedanken noch besser realisieren", sagt er. Die Zimmer, die er entwarf, hat Produzent Rademann für die Serie im Berliner Studio nachbauen lassen.

Mittlerweile arbeitet Ball nicht mehr nur auf Mallorca. Auf einer griechischen Insel baut er ein weiteres Hotel: „Im Stil des Residencia, aber größer."

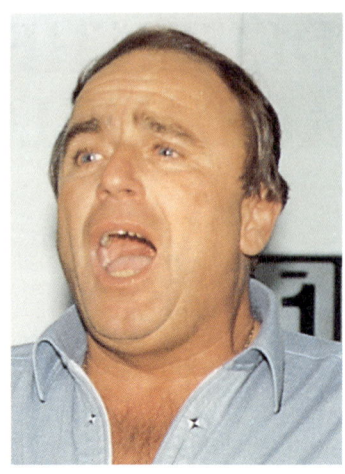

HORST ABEL

DER DEUTSCHE METZGER

Der Vater wußte es: „Metzger", sagte er zum kleinen Horst, „haben immer zu essen." Das war im Jahre 1945, nach Kriegsende. Das Kind Horst Abel träumte seither von einem: „Mal in einer Wursttheke sitzen und alle Würste aufessen." Heute ist Horst Abel fünfzig und hat sich viele Träume erfüllt. Er lebt in Son Vida, der nobelsten Urbanisation von Palma.

1969 kam der gelernte Metzger als Urlauber zum erstenmal nach Mallorca. Er erkannte die Zeichen der Zeit: immer mehr Deutsche machten hier Urlaub, und viele wollten ihre deutsche Leberwurst nicht missen. Er kaufte eine Metzgerei an der Playa de Palma und wenig später gleich deren Konkurrenz. Abel erinnert sich: „Die heiße Bockwurst kostete 15 Pesetas, das Tartarbrötchen zehn." Heute muß man das 15- bis 20fache rechnen.

Horst Abel machte nach und nach unter seinem Namen 18 Filialen auf der Insel auf. Alle nach demselben Schema: Metzgerei mit Wursttheke und Imbiß. Die Mitarbeiter in den Läden sind Teilhaber.

1988 hat Horst Abel das Geschäft an seinen Sohn Dirk übergeben. Und zugleich die Diskothek „Karoussel" in der „Bierstraße" der Playa de Palma gekauft.

ANGELIKA BARTEL

DIE FLOTTE WIRTIN

Das war neu auf Mallorca vor 20 Jahren: Eine Disco für junge Leute mit einem für alle sichtbaren Discjockey. „Ramba Zamba" hieß das Etablissement, das Angelika Bartel im zarten Alter von 20 Jahren in Paguera gründete: „Als sich dort noch Fuchs und Hase Gute Nacht sagten."

Sie kam als Urlauberin und wurde Jung-Unternehmerin. Mit dem Aufblühen des Ferienortes, der vor allem von Deutschen frequentiert wird, eröffnete eine Disco nach der anderen. Aber allmählich kristallisierte sich heraus, daß Paguera zunehmend Urlauber anzog, die dem Disco-Alter entwachsen waren. Angelika Bartel änderte ihr Firmenkonzept: „Ramba Zamba" wurde „Rendezvouz", ein Tanzlokal mit sanfter Musik und Oldies, nicht zu laut, nicht zu grell. Heute ist das Publikum zwischen 35 und 55 Jahre alt. Kein Wunder, daß das „Rendezvous" im Winter, wenn in Paguera der gesamte Discobetrieb ruht, geöffnet ist.

Rund ums Jahr ist auch die „Cafébar Rendezvous" geöffnet. Winterurlauber in Paguera schätzen deutsche Küche und spanische Livemusik. Die heute 40jährige Unternehmerin hat sich durchgesetzt. Längst nicht alle Wirte auf Mallorca schaffen es.

KARL-HEINZ SKROTZKI

DER SINGENDE VERANSTALTER

Er ist ein Reiseveranstalter, und sicher nicht der größte im Lande. Aber einer, der fast alle seine Kunden kennt. Wenn er durch seine Chartermaschinen geht, heißt es rechts und links: „Hallo Kalle."

Karl-Heinz Skrotzki, 1935 in Gelsenkirchen geboren, ist dem Ruhrgebiet treu geblieben. Aber zwei, drei Tage pro Woche verbringt er auf Mallorca.

„Reiseveranstalter", sagt er, „bin ich eher zufällig geworden." Der ehemalige Dreher versuchte sich als Schlagersänger und ließ sich zum Tenor ausbilden. „Meine erste Frau war dagegen", erinnert er sich. Mit ihr eröffnete er ein Zoofachgeschäft, verkaufte vor allem Zierfische. „Ein paarmal habe ich Kunden mit nach Mallorca genommen, die die Unterwasserwelt sehen wollten." Sie brachten andere Interessenten. Vor 20 Jahren wurde Skrotzki selber Reiseveranstalter: „Ich fühlte mich von einem Reisebüro betrogen, um 35 Mark. Das war der Auslöser."

Konsequent setzte er auf Mallorca als einzigem Reiseziel seiner Firma „Partner Flugreisen". Heute bringt er jährlich 20.000 Menschen auf die Insel. Und wenn er gut gelaunt ist, und das ist er fast immer, gibt's an Bord ein Gratiskonzert.

HASSO SCHÜTZENDORF

DER AUTOKÖNIG

Hasso liebt die Show und die große Geste. „Meine Kunden", sagt er, „sind meine Könige. Genauso empfange ich sie." Er hält Wort: Wer bei ihm ein Auto bucht, wird mit Rolls Royce am Flughafen abgeholt. Kostenlos.

Hasso Schützendorf ist ohne Zweifel die schillerndste Figur unter den Deutschen auf Mallorca. Ein Kerl wie ein Schrank, mit hellem Haarkranz, buschigen Brauen und sanfter Stimme.

„Wollen Sie meine Löwen sehen?" fragt er beiläufig bei einem Besuch in seiner 30-Zimmer-Villa. Den riesigen Park flankiert eine private Tennisanlage und ein mächtiges Gehege. Fünf Löwen, einige Tiger und Pumas fauchen hinter den Gitterstäben. Er streichelt sie wie Hunde.

Vor 65 Jahren kam der Mann, den alle Hasso nennen, in Düsseldorf zur Welt, Onkel Leo Schützendorf galt damals als großer Opernstar. Die Karriere des jungen Hasso kam durch die Kriegseinwirkungen erst verspätet aber danach heftig in Gang: „Ich war einer der meistgesuchten Schmuggler", sagt er freimütig. Er brachte den schwarzen Handel zwischen der DDR und dem Westen in Schwung. So massiv, daß die Ostberliner Defa sogar einen Film über ihn drehte: „Die Mutter von Nina Hagen war meine Filmgeliebte."

Ende der Fünfziger Jahre kam er, warum auch immer, nach Mallorca. Er erahnte den kommenden Tourismus. Mit einem Fiat 500 und zwei Motorrollern begann er ein Verleihgeschäft.

Dreißig Jahre später ist Hasso Schützendorf der mit Abstand größte Autoverleiher Mallorcas. 1000 Wagen, sagt er, gehören zu seinem Fuhrpark. Sein Firmensitz

Hasso Schützendorf mit einem seiner Rolls Royce vor seiner Villa bei Palma. Aus dem ehemaligen Schmuggler wurde Mallorcas größter Autoverleiher. Manchmal nennt er sich auch „von Schützendorf".

Die blonde Spanierin Maria Carmen, Ehefrau Nr.4, schaukelt mit ihrem Mann den Laden.

ist in Can Pastilla an der Playa de Palma: „Die Rolls Royce sind billiger als ein Stand im Flughafen. Außerdem fahre ich sie privat gerne."

Seine Frau auch. Maria Carmen ist die vierte, und wie er versichert, „die letzte. Irrtum ausgeschlossen." Die Spanierin aus Barcelona, knappe vier Jahrzehnte jünger als ihr Mann, kümmert sich mittlerweile mit ums Geschäft. Fast täglich sitzt sie hinterm Counter des Büros in Can Pastilla.

Ein bißchen Dallas: Die eigenen Kinder hat Hasso enterbt. „Mein Sohn wollte an meine Braut. Das geht gegen den Ehrenkodex."

Immer wieder ärgert Hasso seine Konkurrenten mit Sonderangeboten. Mal vermietet er seine Autos mit 50 Prozent Nachlaß, mal mit 70. Und im Winter brauchen die Kunden nur die Versicherung zu bezahlen. Sie enthält allerdings eine für Mallorca ungewöhnlich hohe Selbstbeteiligung von 50.000 Pts. (Tel.: 260219).

HEINZ WINKLER:
MALLORCAS DEFTIGE KÜCHE

Heinz Winkler (40) ist einer der besten deutschen Köche. Mit 31 Jahren erwarb er für sein Restaurant Tantris in München drei Michelin-Sterne. Nur vier andere Köche in Deutschland haben diese Auszeichnung. 1987 eröffnete Winkler in Mallorcas Nobel-Hafen Portals Nous das Restaurant Tristan. Kritiker bezeichnen es mittlerweile als bestes Speiselokal Spaniens. Ein Menü kostet ca. 130 Mark. Winkler bietet französische Nouvelle Cuisine an. Aber hier macht er sich Gedanken über Omas Küche auf Mallorca.

Als ich das erste Mal auf die Insel kam, kannte ich von der spanischen Küche nicht viel mehr als Paella.

Aber ich kam öfter. Und ich merkte bald: auf der Insel gibt es Produkte, deren Qualität unvergleichlich gut ist. Da ist zum Beispiel das Lammfleisch. Ich kenne nur wenige Fleischsorten, die mich mehr begeistern.

Ich weiß auch den Grund. Mallorcas Schafe ernähren sich zum großen Teil von Kräutern, die auf dem salzhaltigen Boden wachsen. Das Fleisch der Tiere wird besonders zart und schmackhaft. In der Küche braucht man kaum noch nachzuwürzen. Kräuter und Salz, mit denen man sonst Lammfleisch einreibt, hat das Tier auf natürliche Weise zu sich genommen. Ich wünschte, ich hätte solch mallorquinisches Lammfleisch in meinem Restaurant in München.

Die Tomaten, Oliven und Avocados, die auf der Insel wachsen, zähle ich ebenfalls zur Weltspitze. Leider haben die Mallorquiner selbst kein großes Gefühl für die Verarbeitung ihrer guten Produkte. Den Fisch legen sie einfach auf den Grill. Sie wissen nicht, daß sein Geschmack sich viel besser entfaltet, wenn man ihn pochiert oder dünstet. Die Spanferkel werden für meinen Begriff in vielen Restaurants zu weich gebruzzelt. Mit Absicht. Der Wirt ist stolz darauf, wenn er das Fleisch mit dem stumpfen Tellerrand zerteilen kann.

Die mallorquinische Küche war immer eine Küche der Bauern. Deftig, einfach zuzubereiten, kalorienreich und billig. Denn die Menschen waren arm, und sie hatten andere Sorgen, als sich Gedanken übers Essen zu machen. Deshalb gibt es auch so viele Eintöpfe.

Inzwischen allerdings, bedingt wohl durch den Tourismus, lernen immer mehr spanische Köche, mit den hervorragenden Produkten ihrer Landwirtschaft besser umzugehen und eine feinere Küche anzubieten.

Probieren sollte man sie durchaus mal, die typischen Gerichte der Insel.

Zwölf typische Gerichte

Arroz brut („Schmutziger Reis"): mit Schwein, Huhn oder Kaninchen „verschmutzt", mit Fleischbrühe serviert.

Arroz a la marinera: eine Fischsuppe mit Reis, Safran und Schalentieren.

Paella: eine Reispfanne mit Fleisch, Fisch und Gemüsen. Safran macht alles gelb.

Caldereta: kostspieliger Eintopf mit Langusten oder Schalentieren in Fischsud.

Frito mallorquin: Innereienpfanne, möglichst vom Lamm, mit Kartoffeln, Lauch, Paprika, Fenchel.

Coca mallorquina: „mallorquinische Pizza", mit Tomaten, Gemüse, Speck und Wurst belegt.

Lomo con col: Schweineschnitzel in Weißkohl gewickelt, mit Pinienkernen, Rosinen, Blutwurst im Backofen geschmort.

Pa amb oli (wörtlich: Brot mit Öl): Tomatenbrot mit Olivenöl. So aßen es die Landarbeiter. Heute ist Schinken oder Käse drauf.

Sopas mallorquinas: Keine Suppe, sondern ein Eintopf mit Kohl, Blutwurst, Pinienkernen, Schweinefleisch und Graubrot.

Tortilla española oder francesa (mit oder ohne Kartoffeln): Omelett.

Tumbet: Gemüseauflauf aus Kartoffeln, Auberginen, Paprikaschoten und Tomaten.

Zarzuela de pescado: Ein Fischtopf aus mehreren Fischsorten, in einer Sauce aus Tomaten, Öl und Knoblauch.

WO MAN GUT ISST

Der eine mag Nouvelle Cousine, der andere Hausmannskost. Bei den Dreharbeiten für die Serie HOTEL PARADIES war es nicht anders. Das Team gibt nach zwei Jahren auf der Insel einen Überblick über Mallorcas Restaurants. Vom Nobelschuppen bis zur Imbißbude. Hier hat es geschmeckt:

Spaniens bekanntestes Gericht ist die Paella, ein Eintopf aus gewürztem Reis, Gemüse, Fleisch, Fisch und Seefrüchten. Sie kommt ursprünglich aus Valencia.

Alaró

Castillo de Alaró - auf der Höhe des Burgberges, ☎ 51 04 80
Es Ponet (➔ Burgen und Schlösser)
tgl. außer Montag und Dienstag abend.
Kneipe mit langen Holzbänken und blanken Tischen.
Mallorquinische Küche. Spezialität: Arroz brut (➔ 10 typische Gerichte).
Untere Peisklasse.

Algaida

Can Mateu, Ctra. Vieja Manacor, km 21,7. ☎ 66 50 36
tgl. - kein Ruhetag.
Garten, Schwimmbad, Kinderspielplatz.
Mallorquinische Küche. Spezialität: Spanferkel
Untere bis mittlere Preisklasse.

Els 4 Vents, Ctra. Manacor, km 21,7.
☎ 66 51 73
tgl. außer Donnerstag - im Juni geschlossen.
Mallorquinische Küche mit Tradition; man bemüht sich, in Vergessenheit geratene Rezepte wiederzubeleben.
Mittlere Preisklasse.

Cal Dimoni, Ctra. Manacor, 21,4.
☎ 66 50 35
tgl. - kein Ruhetag.
Beste mallorquinische Küche im „Haus des Teufels"; Sobrasada und Butifarró vom offenen Feuer (➔ Küche und Keller);
Hammelkoteletts vom Grill, Sopas mallorquines (➔ 10 typische Gerichte).
Untere bis mittlere Preisklasse.

Alquería Blanca

Es Clos, C/. Convento, 17. ☎ 65 34 04
tgl. außer Dienstag, nur abends; vom 1. Nov. bis Ostern geschl.
In einem alten Bauernhaus, schöner Garten. In weitem Umkreis das beste Restaurant. Phantasievolle Nouvelle Cuisine, z.B. Meersfrüchte in Blätterteig, Barbarie-Ente.
Sehr gehobene Preisklasse.

Andratx

El Patio, Ctra. Andratx - Port d'Andratx km 2,5. ☎ 67 20 13
tgl. außer Dienstag, nur abends; vom 1. Nov. bis Ostern geschl.

Tischreservierung unbedingt erforderlich, vor allem im Sommer.
In einem alten Landhaus mit von Fakkeln beleuchtetem Innenhof (Patio). Nouvelle Cuisine.
Österreichischer Chefkoch. Fischspezialitäten.
Exquisite Nachspeisen.
Sehr aufmerksamer Service.
Sehr gehobene Preisklasse.

Es Rieral, Ctra. Andratx - Port d'Andratx, kam 2. ☎ 67 36 81
im Sommer tgl. abends; im Winter abends Montag und Dienstag.
In einem Landhaus mit großer Terrasse.
Mallorquinische Küche und Grill.
Spezialität: Mit Schalentieren gefüllte Tintenfische.
Mittlere bis gehobene Preisklasse.

Club de Vela, im Yachthafen
☎ 67 23 37
Dienstags Ruhetag.
Mall. und internat. Küche.
Mittlere bis gehobene Preisklasse.

(Weitere Restaurants in Port d'Andratx)

Viele Köche kaufen den Fischern schon im Hafen ihren Fang ab

Artá

Celler Can Faro, C/. Mestral, 4.
☎ 56 21 03
tgl. außer Freitag abend und Samstag mittag.
Einfache mallorquinische Küche. An Wochentagen Mittagsmenü.
Untere Preisklasse.

Banyalbufar

Son Tomás, C/. General Godet, 17.
☎ 61 04 52
tgl., im Winter geschlossen.
Mallorquinische Küche; Fisch.
Schöne Terrasse mit Blick.
Mittlere Preisklasse

Búger

S'Hostal de Campanet, an der C-710 Palma - Alcúdia in Höhe von Campanet.
☎ 51 62 65
tgl. außer Mittwoch und Sonntag abend; vom 1.-15. August geschl.
Einfache, mallorquinische Küche.
Untere bis mittlere Preisklasse.

Bunyola

Ses Porxeres (sprich: Portscheres), Ctra. Sóller, km 17, (Unmittelbar neben den Gärten von Alfábia). ☎ 61 37 62
tgl. außer Sonntag und Montag; August geschlossen.
Tischreservierung ratsam.
In alter Scheune.

Katalanische Küche vom Feinsten. Berühmt sind die „Entrantens" - Vorspeisen mit kräftigen katalanischen Würsten, Zwiebeln, fritiertem Lauch u.v.a..
Gehobene Preisklasse.

Cala d'Or

Can Trompe, Avenida Belgica, 4.
☎ 65 73 41
Sommer: tgl., im Winter Ruhetage, vom 1. Nov. bis ca. 15 Dez. geschl.
Rustikale Einrichtung; gute internationale Küche, einige mallorquinische Spezialitäten.
Mittlere Preisklasse.

Shangrila, Camino Viejo Calonge, 20.
☎ 65 77 10
tgl. geöffnet von 12-16 und 19-24 Uhr.
Gutes Chinarestaurant. Pekingente.
Mittlere Preisklasse.

Cala Millor

Port Verd, Port Verd s/n.
☎ 56 77 21
tgl. außer Mittwoch, nur abends.
Terrasse mit Blick aufs Meer.
Erlesene internationale Küche; Angebot des Tages und die vom Küchenchef zusammengestellen Menüs beachten.
Sehr gehobene Preisklasse.

Son Floriana, Cala Bona s/n.
☎ 58 57 35
tgl. von 12 bis 24 Uhr.
Quer durch die spanische Küche;

Fleisch- und Fischgerichte sehr gut zubereitet.
Beliebt bei Mallorquinern.
Mittlere bis gehobene Preisklasse.

Cala Pí

Miquel, Torre Cala Pí, s/n.
☎ 66 13 09
im Sommer tgl., im Winter tgl. außer Montag.
Oberhalb der fjordartigen Bucht mit schattiger Terrasse.
Frischer Fisch.
Mittlere Preisklasse.

Cala Murada

Casa Pedro, im Zentrum von Cala Murada.
☎ 57 30 22
tgl. geöffnet, kein Ruhetag.
Einfache Kneipe mit viel Trubel.
Nudelgerichte (Makkaronis) und Steaks.
Preiswert.

Sol y Vida, direkt über der Bucht Tropicana.
☎ 57 31 36
tgl. geöffnet, kein Ruhetag.
Traumhafter Blick.
Spezialität Hammelkeule (Vorbestellen).
Mittlere Preisklasse.

Cala San Vincente

Cal Patró, Cala Barcas s/n.
☎ 53 38 99
tgl. geöffnet; von Oktober bis April geschl.
Terrasse mit Blick über die Bucht.
Fisch vom Feinsten.
Gehobene Preisklasse.

Cala Ratjada

Ses Rotges in der Urbanisation Ses Rotges, C/. Rafael Blanes, 21.
☎ 56 31 08
tgl. geöffnet; vom 1. Nov. bis 1. April geschl.
Französische Küche.
Große Terrasse.
Gehobene Preisklasse.

Camp de Mar

Bon Sol, Ctra. Camp de Mar - Port d'Andratx. ☎ 62 16 03
tgl. außer Samstag; im Dez. geschl.
Solide mallorquinische und internationale Küche.
Fischgerichte.
Mittlere Preisklasse.

Campos

El Portico, Ctra. Campos - Colonia de Sant Jordi, km 8. Kein Telefon
Im Sommer kein Ruhetag, im Winter geschlossen.
In einem alten Landhaus mit Terrasse und Garten.
Französisch-Italienische Küche.
Mittlere bis gehobene Preisklasse.

Can Picafort

Juan Mandilego, C/. Isabel Garau (hinter dem Yachthafen).
☎ 85 00 89
tgl. außer Montag.
Tischreservierung ratsam.
Man kommt von weit her, um hier zu essen.
Frischer Fisch und Schalentiere, liebevoll und phantasievoll zubereitet.
Gehobene Preisklasse.

Canyamel

Porxada de Sa Torre, Ctra. Canyamel.
☎ 56 30 44
tgl. außer Montag, vom 1. Dez. bis 1. März geschl.
Im Nebengebäude des alten Wachturms „Torre de Canyamel"
Urige Kneipe.
Spanferkel!
Mittlere Preisklasse.

ANDERE LÄNDER, ANDERE SITTEN

Höflichkeit in spanischen Restaurants

„Spain is different - Spanien ist anders" lautet ein Slogan der Spanischen Fremdenverkehrswerbung. In der Tat, Sitten und Gebräuche unterscheiden sich von denen in deutschen Landen.

Zum Beispiel in Cafés und Restaurants. Ein Spanier wird beim Betreten eines Restaurants immer erst abwarten, welchen Tisch ihm der Maître anbietet. Wünsche werden gern berücksichtigt. Auf keinen Fall setzt man sich zu anderen an den Tisch. Wer es dennoch tut und an Spanier gerät, erlebt sein blaues Wunder: Der höfliche Spanier steht wortlos auf, zahlt und geht.

Ein Spanier wird sich niemals lauthals übers Essen beschweren. Wenn der Kellner sich angesichts des noch halbvollen Tellers erkundigt, ob es geschmeckt hat, antwortet man: „No mucho - nicht sehr." Wer nach dem Essen noch eine Weile sitzen bleibt, einen Nachtisch, Café oder Cognac nimmt, macht ohnedies deutlich, daß ihm was nicht gefallen hat.

Trinkgeld geben Spanier nur, wenn sie zufrieden waren. Faustregel: 5 - 10 Prozent des Rechnungsbetrags. Es ist üblich, sich das Wechselgeld auf die letzte Peseta herausgeben zu lassen. Erst dann läßt man das Trinkgeld auf dem Teller liegen. Niemals: „Stimmt schon so", oder „Geben Sie mir auf 1.000 Pesetas raus."

Spanische Kellner sind es nicht gewohnt, „getrennte" Rechnungen zu erstellen. Einer zahlt für den ganzen Tisch. Man kann ja zusammenwerfen oder später auseinanderrechnen. Selbst bei einem stolzen Trinkgeld bittet man nicht darum, die Essensreste für den Hund mitnehmen zu dürfen. Das Dog-Bag ist in Spanien eine (noch) unbekannte Einrichtung.

In den meisten Bars und Cafeterías kann man Kaffee, Bier oder Sandwich im Stehen an der Bar bestellen. Es wird nicht gern gesehen, wenn man mit Glas und Teller durchs Lokal zieht, um sich an irgendeinem Tisch niederzulassen. Meist unterscheiden sich die Preise für Bar und Tischservice geringfügig.

Wer beim Stadtbummel in Palma mal muß, hat schlechte Chancen. Es gibt (außer in einigen Parkhäusern) so gut wie keine öffentlichen Toiletten. Da bleibt nur der Weg in die nächste Bar - auf einen Kaffee oder ein Wasser.

In Spanien küßt man gern und viel. Meist rechts und links und rechts. „Caballeros" der alten Schule verteilen häufig noch den angedeuteten Handkuß.

Spanier sind höflich und liebenswürdig. Auch, wenn Sie damit kein bestimmtes Ziel verfolgen. Sie sagen einander gern und oft etwas Nettes - einfach so.

Colónia de Sant Jordi

Llonja de Pescado, direkt an der Hafenmole, kein Telefon
tgl. - kein Ruhetag; im Winter geschlossen.
Einfache Kneipe.
Frischer Fisch, manchmal Schalentiere.
Spezialität: Caproig (Rotkopf) oder Rape (Seeteufel) gekocht.
Untere bis mittlere Preisklasse.

Costa de la Calma

Sa Masia, Ctra. de Andratx, 18.
☎ 69 04 12
tgl. außer Mittwoch; im Nov. geschl.
In einem alten Landhaus; im Sommer sitzt man im Innenhof. Gelegentlich Live-Music.
Mallorquinische Küche.
Mittlere Preisklasse.

Deiá

El Olivo, (gehört zum Hotel La Residencia)
☎ 63 93 92
tgl. im Sommer nur abends; im Winter mittags und abends; im Februar geschl.
Tischreservierung ratsam.
In einer alten Ölmühle.
Nouvelle Cuisine, gehört zu den Spitzenrestaurants der Insel.
Sehr gehobene Preisklasse.

Can Jaume, C/. Luis Salvador, 13.
☎ 63 90 29
tgl. außer Montag; Jan. und Feb. abends außer Samstag geschl.
Rustikal eingerichtet, im 1. Stock.
Mallorquinische Küche.
Mittlere Preisklasse.

Suizo, C/. Arch. Luis Salvador, 11.
☎ 63 91 39
tgl. außer Donnerstag, nur abends.
Geschmackvoll eingerichtet, gelegentlich Gemäldeausstellungen.
Feine internationale Küche mit Schweizer Einschlag.
Tischreservierung im Sommer erforderlich.
Gehobene Preisklasse.

La Tablita, C/. Arch. Luis Salvador, 26.
☎ 63 90 21
tgl. außer Mittwoch.
Sehr gute französische Küche.
Ein stimmungsvolles Restaurant.
Gehobene Preisklasse.

Ca'n Quet, neben Hotel Es Moli (gehört dazu)
tgl. mittags und abends, Mai bis Sept., montags geschl.
Internationale Küche.
Gehobene Preisklasse.

Christians Bar, Arch. Luis Salvador, ganztags geöffnet, Straßenterrasse.
Österreichischer Wirt und Koch.
Salate, Fischsuppe.
Preiswert.

Escorca

Escorca, Ctra. Pollença - Sóller, km 25.
☎ 51 70 95
Sommer: tgl., Winter: tgl. außer Donnerstag; im Jan. geschl.
Urige Kneipe mit mallorquinischer Küche; Spezialität: Ziegenbraten.
Untere bis mittlere Preisklasse.

Estellencs

Es Grau, Ctra. Andratx - Estellencs, km 96. ☎ 61 02 70
kein Ruhetag; nur mittags offen.
Uriges Restaurant mit mallorquinischen Spezialitäten.
Mittlere Preisklasse.

Felanitx

Es Turo, Castillo de Santueri, kein Telefon
In einem alten Bauernhaus gegenüber dem Castillo de Santueri.
Fleisch vom offenen Feuer.
Untere Preisklasse.

Vista Hermosa, Ctra. Porto Colom, km 6. ☎ 57 59 60
kein Ruhetag; im Winter 4 Wochen geschl., ohne festes Datum.
Mit Garten und Schwimmbad.
Gute internationale Küche.
Mittlere Preisklasse.

Fornalutx

Bar-Restaurant Bellavista, C/. San Bartolomé. ☎ 63 15 90
tgl. außer Mittwoch; im Winter nur mittags.
Einfache mallorquinische Küche und Grill; der Blick von der Terrasse auf Sóller tut der Seele wohl.
Im Winter weniger ratsam.
Untere Preisklasse.

Genova

Casa Gonzalo I, Avda. de los Reyes, 53.
☎ 40 22 96
tgl. außer Donnerstag.
Urige Pinte, besonders beliebt bei mallorquinischen Familien.
Luftige Dachterrasse.
Mallorquinische Küche und Fleisch vom offenen Feuer.
Untere Preisklasse.

Na Burguesa, C/.Rector Vives, 4.
☎ 40 20 43
tgl. außer Montag.
Oberhalb des Dorfes mit umfassendem Blick auf die gesamte Bucht von Palma.
Mallorquinische Küche; Spezialität: Lammbraten.
Mittlere Preisklasse.

Can Pedro, Avda. de los Reyes.
☎ 402479.
tgl. außer Montag.
Einfache mallorquinische Küche. Viele Touristen.
In dieser Art gibt es mehrere Lokale in Palmas Vorort Genova, der als „Freßdorf" gilt.
Ordentlich und preiswert.

S'Illetes

Anchorage Club Bendinat, Bendinat de Illetes. ☎ 40 52 12
tgl. - kein Ruhetag.
Tischreservierung erforderlich.
Feinste internationale Küche in sehr gepflegter Umgebung.
Im Sommer häufig Prominenz.
Sehr gehobene Preisklasse.

Sorrento, Avda. Adelfas, 1.
☎ 40 12 97, kein Ruhetag.
Italienisches Restaurants.
Mittlere Preisklasse.

Adam y Eva, gegenüber Hotel Melia de Mar.
tgl. 10 - 3 Uhr.
Einfachste Ausstattung.
Mallorquinische Küche. Das Lokal war das Lieblingslokal des HOTEL PARADIES-Fernsehteams im Sommer 1988. Seither kann der Wirt auch deutsche Bratkartoffeln machen.
Sehr preiswert.

Inca

Celler Can Amer, C/. Bruy, 7.
☎ 50 12 61
tgl. außer Samstag und Sonntag.
Eine der typischen Keller-Bodegas in Inca. Hier ißt man niemals Fisch, immer nur Fleisch und Eintopf.
Viele traditionelle Gerichte
Mittlere Preisklasse.

Puig de Santa Magdalena, Puig s/n.
☎ 50 18 72
tgl. außer Dienstag.
Auf dem Klosterberg Puig de Magdalena.
Mallorquinische Küche; am Wochenende Ausflugziel.
Mittlere Preisklasse.

„SALUD!"

WEIN

Mallorcas Wein ist ein schwerer Wein, der gut zu mallorquinischer Hausmannskost paßt. Rotweine sind mit 12 bis 14 Prozent Alkohol gesegnet, Weißweine stehen ihnen mit 10 bis 12 Prozent kaum nach. Vor hundert Jahren gab es auf der Insel ca. 27.000 Hektar Rebland. Davon sind noch etwa 3.000 Hektar übriggeblieben, von denen etwa 1.200 auf das Anbaugebiet von Binissalem, ca. 1.800 auf das Rebland von Felanitx und Porreres entfallen. Bei Binissalem baut man vornehmlich Rotweine, bei Felanitx und Porreres vorwiegend Weiß- und Roséweine an.

Der Weinverbrauch auf der Insel ist weitaus größer, als die Produktion. Deshalb werden Weine vom Festland eingeführt. Mittlerweile versuchen mallorquinische Winzer, bessere Qualitäten zu erzeugen. Es gelingt mehr und mehr. Heute gibt es bereits ein kleines Sortiment neuer Mallorca-Weine mit 10° und 11° Alkohol. Sie sind leichter verträglich, als der schwere Landwein und stehen guten Tischweinen aus La Roja nicht nach.

HIERBAS

Hierbas, der „typische" mallorquinische Kräuterlikör stammt von der Nachbarinsel Ibiza. Hierba heißt Kraut. Mindestens neun wilde Kräuter geben dem Likör seinen Geschmack. Einige Stengel stecken auch meistens in der Flasche. Am auffallendsten ist der wilde Fenchel, der wie eine Dill-Blüte aussieht.

Hierbas ist kein Magenbitter, aber er gilt als zuverlässiger Verdauungshelfer nach einem reichhaltigen Essen. Er schmeckt immer süß, obwohl es ihn in drei Varianten gibt: Hierbas dulces (süß), Hierbas secas (trocken) und Hierbas mezclades (süß und trocken zusammengegossen).

Lluc

Es Guix (sprich: Gisch), Urbanisation Es Guix. ☎ 51 70 92
tgl. mittags und abebds außer Dienstag; Juli tägl. außer Montag abend und Dienstag.
Romantisch.
Mallorquinische Küche bester Machart.
Mittlere Preisklasse.

Montuiri

Puig de Sant Miquel, Ctra. Manacor - Montuiri, km 31.
☎ 65 63 14
tgl. außer Dienstag.
Einfaches Lokal auf dem Klosterberg;
mallorquinische Küche;
Untere Preisklasse.

Paguera

La Gritta, Aldea Cala Fornells II.
☎ 68 61 66
kein Ruhetag; im Januar geschl.
Im Somer Tischreservierung am Abend erforderlich.
Erlesene Internationale Küche; Italienische Spezialitäten; Fische und Langusten.
Sehr gehobene Preisklasse.

Vista de Rey, (im Hotelkomplex Club Galatzó), Ctra. Palma - Andratx, km 18.
☎ 68 62 70
tgl. außer Sonntag; Januar geschl.
Sehr edles Ambiente; Blick über die Bucht.
Im Sommer an Abend Tischreservierung erforderlich.
Internationale Küche.
Sehr gehobene Preisklasse.

El Cordobés, Avda. Paguera, 30.
☎ 68 68 68
tgl. außer Montag; im Sommer kein Ruhetag, vom 1. November bis Weihnachten geschl.
Internationale Küche mit spanischem Einschlag in uriger Atmosphäre.
Mittlere bis gehobene Preisklasse.

Lan Gran Tortugà, Aldea Cala Fornells I. ☎ 68 60 23
tgl. außer Montag; Januar und Februar geschl.
Tischreservierung erforderlich.
Direkt über dem Meer mit Terrasse.
Schöner Blick.
Gelegentlich Live-Musik.
Internationale Küche, Fisch.
Sehr gehobene Preisklasse.

Palma

Celler Sa Premsa, Plaça Obispo Berenguer i Palau, 8. ☎ 72 35 29
tgl. außer Samstag und Sonntag.
Palmas „Hofbräuhaus". Nicht so alt, wie er wirkt: um 1960 aus einer alten Tiefgarage entstanden.
Einfache mallorquinische Küche.
Untere Preisklasse.

Can Matías i Miquel, Straße Palma - Manacor, km 4. ☎ 27 30 09
tgl. außer Sonntag abend und Montag.
Einfaches Restaurant mit sehr aufmerksamem Service, Kinderspielplatz.
Mallorquinische Küche. Lammkeule.
Untere Preisklasse.

Es Recó d'en Xesc (sprich: Tschesk), Paseo Maritimo, 17, neben dem Auditorium. ☎ 45 21 12
tgl. außer Sonntag mittag.
Mallorquinische Küche mit Tradition.
Spezialität: Fideos de Raya (Fischgericht mit Rochen)
Gehobene Preisklasse.

Can Juanito, C/. Aragón, 11.
☎ 46 10 65
tgl. außer Samstag.
Katalanische und mallorquinische Küche.
Spezialität: Gefüllte Tintenfische.
Mittlere Preisklasse.

Koldo Royo, Paseo Maritimo, 3.
☎ 45 70 21
tgl. außer Samstag abend und Sonntag.
Tischreservierung ratsam.
Der spanische Meisterkoch Koldo Royo (1988 und 1989) kochte bei Staatsbesuchen. 1989 hat er sein eigenes Restaurant eröffnet. Baskische Küche mit täglich wechselnden Angeboten.
Gehobene Preisklasse.

Caballito del Mar, gegenüber der Lonja, Paseo Sagrera, 5.
☎ 72 10 74
tgl. außer Sonntag.
Im Hochsommer und an Wochenenden Reservierung erforderlich.
Im Sommer Terrassen-Service.
Frischer Fisch und Schalentiere; Spezialität u.a. „Fisch im Salz", „Gallo" (Petersfisch) mit gerösteten Zwiebelringen.
Gehobene Preisklasse.

Casa Eduardo, C/. Industria Pesquera, 4. ☎ 72 11 82
tgl. außer Sonntag und Montag
Fischrestaurant oberhalb des Fischereihafens im ersten Stock mit viel Tradition.
Mittlere Preisklasse.

Can Miquelet, Galeria Jaime III, an der Avenida Jaime III.
☎ 72 12 09
tgl. außer Samstag abend und Sonntag;

im Juli zwei Wochen geschl.
Im Stadtzentrum;
Restaurant und Tapa-Bar.
Spezialität: Croquetten von Krebsfleisch; Ziegenbraten, frischer Fisch.
Mittlere Preisklasse.

Marrakech, C/. Rossinyol, 9.
☎ 23 91 44
tgl. außer Sonntag.
Außerhalb des Zentrums in einer stillen Seitenstraße.
Marokkanisches Restaurant bester Qualität.
Raffinierte arabische Nachspeisen.
Mittlere Preisklasse.

Villario, Avda. Joan Miró, 105 in El Terreno. ☎ 28 65 50
tgl. außer Samstag mittag und Sonntag.
Im Art Deco-Stil, mit Blick auf den alten Hafen von Portopí.
Internationale Küche mit italienischem Einschlag.
In der zum Hause gehörenden Trattoria gute Küche.
Dort mittlere, sonst gehobene Preisklasse.

Rififi, Avda. Joan Miró, 186.
☎ 40 20 35
tgl. außer Dienstag, Januar geschl.
In unwirtlicher Lage sehr renommiertes und traditionsreiches Fischrestaurant. Im Sommer und an Wochenenden Tischreservierung erforderlich.
Spezialität: „Arroz de pescado", Reiseintopf mit verschiedenen Fischsorten oder Platte von gegrillten Meeresfrüchten.
Gehobene Preisklasse.

Real Club Nautico, Muelle c/n.
☎ 72 68 48
tgl. - kein Ruhetag.
Restaurant mit Tradition im „Königlichen Yachtclub" von Palma.
Direkt oberhalb des Clubs; Blick auf die Stadt.
Sehr gehobene Preisklasse.

Le Bistrot, C/. Teodoro Llorente, 4.
☎ 28 71 75
tgl. außer Sonntag, im Juli geschlossen.
Kleines, sehr feines Restaurant, das sich durch stets gleichbleibende Qualität einen Namen gemacht hat. Französische Küche bester Machart. Couscous auf Bestellung.
Mittlere bis gehobene Preisklasse.

Club Nautico Cala Gamba, im Ortsteil Cala Gamba/El Molinar, Paseo Cala Gamba, El Molinar. ☎ 26 10 45
tgl. außer Montag.
Ausgesprochenes Sommerrestaurant direkt am Wasser.
Frischer Fisch und Meeresfrüchte.
Gehobene Preisklasse.

Portixol del Molinar, Sirena, 27.
☎ 27 18 00
Gutes Fischrestaurant.
Mittlere Preisklasse.

Honoris, Ctra. Vieja de Bunyola, 76.
☎ 20 32 12
Außerhalb Palmas am Polígono Son Castelló (Industriegebiet)
tgl. außer Sonn- und Feiertag, in der Osterwoche und im August geschl.
Französische Küche. Schalentiere und Meeresfrüchte; täglich wechselndes Angebot.
Sehr gehobene Preisklasse.

Casa Callega, C/. Pueyo, 6 - gegenüber dem Justizpalast.
☎ 72 11 41
tgl. - kein Ruhetag.
Tapa-Bar im Erdgeschoß empfehlenswert; Austern, Muscheln aller Art; Spezialität: „pulpo á la gallega" - Tintenfisch auf galizische Art.
Im ersten Stock Restaurant mit galizischen Spezialitäten.
Gehobene Preisklasse.

Bahía Mediterráneo, Paseo Maritimo, 33, 5. Stock. ☎ 45 76 11
tgl. - kein Ruhetag.
Tischreservierung unerläßlich.
Im historischen „Edificio Mediterráneo" mit exquisitem Dekor. Der Blick über die Bucht von Palma ist umwerfend.
Der Service so erlesen wie das Publikum.
Schalentiere und Fisch (auch „Fisch im Salz") oder Nouvelle Cuisine.
Sehr gehobene Preisklasse. Zur Zeit „In"-Restaurant.

Xoriguer (sprich: Schorigeh), C/. Fábrica, 60. ☎ 28 83 32
tgl. außer Sonntag; im August geschl.
In einer stillen Seitenstraße außerhalb des Stadtzentrums. Mittags Reservierung ratsam.
Nouvelle Cuisine mit spanischem Einschlag, z.B. Frischer Fisch mit Fenchelsauce oder rotem Pfeffer; Gemüse-Mousse; sehr raffinierte Desserts.
Mittlere bis gehobende Preisklasse.

Es Parlament, C/. Conquistador, 11.
☎ 72 60 26
tgl. außer Sonntag.
Im Erdgeschoß des „alten" Parlamentsgebäudes.
Mittags stark besucht von Politikern und Journalisten.
Mallorquinische und internationale Küche bester Machart.
Spezialität: Paellas.
Mittlere Preisklasse.

Portopí, Avda. Joan Miró (El Terreno).
☎ 40 00 87
tgl. außer Samstag mittag und Sonntag.

Bei Mallorquinern renommiertes Fischrestaurant.
Tischreservierung ratsam.
Gehobene Preisklasse.

Es Vaixell de Don Jumilo (sprich: Waschell), C/. Vicaro Joaquin Fuster, 93.
☎ 27 62 92 in El Molinar (Stadtteil zwischen Palma und Can Pastilla)
tgl. außer Sonntag abend.
Frischer Fisch; Langusten; Eintöpfe mit Schalentieren.
Mittlere bis gehobene Preisklasse.

El Pato, im Golfclub Son Vida, Urbanisation Son Vida.
☎ 79 15 00
tgl. außer Sonntag abend und Montag.
Internationale Küche in elegantem Ambiente; ausgewähltes Publikum.
Gehobene Preisklasse.

Pont d'Inca, Ctra. Inca s/n.
☎ 60 08 80
tgl. außer Montag..
Bei Mallorquinern sehr beliebtes Restaurant.
Rustikal eingerichtet. Mehrfach ausgezeichnet.
Spanische und mallorquinische Küche.
Mittlere Preisklasse.

Palmanova

Paradis, Paseo del Mar, 13.
☎ 68 03 03
tgl. - kein Ruhetag.
Terrasse unter Pinien am Meer.
Internationale und mallorquinische Küche; z.B. Schellfisch-Topf.
Mittlere Preisklasse.

Petra

Celler Antiguo, C/. California.
☎ 56 10 56
tgl. außer Montag.
Urige Keller-Bodega mit sehr kleiner Speisekarte.
Mallorquinische Hausmannskost.
Untere Preisklasse.

Playa de Muro

Los Troncos, Ctra. Alcúdia - Artá, km 27.
☎ 54 59 43
tgl. von 1. Juli bis Ende Oktober.
Bei Urlaubern sehr beliebtes Restaurant mit Garten und Grill.
Internationale Küche.
Mittlere Preisklasse.

Playa de Palma

Rancho Picadero, C/. Flamenco, 1.
Can Pastilla, ☎ 26 10 02

tgl. geöffnet.
Mallorquinische Küche.
Spezialität: Mit Käse gefüllte Lammkeule.
Mittlere Preisklasse.

Bodega Oliver, C/. Albatros, 11, Can Pastilla,.
☎ 26 10 67
tgl. geöffnet.
Grill; Fisch und Fleisch.
Mittlere, bei Fischgerichten gehobene Preisklasse.

La Pobla

Can Pau, Plaça Mercat, 13.
☎ 54 16 27
tgl. außer Mittwoch.
Deftige, mallorquinische Küche; mittags Tagesmenü.
Untere bis mittlere Preisklasse.

Pollença

La Farina, C/. Padre Vives, 72.
☎ 53 33 40
im Sommer tgl., ab September tgl. außer Mittwoch, vom 1. Januar bis 1. März geschl.
In einer alten Getreidemühle, sehr geschmackvoll eingerichtet. Nouvelle Cuisine.
Gehobene Preisklasse.

Daus, Calvario, 10 (an den Treppen zum Kalvarienberg).
☎ 53 28 67
tgl. außer Dienstag; Januar geschl.
Geschmackvoll eingerichtet, gelegentlich Gemäldeausstellungen.
Mallorquinische und katalanische Küche.
Gehobene Preisklasse.

Port d'Alcúdia

Los Patos, an der Straße Richtung Muro, km 2,5. ☎ 54 69 71
tgl. außer Dienstag.
Kinderspielplatz.
Mallorquinische Küche; Spezialität: Ente.
Stets gleichbleibende Qualität.
Mittlere Preisklasse.

Miramar, C/. Vicealmirante Moreno, 4.
☎ 54 52 93
tgl. - kein Ruhetag, vom 1. Dez. bis 15. Jan. geschl.
Vielfach ausgezeichnet.
Frischer Fisch und Schalentiere.
Gehobene Preisklasse

Port d'Andratx

Hotel Villa Italia, Camino San Carlos, 9.
☎ 67 40 11
tgl. - kein Ruhetag.

Tischreservierung vor allem abends erforderlich.
Exquisites Restaurant mit üppigem Dekor. Einladende Terrasse mit Blick über den Hafen.
Internationale Küche vom Allerfeinsten. (Schweizer Koch).
Sehr gehobene Preisklasse.

Rocamar, C/. Almirante Riera Alemany s/n. ☎ 67 12 61
tgl. außer Montag; vom 1. Dez. bis 15. Jan. geschl.
Exquisites Fischrestaurant mit Blick über die Bucht von Andratx.
Im Sommer und an Wochenenden Tischreservierung.
Gehobene Preisklasse.

Layn, Almirante Riera Alemany, 21.
☎ 67 18 55.
Mittags und abends, Dienstags geschl.
Mallorquinische und internat. Küche.
Schöner Innenhof.
Tischreservierung ratsam.
Mittlere Preisklasse.

(weitere Restaurants unter Andratx)

Port de Pollença

Los Faroles, Paseo Sarralegui, 46.
☎ 53 18 63
tgl. außer Montag.
Frischer Fisch und Schalentiere.
Terrasse mit Blick über die Bucht.
Gehobene Preisklasse.

Club Nautico - Llonja de Pescado, Muelle Viejo s/n. ☎ 53 10 10
tgl., im Winter tgl. außer Dienstag.
Blick über den Hafen.
An Wochenenden abends Tischreservierung erforderlich.
Frischer Fisch und Schalentiere.
Gehobene Preisklasse.

El Cano, C/. El Cano, 40. ☎ 53 10 27
tgl. außer Sonntag; im Winter einen Monat geschl.
Internationale Küche mit Schweizer Einschlag; z.B. Zürcher Geschnetzeltes mit handgemachten Rösti; Fondues.
Mittlere bis gehobene Preisklasse.

Port de Sóller

Es Canyis, Platja den Repic, s/n.
☎ 63 14 06
tgl. außer Montag von März bis Oktober.
Erlesene mallorquinische Küche mit traditionellen Gerichten.
Spezialität u.a. mit Kaisergranat (cigalas) gefüllte Paprikaschoten.
Mittlere Preisklasse.

Portals Nous

Tristan, Puerto Portals.
☎ 67 55 47
Sommer: tgl. abends; Winter: tgl. außer Montag; mittags und abends
15. Nov. bis 15. Dez. geschl.
Das absolute Spitzenrestaurant der Insel unter der Leitung von Heinz Winkler (Tantris, München).
Nouvelle Cuisine allerbester Machart.
Viel Prominenz.
Tischereservierung unbedingt notwendig.
Spitzenpreise (Menue 130 DM).

Karins Steakhouse, Puerto Portals.
☎ 67 69 81, Mittwoch Ruhetag.
Fleisch und Fisch vom Grill.
Mittlere Preisklasse.

Portals Vells

Can Pau Perdiueta, Portals Vells s/n.
kein Telefon.
tgl. außer Sonntag und Montag mittag.
Mallorquinische Küche.
Mittlere Preisklasse.

Portocolom

El Bosque, an der Straße Felanitx - Porto Colom (Kreuzung)
☎ 83 70 09
Ambiente einer Burg. Garten mit alten Pinien.
Mallorquinische Spezialitäten. Fisch in allen Varianten.
Mittlere Preisklasse.

Celler Sa Sinia, C/. Pescadores s/n., direkt am Hafen. ☎ 575323.
tgl. außer Montag, Dezember und Januar geschl.
Frischer Fisch und Schalentiere in reicher Auswahl.
Mittlere Preisklasse.

Portocristo

C'an Martina, Passeig des Port, 56
☎ 65 75 17
tgl.
Gute Fischgerichte, direkt am Hafen.
Mittlere Preisklasse.

Can Pep Noguera, Straße Portocolom-Portocristo, km 4.
☎ 82 15 36
tgl. außer Dienstag.
Mallorquinische Küche vom Besten.
Mittlere Preisklasse.

Los Almendros, an der Straße nach Cala Murada.
☎ 57 30 11

Durchgehend geöffnet, kein Ruhetag.
Fischspezialitäten, Muscheln.
Mittlere Preisklasse.

Can Gusti, im Ortsteil Es Pinagar.
☎ 57 33 46
Im Sommer kein Ruhetag.
Einfache Kneipe, dafür relativ teuer.
Gute Suppengerichte (Boullabaise).

Randa

Celler Randa, C/. Iglesia, 20.
☎ 66 09 89
tgl. außer Mittwoch.
Mallorquinische Hausmannskost.
Sehr liebenswerter Service.
Untere Preisklasse.

Sant Elm

Arlequin, Strandstraße, kein Telefon.
tgl. außer Montag, im Winter vom 15. Okt. bis vor Ostern geschl.
Fischgerichte in bevorzugter Lage direkt am Strand.
Mittlere Preisklasse.

Santa Eugénia

Ses Olleries, Ctra. Vieja de Sineu.
☎ 62 09 76
tgl. außer Dienstag.
Skuril eingerichtet und dekoriert; verwunschener Garten.
Mallorquinische und internationale Küche.
Mittlere Preisklasse.

Santa Ponça

El Ceibo, C/. Ramon Montcada, Edificio Xaloc. ☎ 69 29 20
tgl. nur abends.
Südamerikanisches Grillrestaurant mit ordentlichen Steaks.
Mittlere Preisklasse.

Reno, C/. Puig des Teix, 8.
☎ 69 20 75
tgl. außer Samstag; 1. Dez. bis 1. Jan. geschl.
Gute Fleischgerichte, z.B. Spanferkel aus Segovia, großes Saucen-Sortiment, frischer Fisch nach Angebot.
Mittlere bis gehobene Preisklasse.

Sineu

Celler Sa Font, Plaça Espanya.
☎ 52 03 13
tgl. außer Mittwoch abends und Donnerstag.
Mallorquinische Küche vom Besten.
Untere Preisklasse.

Son Servera

S'Hera de Pula, Ctra. Capdepera, km 4.
☎ 56 79 40
tgl. außer Montag, von Jan. bis März geschl.
In einem alten Landhaus.
Gilt als das beste Restaurant im weiten Umkreis.
Fisch- und Fleischgerichte.
Gehobene Preisklasse.

Sóller

El Guia, C/. Castaner, 1. ☎ 63 02 27
tgl. außer Montag im Winter, im Sommer tgl.
Im Bahnhof von Sóller.
Traditionsreiches Restaurant; mallorquinische Hausmannskost.
Untere bis mittlere Preisklasse.

Valldemossa

Vistamar, Ctra. Banyalbufar, km 2.
☎ 61 23 00
tgl.; im November geschl.
Tischreservierung ratsam.
In einem alten Herrenhaus.
Internationale Küche á la Nouvelle Cuisine.
Rückt immer mehr in das absolute Spitzensegment der mallorquinischen Restaurants.
Gehobene Preisklasse.

Son Marroig (sprich: Marrotsch), neben dem Herrensitz Son Marroig.
☎ 63 90 26
tgl. außer Donnerstag.
Hoch über der Na Foradada mit atemberaubendem Blick.
Mallorquinische Küche und Grill; gute Paella (ab zwei Personen).
Mittlere Preisklasse.

Son Moragues, Avda. Son Moragues.
☎ 61 22 22, Samstag Ruhetag.
Mall. Küche.
Untere bis mittlere Preisklasse.

Can Costa, Ctra. de Deiá, km 2,5 (gegenüber der Auffahrt zur Ermita El Ermitans). ☎ 61 22 63
tgl. außer Dienstag.
In einer alten Ölmühle, urig.
Gute mallorquinische Küche.
Mittlere Preisklasse.

Das El Pilon (Calle de Cifre) ist Palmas bekannteste Tapa-Bar. Der Gast kann auswählen oder sich eine Variation zusammenstellen lassen.

IN DER TAPA-BAR

Für den kleinen Hunger zwischendurch

Spanier finden es ziemlich ungebührlich, in Kneipen zu stehen und sich ein paar Gläser hinter die Binde zu gießen. Wein und Bier, finden sie, trinkt man eigentlich nur zum Essen. Also geht man in ein Lokal nicht zum trinken, sondern um zu essen.

Unter diesem netten Vorwand wurden die Tapas erfunden. Tapa heißt auf deutsch: Deckel. Ein Spanier, der gern ein Glas trinken möchte, bestellt das Getränk und ein paar Tapas. Der Wirt serviert das Glas und die Appetithappen gleichzeitig. Damit dokumentiert der Gast für sich und die anderen: man ist eigentlich gekommen, um zu speisen …

Jede bessere Dorfkneipe bietet Tapas an, und in den Städten gibt es überall regelrechte Tapa-Restaurants. Angeboten werden kleine Frikadellen oder eingelegte Tintenfische, gefüllte Oliven und geschmorte Nierchen, marinierte Muscheln und geschmorte Paprikaschoten. Es gibt Tapas warm und kalt. Am besten bestellt man, um sie einmal zu probieren, eine kleine Auswahl („tapas variades"). Sie wird mit Weißbrot serviert. Wegen des Olivenöls ersetzt sie durchaus eine kleine Mahlzeit. Natürlich gibt es hier in der Regel auch die typische mallorquinische Wurst Sobrasadà: eine Art Salami, die mit Paprika mehr oder weniger scharf gewürzt wird. Die Blutwurst Butifarró ist noch deftiger.

Ebenfalls typisch für die mallorquinische Gastronomie sind Cellers: rustikale Kellerlokale, in denen sehr preiswert deftige mallorquinische Hausmannskost angeboten wird. Gefährlich für Leute mit empfindlichem Magen. Man wird ein bißchen ans Hofbräuhaus erinnert - allerdings wird hier erwartet, daß man zumindest ein Tellergericht bestellt. Das bekannteste einschlägige Lokal ist der Celler Sa Premsa mitten in Palma (→ Seite 156).

159

FRISCHE FISCHE

Ein guter Fang wird an Land gebracht

Klarer Fall: Wenn man auf einer Insel ist, wird man so oft wie möglich Fisch essen. Wo kriegt man ihn frischer?

Mallorcas Fischer fahren täglich raus aufs Meer. Aber in der Hochsaison reichen ihre Fänge bei weitem nicht aus, die Kunden zu versorgen. So wird viel frischer Fisch aus anderen Fischgründen rund um Spanien angeliefert. Und manche Languste oder mancher Scampi kommt auch aus dem Nordmeer oder Südostasien.

Neuerdings gibt es auf Mallorca Fischzuchtanstalten. Gute Erfolge verbuchen Unternehmen in Alcúdia und Port d'Andratx. Übrigens, für Spanier ist der Lachs ein ganz besonders edler Fisch. Allerdings gibt es ihn nirgendwo im Lande - er wird aus Nordeuropa importiert.

Diese Fische werden in Mallorcas Lokalen am häufigsten angeboten:

Sardina - Sardine: Kleiner bis kleinster Fisch, der auf Mallorca immer gegrillt oder fritiert serviert wird. Fast nur in kleinen Kneipen zu bekommen.

Caballa - Makrele: Niemals geräuchert, immer gegrillt. Portionsfisch für zwei Personen.

Lenguado - Seezunge: Wenn frisch, dann aus Fischzuchten. Im allgemeinen aber tiefgefroren. Zubereitung gebraten, „Müllerin Art" oder mit Mandelsauce (salsa rica).

Gallo - Petersfisch: Sieht einer Scholle ähnlich. Zubereitung gekocht mit Salzkartoffeln oder auf „andalusische Art": fritiert mit ebenfalls fritierten Zwiebelringen.

Lubina/Róbalo - Wolfsbarsch: Auf Speisekarten häufig als Seewolf bezeichnet. Oft als „Fisch im Salz" (mit panzerartiger Salzkruste) zubereitet oder gegrillt. Für zwei bis vier Personen pro Exemplar. Das gleiche gilt für **Dorada** (Goldbrasse) und **Besugo** (Meerbrasse).

Mero - Brauner Zackenbarsch: Sehr großer Fisch, meist in Scheiben gegrillt mit einer Sauce aus Öl, Petersilie und Knoblauch.

Merluza - Seehecht: Gleiche Zubereitung wie Mero. Kleinere Exemplare gibt es als Portionsfisch.

Sirviola (keine deutsche Bezeichnung): Ein häufig auf den Speisekarten zu findender Portionsfisch, in Scheiben oder ganz oft mit „salsa mallorquina" (Tomaten-Paprika-Sauce) serviert.

Emperador - Schwertfisch: Sehr großer Fisch, wird immer in Scheiben gegrillt, mit einer Öl-Petersilie-Knoblauch-Sauce serviert.

Rape - Seeteufel: Wird in sehr unterschiedlichen Größen (20 cm bis 1 m Länge) angeboten. Kopf für Fischsuppen verwendbar. Der Schwanz (cola de rape) hat sehr feines, weißes Fleisch, am besten ohne Sauce gegrillt oder gekocht.

Sepia, calamar, pulpo - Tintenfisch: Wird auf unterschiedliche Weise zubereitet. Sepia im eigenen schwarzen Saft (en su tinta). Calamar gegrillt (a la plancha) oder fritiert (a la romana); entweder ganz oder in Ringen. Pulpo, meist gekocht (a la gallega). Oft werden auch die Fangarme in Scheiben geschnitten und mit scharfem Paprika zubereitet.

Mallorca – Insel mit vielen Gesichtern

Wir wissen, wo sich Mallorca von seinen besten Seiten zeigt, kennen die schönsten Fleckchen für Badeferien, sagen Ihnen, wo Familien besonders gut aufgehoben sind und bieten Ihnen hohe Kinderermäßigungen – häufig sogar für zwei Kinder – auch in den Ferienzeiten.

Für Freunde rustikaler Ferien haben wir den Urlaub in dörflicher Umgebung, Tatendurstige können mit uns auf Entdeckungsreise über die Insel gehen und dabei viele der unbekannten Plätze Mallorcas erleben.

Urlaub mit viel Animation und Spaß? Natürlich auch auf Mallorca. Mit JAHN REISEN z. B. in den PRINSOTELS in Cala Ratjada und an der Cala Millor.

Sport-Mallorca. Bade-Mallorca. Erlebnis-Mallorca oder alles zusammen – Mallorca ist für viele Urlaubswünsche die richtige Entscheidung.

Apropos Urlaubswünsche. Damit Ihre Mallorca-Pläne keine Träume bleiben, haben wir die Preise ausgesprochen klein gehalten.

Das große Mallorca-Angebot, von Kennern und Liebhabern dieser schönen Balearen-Insel für Sie ausgewählt, finden Sie im großen SPANIEN-Katalog von JAHN REISEN – in jedem guten Reisebüro.

JAHN REISEN

EIN **LTU** UNTERNEHMEN

MIT DEM AUTO UNTER-WEGS

GRIT BOETTCHER GIBT TIPS

Zwei Jahre lang habe ich auf Mallorca gedreht. Ich hatte einen Wagen zur Verfügung - das Cabrio, das Sie auch im Fernsehen sehen. An den Wochenenden und drehfreien Tagen bin ich unterwegs gewesen – immer von Palma aus. Die beschriebenen Routen gefielen mir am besten. Aber es gibt viele Alternativen. Versuchen Sie auch mal eine Strecke auf eigene Faust. Mallorca ist übersichtlich, Sie finden immer zurück. Und vorne im Buch eine Landkarte.

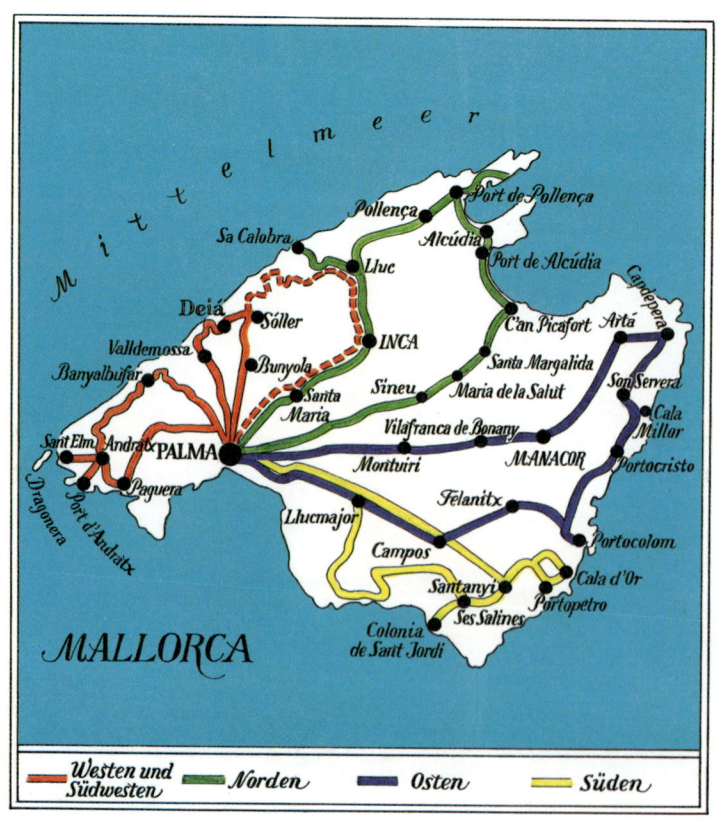

TIEFER SÜDEN

LLUCMAJOR - COLONIA DE SANT JORDI - SANTA-NYI - CALA D'OR - CAMPOS

Kaum hat man die letzten Hotels des quirligen Touristenzentrums L'Arenal hinter sich gelassen, taucht man ein in die tiefe Stille der Macchia. Pinien, Mastix und Ginster säumen die 12 Kilometer entlang der Landstraße nach Lluc-major.

Zum Wochenmarkt am Freitag kommen Händler und Besucher aus der ganzen Region. Dann ist meist auch die Pfarrkirche San Miguel geöffnet. Wieder 12 Kilometer weiter, diesmal schnurgerade südwärts, taucht hinter Mandel- und Aprikosenkulturen die Ausgrabungsstätte von Capicorb Vell auf, Mallorcas besterhaltene Siedlung aus der Bronzezeit. Die Eintrittskarten zu den Talayots (→ S. 40) holt man sich in der Finca gegenüber.

Den romantischen Ausflug zur Cala Pi dürfen Sie nicht versäumen: Eine enge, etwa 1.500 Meter lange Schlucht mündet in einen schmalen Sandstrand - ein traumhaftes Plätzchen nicht nur für Verliebte. Durch die hübschen Villensiedlungen Cala Pi und Valgornera erreichen Sie über eine neue Straße die Querverbindung nach Colonia de Sant Jordi. Es bietet sich ein Zwischenstopp bei Mallorcas einzigen Thermalbädern an. Ein zum Kurhotel umgebautes Herrenhaus mit einer 38 Grad warmen Quelle (Baños de San Juan).

Zwei Kilometer weiter zweigt ein schmaler Fahrweg ab, der durch die weite Salinenlandschaft zum längsten unverbauten Sandstrand der Insel führt, nach Es Trenc. Die Badehose ist hier überflüssig.

Von Colonia de Sant Jordi geht's weiter über Ses Salines (mit Europas größtem botanischem Garten Botanicactus (→ S. 172). An der nächsten Abzweigung dann die Frage: Lohnt sich der 20 Kilometer lange Umweg zum Leuchtturm am Cap de Ses Salines? Sparen Sie sich lieber die Enttäuschung, nach einer Fahrt durch militärisches Sperrgebiet vor einem geschlossenen Tor zu stehen. Also lieber gleich weiter nach Santanyi! Die größte Stadt des Südens liegt mit ihren gelben Sandsteinhäusern stimmungsvoll in der Morgen- und Abendsonne. Einige malerische Buchten in der unmittelbaren Umgebung sind relativ still geblieben, etwa Cala Llombarts, Cala Figuera mit seinem fjordartigen Hafen oder Cala Santanyi (ein Waldweg führt zu einer hohen Klippe, man blickt auf die von der Brandung umspülte Naturbrücke Es Pontas; sehr eindrucksvoll).

Mondän, ganz im weißen Ibiza-Look, gibt sich der Badeort Cala d'Or. Wandern Sie hoch zum alten Fort, von der Felsspitze aus liegt Ihnen die ganze „Goldbucht" zu Füßen. Beim Rückweg über Campos sollten Sie ruhig ein paar Haken schlagen, zum Beispiel nach Alqueria Blanca (vier Kilometer nordöstlich von Santanyi) mit dem Bergheiligtum Sanuario de la Consolación oder zum Klosterberg Randa (bei Llucmajor).

Als habe es nie einen Touristen gegeben: Eine Bauernfamilie in Santanyi hat Mandeln geerntet.

HOHER NORDEN

INCA - LLUC - LA CALOBRA - POLLENÇA - FORMENTOR - ALCUDIA - SINEU

Der beste Ausgangspunkt für eine Entdeckungsreise in den wildromantischen Norden ist Inca, Mallorcas drittgrößte Stadt und Zentrum der Lederwaren-Industrie. Im Ort beginnt die Bergstraße über Selva, die sich bis Caimari von ihrer harmlosen Seite zeigt. Dann aber steigt sie steil und kurvenreich an. Legen Sie beim Aussichtspunkt „Salto de la Bella Donna" eine Pause ein. Einmal, um den Blick zu genießen; zum anderen, um jener schauerlichen Legende zu gedenken, wonach an dieser Stelle ein Bauer seine schöne Frau in die Tiefe stürzte - sie aber zu seinem Entsetzen wenig später in der fünf Kilometer entfernten Klosterkirche von Lluc beim Beten vorfand.

Das „Monasteria de Lluc" ist die bedeutendste Wallfahrtsstätte der Insel, Zentrum der Marienverehrung. Ein Ort der Stille und der Einkehr. Pilger scheinen willkommener als Touristen. Aber auch sie sind schnell berührt von der andächtigen Atmosphäre in der düsteren Kirche. Das angeschlossene Internat beherbergt eine Musik- und Gesangschule für Jungen, die Sie manchmal singen hören können.

Nachdem Sie Kloster und Kirche besichtigt haben, sollten Sie sich auf jeden Fall Zeit nehmen für den kurzen Kreuzweg hinauf zum Kalvarienberg. Ums Kloster herum beginnen eine ganze Reihe markierter Wanderwege (Karte im Souvenir-Shop). Einer der schönsten führt zum 1348 Meter hohen Gipfel des Massanella. Mallorcas zweithöchster Berg ist nicht allzu schwierig zu bezwingen - bis zum Gipfel braucht man allerdings gute drei Stunden.

Vom Kloster aus fahren Sie zurück auf die Hauptstraße C-710. Sie werden es nicht bereuen, wenn Sie neun Kilometer in Richtung Sóller fahren und dann den Abzweig nach Calobra nehmen. Bis La Calobra, wo der wilde Torrent de Pareis malerisch ins Meer mündet, schraubt sich die Straße auf 14 Kilometern achthundert Meter in die Tiefe. Manche Kenner halten diese Strecke für die verwegenste Paßstraße Europas. Unvergleichlich eindrucksvoll und abenteuerlich ist sie auf jeden Fall, schon wegen der bizarren Felsformationen, der jähen Abstürze zum Meer hin, der schwindelerregenden Kurven. Die berüchtigtste Kehre ist der „Nus de Sa Corbata", der „Krawattenknoten". An dieser Stelle überschneidet sich die Straße atemberaubend. Eine Meisterleistung alpiner Straßenbaukunst.

Beim Schild „Torrent de Pareis" können Sie parken und einen Spaziergang machen. Mitten durch den mächtigen Felsblock führt ein Fußgängertunnel, nach links geht's hinunter zum kleinen Strand, ein Stück weiter passieren Sie einen zweiten Felsen, der am Mündungssee des Torrent de Pareis endet. Über vier Kilometer fließt er durch eine enge Schlucht von einzigartiger Schönheit.

Sie müssen danach zurück zur C-710. Auf der rechten Seite sehen Sie den Puig Mayor, Mallorcas höchsten Berg. Sein Gipfel ist unzugänglich - militärisches Sperrgebiet. Biegen Sie links ab und fahren Sie zunächst ein paar Kilometer. Sie führen wie die folgenden 26 Kilometer durch eine bizarre felsige Mondlandschaft - ehe Sie die alte Römerbrücke in Pollença erreichen. Der Ort ist ein nobles Städtchen. Wenn Sie die 365 Stufen von der Plaça Major auf den Kalvarienberg hochsteigen, haben Sie einen eindrucksvollen Blick auf die Stadt und den fünf Kilometer entfernten Hafen Port de Pollença.

Dort beginnt auch schon die nächste Traumstraße der Insel. Denn wer wird sich wohl das berühmte Cap Formentor entgehen lassen wollen? Am Mirador Mal Pas haben Sie die schlimmsten Kurven der steilen Bergstraße überstanden und die schönste Aussicht. Ein Stück weiter zweigt in der verschwiegenen Cala Pí ein Weg zum Luxushotel Formentor ab - eine Legende für sich. Bereits in den 30er Jahren gab sich die High Society ein Stelldichein. Bis heute ist die vom Touristenstrom weit abgeschiedene Herberge ein Refugium der Großen und Reichen dieser Welt geblieben.

Wenn Sie vom Hotel zurückfahren, biegt rechts ein Weg zum Cap Formentor ab, der äußersten Nordspitze Mallorcas. Die Autostraße führt durch dichten Pinienwald stetig aufwärts zum Tunnel des Fumat. Der Aufstieg zum 335 Meter hohen Gipfel ist nur etwas für unerschrockene Kletterer.

An schönen Tagen ist vom Leuchtturm aus die Schwesterinsel Menorca deutlich zu sehen. Oft aber liegt Nebel über Mallorcas urwüchsigem Ende, eine Stimmung voller Melancholie, die Sie auf dem Rückweg über Port de Pollença nach Alcúdia sicher noch begleiten wird. Manch' wehmütiger Abschiedsblick geht hinüber zum Cap Formentor und zur Halbinsel - wie still und leer war es doch dort ...

Von Alcúdia bietet sich Ihnen der direkte Rückweg nach Palma an. Wenn Sie Zeit haben und noch ein bißchen mehr von Mallorcas Norden sehen wollen, fahren Sie zunächst die Küstenstraße bis zum Ferienort Can Picafort entlang, mitten durch das große Sumpfgebiet Albufera und entlang eines langen Sandstrandes. Leider wird der Blick aufs Meer oft durch Hotels und Siedlungen verstellt. Ein reizvoller Abschluß Ihrer Tour ist dagegen die anschließende Strecke über Sineu nach Palma. (Bei Can Picafort Richtung Santa Margarita abbiegen.) Sie fahren durch fruchtbares Bauernland, Mallorcas „Vorratskammer", mit Hunderten von Windmühlen. Auf halber Strecke kommen Sie durch Sineu und nehmen sich vielleicht vor, an einem Mittwochvormittag hierhin zurückzukehren - zum größten Bauernmarkt der Insel.

Zwölf Kilometer lang ist die Halbinsel ▷
Formentor im äußersten
Norden der Insel - und fast unbebaut.

WILDER WESTEN

VALLDEMOSSA - DEIÁ - SÓLLER - ALFABIA

ODER: LLUC - INCA

Die „wilde Küste" mit ihren steilen Felswänden, zahlreichen Buchten und grünen Terrassen ist die reizvollste Region Mallorcas. Kein Wunder, daß hier, vorwiegend um das Dorf Deiá, der größte Teil der Fernsehserie HOTEL PARADIES entstand. Die Landschaft wird Sie dermaßen gefangen nehmen, daß Sie zwei gesonderte Tagesetappen einplanen sollten.

Bereisen Sie den mittleren Küstenabschnitt (Valldemossa, Sóller und das nördlich anschließende Gebirge) an einem Tag und wenden Sie sich ein andermal über Banyalbufar und Port d'Andratx gen Süden. Beide Routen sind hier getrennt beschrieben. Falls Sie nicht genügend Zeit haben, notieren Sie sich einfach die wichtigsten Punkte und variieren die Rundfahrt. Die Karte auf den inneren Umschlagseiten wird Ihnen helfen.

Zuerst also nach Valldemossa! Von Palma aus gibt es eine gute Straße. In einer halben Stunde sind Sie an der berühmten Kartause. Allein werden Sie nicht sein; immerhin ist Valldemossa eine der Hauptattraktionen der Insel. Vor allem durch den Besuch des Komponisten Frédéric Chopin und seiner Gefährtin George Sand (→ Seite 110).

Ein Spaziergang durch Valldemossa mit seinen hübschen Wohnhäusern aus dem 16. und 17. Jahrhundert ist sehr reizvoll. An vielen Häusern hängen buntbemalte Kacheln. Sie zeigen Szenen aus dem Leben der einzigen Insel-Heiligen Catalina Tomás, die 1531 im Dorf geboren wurde.

Bevor Sie nach Deiá weiterfahren, lohnt sich der Abstecher über eine steile kurvige Straße hinunter zum kleinen Hafen Port de Valldemossa. (Sie müssen dazu an der Kreuzung hinter Valldemossa zunächst ein Stück Richtung Andratx fahren). Wenn Sie Lust zu einer kleinen Wanderung haben: Spazieren Sie von Port de Valldemossa zum Herrenhaus S'Estaca. Sie sehen es auf dem Buchumschlag. Wie Sie hinkommen beschreibt Herbert Heinrich auf Seite 194.

Wieder zurück auf der Straße nach Deiá, passieren Sie auf halbem Weg das Herrenhaus Son Marroig (→ Seite 116). Die einstige Residenz Ludwig Salvators ist ein interessantes Museum. Von der herrlichen Terrasse haben Sie einen großartigen Blick auf die Küste.

Die Straße nach Deiá ist kurvig, aber hinter jeder Biegung tut sich ein neues atemberaubendes Bild auf. Fast das erste Haus im Dorf ist das Fernsehhotel Es Moli. (Zutritt nur für Gäste.) Nehmen Sie die erstbeste Parkmöglichkeit. Es gibt keinen Großparkplatz in Deiá - Gott und dem Bürgermeister sei Dank. Ob Sie von der Atmosphäre Deiás (→ Seite 28) gefangen werden, liegt an Ihnen. Viel Rummel können Sie nicht erwarten, aber einen beschaulichen, interessanten Spaziergang zur Kirche oder zur Bucht.

Kurvenreich geht es weiter nach Sóller. Kurz hinter Deiá zweigt links ein kleiner Weg nach Llucalcari ab, dem kleinsten aber meistfotografierten Dorf der Insel (17 Einwohner).

Das Tal um Sóller erscheint wie ein blühender Garten; geschützt von den umliegenden Bergen gedeihen Orangen, Feigen, Mandelbäume. Besuchen Sie unbedingt auch den hübschen Hafen Port de Sóller.

Fast noch ein Geheimtip ist das Bergdorf Fornalutx (ab Sóller über eine schmale Straße oder über die C-710 Richtung Pollença). Viele halten die altertümliche Siedlung, umgeben von Olivenhainen, für den schönsten Ort Mallorcas. Für Autotouristen ist es außerdem der Ort der Entscheidung: Zurückfahren nach Palma oder weiter auf reizvoller Paßstraße quer durchs Gebirge, was einen großen Umweg über Inca bedeutet?

Ersteres kann wegen der vielen Kurven über den 550 Meter hohen Coll de Sóller auch seine Zeit dauern (in einigen Jahren wird es einen Tunnel geben). Bei den Alfabia-Gärten (→ Seite 175) könnten Sie noch eine Rast einplanen.

Die Serpentinenstraße von Sóller Richtung Pollença ist gut ausgebaut und bringt Sie höher und höher in die majestätische Bergwelt der Sierra de Torrellas. Sie kommen am Cúber-Stausee vorbei, der Palma mit Wasser versorgen soll. Links schauen Sie auf Mallorcas höchsten Berg, den Puig Mayor - zu erkennen am Radargerät auf der Spitze. Kurz nachdem Sie an einem zweiten Stausee (Gorg-Blau) vorbeigekommen sind, zweigt links die Straße nach La Calobra und dem Torrent de Pareis ab. Dazu ist auf der Vorseite (Hoher Norden) was gesagt; ebenso wie zum benachbarten Kloster Lluc. Wenn Sie beides ansteuern, wird der Tag zur Neige gehen. Biegen Sie ab nach Inca. In endlosen Serpentinen schrauben Sie sich durch Olivenhaine in die Ebene hinab. Es wäre schön, wenn Sie noch Zeit und Lust hätten, das hübsche Städtchen Inca zu durchbummeln, ehe es auf einer (fast) schnurgeraden Straße Richtung Palma geht.

DER SÜDWESTEN

PALMA - BANYALBUFAR - ANDRATX - PUIGPUNYENT

Eine Tour durch die kurvenreiche Bergwelt im Südwesten. Von Palma aus folgen Sie den Schildern nach Establiments und Esporles. Rechts und links des Weges liegen mehrere Landgüter, die typisch für diese fruchtbare Region sind.

Hinter Esporles, an der Kreuzung, das Landgut La Granja (→ Seite 174). Fahren Sie danach ein Stück Richtung Sóller, bevor Sie nach einem Kilometer links nach Banyalbufar abbiegen, auf Mallorcas Traumstraße C-710.

Nirgendwo sonst auf der Insel zeigt sich die Kunst arabischer Landschaftsgestalter so deutlich wie in Banyalbufar. Großzügig angelegte Terrassen staffeln sich vom Ort bis

Das Bergdorf Deiá hat sich seine Beschaulichkeit bewahrt. Man kann und sollte es nur behutsam und zu Fuß kennenlernen.

zum Meer hinunter. Das komplizierte, immerhin tausend Jahre alte Bewässerungssystem tut im Prinzip noch heute seinen Dienst.

Auf der weiteren Strecke nach Estellencs werden Sie nach drei Kilometern anhalten beim Aussichtsturm „Mirador de Ses Animes". Wenn am Nachmittag die Sonne über die Hochebene des Esclop-Massivs wandert, können Sie ein grandioses Naturschauspiel miterleben. Im Gegenlicht fallen die Schatten der Vorgebirge effektvoll aufs tiefblaue Wasser. Beugt man sich vor, sieht man die ins Meer herabstürzenden Felswände in mattgoldenem Glanz.

Natur pur auch bei einem Abstecher nach Sant Elm. Kurz vor Andratx zweigt die Straße nach rechts ab. Von Sant Elm (oft noch San Telmo genannt) haben Sie einen wunderbaren Blick auf die vorgelagerte und unbewohnte Insel Dragonera.

Sie müssen die Straße zurückfahren. In S'Arracó gibt es einen Abzweig nach Port d'Andratx, Lassen Sie beim Kaffee in einem der Hafenrestaurants die Seele baumeln. In dem romantischen Fischerort mit mehreren Nobelrestaurants wurde viel für die Serie gedreht. Hier hat Prinz Charles bei seinem Urlaub mit Lady Di im Jahre 1988 oft an der Malstaffel gesessen.

Wenn Sie sich die Beine vertreten wollen: Spazieren Sie an der Villa Italia (Drehort) vorbei zur Mola. Der Blick auf die Küste und zur Insel Dragonera wird von Meter zu Meter eindrucksvoller. Bis zum Endpunkt (Leuchtturm) gehen Sie eine knappe halbe Stunde.

Sie können danach über Paguera und die Autobahn in einem Rutsch nach Palma zurückfahren. Wenn es Ihr Zeitplan erlaubt, sollten Sie aber lieber in Paguera links in Richtung Capdella abbiegen. Folgen Sie dem etwas verwinkelten Straßenverlauf in Richtung Puigpunyent. Von jetzt an haben Sie einen gigantischen Blick von den Hängen des Gebirges in die Ebene hinab, auf Palma und das Meer. Vor allem vom Bergdorf Galilea aus.

In Puigpunyent zweigt rechts die Route über Establiments nach Palma ab. Sie folgt dem Wildwasserlauf Riera, an dessen Mündung einst Palma gegründet wurde.

167

WEITER OSTEN

VILLAFRANCA - MANACOR - ARTÁ - CALA RAT-
JADA - PORTOCRISTO - PORTOCOLOM - FELA-
NITX - VILLAFRANCA

Wer die ganze Insel kennt, wird ihren nordöstlichen Teil vielleicht für weniger attraktiv halten als andere, auf den ersten Blick weitaus reizvoller erscheinende Landschaften. Dennoch sind entlang der Küste ein paar Kleinode versteckt, die Ihre mallorquinische Entdeckungsreise bereichern werden. Wenn Sie meiner Route folgen und von Palma aus starten, empfehle ich Ihnen: Fahren Sie bis Manacor zügig durch, oder schauen Sie sich zwischendurch allenfalls beim Bauerndorf Villafranca die unerwartet riesige, der Hl. Barbara geweihte Kirche an.

Manacor, mit 25.000 Einwohnern zweitgrößte Inselstadt, nennt sich „Metropole der Perlen". Tatsächlich ist die Perlenfabrik Orchidea Hauptanziehungspunkt für Touristen. Richtung Artá klettert die Straße langsam bergan, führt durch saftig-grüne Hügellandschaft.

Capdepera ist nach knapp 8 Kilometern auf einer neuen Straße schnell erreicht. Wer das mächtige Castillo, Mallorcas größte und besterhaltene Befestigungsanlage, besteigen will, muß einen steilen Treppenweg nehmen, der an der Plaça d'España beginnt.

Die Hotelstadt Cala Ratjada ist nicht unbedingt ein romantisches Ausflugsziel. Ursprünglich ist es aber noch am Fischerhafen und am Cap de Pera. Dorthin führt ein Kletterweg durch Pinienwald.

Von nun an geht es gen Süden; reichlich Abstecher inclusive. Der erste führt zum „Torre de Canyamel". Wie ein Klotz steht der Wach- und Zufluchtsturm aus dem 14. Jahrhundert in der Gartenlandschaft. Von hier ist es nur noch ein Katzensprung zu Mallorcas größten bisher entdeckten Tropfsteinhöhlen, den Cuevas de Artá. (→ Seite 176).

Wie wär's jetzt mit einem Sonnenbad am feinsandigen Strand von Canyamel? Vor Ihnen liegt auf der Weiterfahrt nach Son Servera eine kurvenreiche Straße, bevor Sie nach Cala Millor abbiegen. Ob Sie das tun, ist Geschmacksache. Der Ferienort ist belebt, aber nicht unbedingt reizvoll. Was den Abstecher lohnen machen könnte, ist einmal der Safaripark „Reserva Africana": Das 40 Hektar große Gelände kann per Auto durchfah-

Strand bei Cala Ratjada. Auch nahe dem Urlaubszentrum im Osten findet man stille Buchten.

ren werden; Zebras, Antilopen und Strauße laufen frei umher (→ Seite 171). Zum anderen wecken ein paar wunderhübsche sandige Buchten Appetit auf einen Sprung ins Meer. Sa Coma und Cala Moreya sind am schönsten. Man erreicht sie auf Stichstraßen.

Portocristo ist ein lebhafter Ferienort mit schattigen Alleen und Straßenrestaurants. Viele Besucher kommen per Bus zu den „Drachenhöhlen". Die liegen einen halben Kilometer südlich des Hafens. Ich rate Ihnen zu einem Besuch, denn in den Cuevas del Drach erschließt sich eine Märchenwelt aus bizarren Tropfsteingebilden und funkelnden unterirdischen Teichen und Seen. Es wurde dort auch gedreht.

Bei der Weiterfahrt nach Süden verläuft die Straße unmittelbar am Hang der Serra de Levant. Zum Meer hin findet man Dutzende kleiner und winziger Calas, teils unbebaute, teils perfekt urbanisierte Buchten. In der größten der gesamten Ostküste liegt Portocolom mit seinem weitverzweigten Naturhafen.

Nun heißt es Abschied nehmen vom blauen Meer, es geht landeinwärts in Richtung Felanitx.

Zuvor jedoch ein weiterer Höhepunkt der Rundfahrt. Links der Straße ragt der Klosterberg San Salvador auf. Eine gut ausgebaute, aber steile und mit Serpentinen gespickte Asphaltpiste windet sich aus der Ebene über nur vier Kilometer zur Höhe von 509 Metern empor. Das Hochplateau vor der Klosterkirche gilt als der schönste Aussichtspunkt, den man auf Mallorca mit dem Auto erreichen kann.

Nach Osten reicht der Blick über alle Buchten der Küste bis Santanyi, nach Norden bis Manacor, nach Westen und Nordwesten über die weite Ebene von Felanitx bis zur „Kathedrale der Berge" bei Petra. Felanitx, das mallorquinische Zentrum der Keramikindustrie, passieren Sie anschließend, bevor Sie bei Villafranca wieder auf die Schnellstraße nach Palma stoßen.

GUTE FAHRT

In Palma, der spanischen Metropole mit der größten Verkehrsdichte (600 Autos auf 1000 Einwohner, 9 km/h Durchschnittsgeschwindigkeit), geraten ausländische Fahrer oft an den Rand des Herzinfarkts. Der Mallorquiner fährt zügig bis aggressiv und nutzt jede Lücke im Verkehr, um rascher ans Ziel zu gelangen.

8. Juli, 13.45 Uhr. Der Polizeibericht meldet: „Auf der Landstraße Palma - Andratx in Höhe der Tankstelle Costa de la Calma kam es zur Frontalkollision zweier Fahrzeuge. Der Fahrer eines Mietautos war bei der Ausfahrt aus der Tankstelle auf die falsche Fahrbahn eingebogen. Vier Personen wurden zum Teil schwer verletzt."

Bei dem Leihwagen-Chauffeur handelte es sich um einen englischen Urlauber. Er hatte nach dem Tanken schlicht vergessen, daß auf Mallorca Rechtsverkehr herrscht.

Britische Urlauber haben es besonders schwer. Dazu kommen für alle Ausländer die ungewohnten Straßen- und Verkehrsverhältnisse. Denn auf Mallorca gehen auch die Ampeln anders, und die Einheimischen haben wenig Respekt vor der eigenen Straßenverkehrsordnung.

Kein Mallorquiner käme etwa je auf die Idee, schon bei Gelb vor einer Ampel zu halten, er passiert die Kreuzung am liebsten bei Früh-Rot. Bremst ein ausländischer Tourist brav bei gelbem Licht, muß er damit rechnen, daß der Hintermann auffährt.

Gefahrenpunkte sind auch die Zebrastreifen. Kaum ein Insulaner hält, wenn Fußgänger den Überweg benutzen oder benutzen wollen.

Auch zu bestimmten Tageszeiten ist auf Mallorcas Straßen besondere Vorsicht geboten: am frühen Nachmittag und nach Mit-

ternacht. Mittags pflegen die Mallorquiner gern ausgiebig zu speisen und abends erst recht. Zum Essen aber gehört ein Wein.

Doch Achtung: Es gibt immer mehr Alkoholkontrollen. Auf die Polizistenfrage „Haben Sie getrunken?", sollte man antworten: „Ich habe gegessen." Der Polizist weiß, daß zur Speise der Trank gehört, und er wird, wenn man Glück hat und sicher spricht, vielleicht weiterwinken. Nur: bei einem Unfall ist immer der alkoholisierte Fahrer der Schuldige.

Noch ein Tip für ausländische Autofahrer: Nach einer Panne sollte man sein Auto nicht unbewacht am Landstraßenrand stehen lassen und umgehend einen Mechaniker oder Abschleppwagen rufen (Selbstabschleppen ist verboten). Denn: Laut Polizeistatistik sind im Schnitt innerhalb von fünf Stunden die Räder verschwunden, nach 24 Stunden ist vom Fahrzeug nur noch das nackte Blech übrig.

Auf Landstraßen achten Polizeibeamte darauf, daß Fahrer und Beifahrer angeschnallt sind (Strafe: 3.000 Pts., bei sofortiger Zahlung 2.600 Pts.). Auch Überholverbote werden strikt überwacht. Die mallorquinische Polizei hat ein paar neue effektvolle Radarfallen. Höchstgeschwindigkeit: innerhalb von Ortschaften 60 km/h. Auf Autobahnen 120 km/h.

MIETWAGEN

Es gibt eine Unzahl von Autovermietern auf der Insel - und über 15.000 Leihwagen. Da lohnt es sich, Angebote zu vergleichen: für einen Kleinwagen kann man 30 Mark, aber auch 80 pro Tag loswerden (jeweils ohne Kilometer-Limit). Oft kommt bei Lockangeboten eine höhere Versicherungsprämie drauf, oder die Selbstbeteiligung im Schadensfall ist erheblich (bis 800 DM).

Es genügt der normale nationale Führerschein.

169

DER BESONDERE AUSFLUG

Schöne Abwechslung zwischendurch:
Ein Tag in einem Freizeit- oder Aquapark.
Eine tolle Attraktion – besonders, wenn
Kinder dabei sind.

HÄNDE HOCH! BANK-ÜBERFÄLLE AM LAUFENDEN BAND

Westerndorf El Dorado in Magaluf

Der arme Kassierer ist wirklich zu bedauern: gleich mehrfach täglich wird ihm eine Knarre unter den Schnauzbart gehalten, worauf er seufzend den Kassenbestand rüberschiebt. Das Leben im Wilden Westen ist hart - auch wenn der Wilde Westen in Magaluf nachgestellt wird.

El Dorado hat alles, was zu einem Westerndorf gehört. Den Bahnhof, das Sheriffoffice samt Gefängnis, die geplagte Bank, Kirche, Friedhof, Hotel, Restaurant, Drugstore. Und natürlich auch ganz normale Farmhäuser mit Stall und Scheune.

El Dorado wurde erst 1989 fertiggestellt. Vorbild waren ähnliche Westerndörfer auf Gran Canaria und im amerikanischen Reno. Alle Mauern sind aus Stein, die Wände aus massivem Holz, also keine Filmkulisse aus Pappmaché. Man ist bei Überfällen und dramatischen Duellen live dabei, man sieht, wie gute und böse Cowboys am laufenden Band von den Dächern und aus den Sätteln gefegt werden. Und man darf sicher sein - garantiert siegt am Ende das Gesetz.

Stets liegt ein Hauch von Pferdeschweiß über El Dorado. Vierzig edle Vollblüter gehören zum Dorf, und außerdem ein Wildpferd, das noch nie einen Sattel trug.

Ein Pianist, ein Banjospieler und ein Geiger liefern die echte Westernmusik, zu der im Saloon die Can Can-Mädchen die Beine werfen.

Das Westerndorf hat seine eigene Münze: ein Dorado, herausgegeben vom „Staat Magaluf, Zentraldistrikt Calviá", ist eine Peseta wert. Den Eintritt allerdings (1.200 Pts.

für Erwachsene und 600 Pts. für Kinder) erwartet man in spanischer Währung.

Der Weg: Autobahn Palma – Paguera, Abfahrt Magaluf. Auf dem Weg nach Magaluf ist die Einfahrt nach El Dorado nicht zu übersehen. Das Dorf läßt Fremde täglich von neun Uhr bis zum Abend rein.

HAIE. DELPHINE. PERLEN AUS DEM POOL.

Marineland bei Portals Nous

In den Lagerhallen des Flughafens war der Teufel los. Ein Spektakel wie am Amazonas. Der Zoll hielt 250 Papageien unter Verschluß, weil an den Papieren was zu bemäkeln war. Eigentlich hätte der Transport gar nicht über Mallorca abgewickelt werden dürfen. Aber

170

„Buenos dias, Señor." Klaus Wildbolz begrüßt einen Spaziergänger im Safaripark Reserva Afrikana.

nun war es passiert und die Tiere warteten auf die Weiterreise in die Bundesrepublik. Seit Tagen hatten sie kein Futter bekommen. Da sprang Marineland ein und erbot sich, einen Großteil der Vögel aufzunehmen, bis der Papierkrieg beigelegt war. Ein Teil der bunten Kameraden führt noch heute in Marineland Kunststücke vor.

Die meisten Bewohner von Marineland stammen allerdings, der Name läßt es vermuten, nicht aus Dschungelbäumen sondern aus dem Ozean. Kesse Delphine springen und tauchen um die Wette und singen anschließend im Chor ihr eigenes Loblied. Haie blinzeln respekteinflößend. Und Austern aus dem Pazifik hüllen in aller Stille Perlmutt um Sandkörner, die ihnen in Japan eingepflanzt wurden. In drei bis fünf Jahren wachsen echte Zuchtperlen heran.

Sechsmal am Tag stürzen sich hübsche Taucherinnen ins Salzwasserbecken und bringen Austern nach oben. Die Schalentiere werden geöffnet und mit ziemlicher Garantie kommen Perlen zum Vor-

schein. Für 2.100 Pesetas darf man die Perle mit nach Hause nehmen. Eine Fassung in Silber ist im Preis inbegriffen. Für die Goldfassung zahlt man einen Aufpreis.

Marineland ist täglich von 9.30 bis 19.00 Uhr geöffnet. Eintritt für Erwachsene: 900 Pts. Für Kinder die Hälfte. Der Weg: Autobahn Palma - Paguera, Abfahrt Portals Nous. Ist gut ausgeschildert.

GROSSWILD-JAGD MIT DER KAMERA

Reserva Africana bei Portocristo

Als Indien noch eine britische Kolonie war, hatten viele englische Soldaten Probleme mit den Temperaturen des Subkontinents. Häufig wurden sie zuvor auf die warmen aber milderen Balearen gebracht, um sich zu aklimisieren.

Ganz ähnliche Überlegungen stellten auch europäische Tierhändler an. Sie nutzen Mallorca als Zwischenstation für jene Tiere, die von Afrika aus in die Zoologischen Gärten Mittel- und Nordeuropas verschickt werden.

Die Reserva Africana bei Portocristo ist ein vierzig Hektar großes Freigehege. Etwa 500 Tiere afrikanischer Herkunft warten auf ihren Weitertransport und werden an die Nähe von Menschen gewöhnt: Nashörner, Elefanten, Giraffen, Flußpferde, Zebras, Watussirinder, Antilopen, Gnus. Und viele Vogelarten: Pelikane, Flamingos, Strauße, Marabus. Affen grabschen schon mal durchs offene Autofenster, wenn sie eine Banane im Wagen vermuten.

Wie im Vorbild Serengeti darf man das Gelände nur im Auto befah-

171

Bunte Vögel gibt es überall auf Mallorca. Die Farbenprächtigsten leben im Exoticpark Los Pájaros.

ren. Man wird nicht immer den gleichen Tierbestand antreffen, schließlich ist Mallorca nur Durchgangsstation für die Exoten.

Die Reserva Africana liegt an der Straße Cala Millor - Portocristo. Sie ist täglich von 9.00 bis 19.00 Uhr geöffnet, im Winter nur bis 18.00 Uhr. Eintritt: 625 Pts.

Allerdings: die Reserva Africana soll Anfang der neunziger Jahre einer Urbanisation weichen. Aber der Park wird erhalten bleiben - möglichst in der Nähe.

EUROPAS GRÖSSTER BOTANISCHER GARTEN

Botanicactus - Ses Salines

Der Baum ist so alt wie unsere Zeitrechnung: Zweitausend Jahre soll der Ölbaum auf den Ästen

haben, und die sieht man seiner knorrigen Rinde auch an. Die Römer, die Mallorca eroberten, brachten ihn einst mit und pflanzten ihn in die Nähe von Valdemossa. Hier wurde er ausgegraben, per Tieflader nach Botanicactus ans andere Ende der Insel transportiert. Er schlug Wurzeln und trägt immer noch Früchte.

Vergleichsweise jugendlichen Alters ist ein anderes Prachtstück des Parks. Dreihundert Jahre dürfte der mächtige Igelkaktus zählen. Sein botanischer Name lautet zwar echinocactus grusonii, im Volksmund indes heißt er (aber, aber!) längst Schwiegermutterstuhl. Der stachelige Riese kam aus Arizona.

Botanicactus gilt als größter Botanischer Garten Europas. Auf 150.000 Quadratmeter wachsen und blühen 40.000 Pflanzen aus aller Welt. Man hat den Park in drei Zonen unterteilt: eine mallorquinische Zone, eine Trockenzone und ein Feuchtgebiet. Im Feuchtgebiet ist ein kleiner See angelegt. Von Bötchen aus kann man die Wasserpflanzen aus der Nähe betrachten.

Botanicactus liegt am Ortsausgang von Ses Salines in Richtung Santanyi. Geöffnet ist täglich von 9.00 – 20.00 Uhr. 500 Pts., Kinder 300 Pts.

LAUTER BUNTE VÖGEL

Exoticpark Los Pájaros bei Calas de Mallorca

Auf dem Gelände einer alten Finca entstand innerhalb von fünf Jahren ein exotischer Vogelpark. Los Pájaros heißt auf gut deutsch „Die Vögel", aber die schwarzen Kameraden aus Hitchcocks gleichnamigem Thriller sucht man hier glücklicherweise vergebens. In Los Pájaros kriegt nur der einen Baum oder zumindest eine Kletterstange, der ein buntes Gefieder aufzuweisen hat. 200 Papageien aus der ganzen Welt sind mittlerweile eingetroffen. Sie leben zum Teil im Freiland, zum Teil aber auch in Volièren: das manchmal rauhe Winterklima der Sonneninsel ist einigen südamerikanischen Vögeln nicht zuträglich.

Für einen Rundgang über das weitläufige Gelände (500.000 Quadratmeter) sollte man sich Zeit nehmen. Eine schattige Terrasse mit Bar lädt zwischendurch zum Ausruhen ein.

Der Exoticpark Los Pájaros liegt an der Straße von Portocristo nach Portocolom, am Abzweig nach Calas de Mallorca. Geöffnet täglich von 9.00 bis 18.00 Uhr. Eintritt 500 Pts.

RUTSCHPARTIE INS KÜHLE NASS

Die vier größten Wasser vergnügungsparks

Das Meer rund um Mallorca ist sauber und klar. Eigentlich, sollte man denken, braucht man keine künstlichen Schwimmbecken. Aber wegen der Bequemlichkeit schätzen viele Menschen dennoch den Hotelpool. Und vor allem Kinder erleben unvergeßliche Stunden in den Wasservergnügungsparks. Denn noch gibt es keine Rutschbahnen direkt ins Meer.

Mallorca bietet viele Möglichkeiten, Wasserspaß im Landesinnern zu genießen. Wir beschränken uns hier auf die vier größten Wasservergnügungsparks.

AQUA CITY

An der Straße von Palma nach L'Arenal, bei km 15. Tel. 49 07 04, geöffnet täglich von 10.00 bis 19.00 Uhr. Erwachsene 1.300 Pts., Kinder 800 Pts.

AQUAPARK

An der Straße von Cala Figuera nach Magaluf. Tel. 68 08 11, geöffnet täglich von 10.00 bis 18.00 Uhr. Erwachsene 1.100 Pts., Kinder 600 Pts.

AQUALANDIA

An der Straße von Palma nach Inca, bei km 25. Tel. 51 12 28, geöffnet tägl. von 10.00 bis 19.00 Uhr. Erwachsene 650 Pts., Kinder 300 Pts.

HIDRO PARK

In Port d'Alcúdia, Avenida Tucan. Tel. 54 70 72, geöffnet täglich von 10.00 bis 20.00 Uhr. Erwachsene 1.300 Pts., Kinder 800 Pts. Nach 16 Uhr 900 Pts. (Erw.) und 500 Pts. (Kinder).

SPANIEN AUF EINEN BLICK

Das Museumdorf Pueblo Español in Palma

Ein Palast reiht sich an den anderen, eine Kirche stellt die nächste in den Schatten. Keine Stadt Spaniens kann so eindrucksvoll sein, wie Pueblo Espanöl, das Museumdorf im Norden Palmas. 92 originalgetreue Nachbildungen berühmter spanischer Straßen, Plätze und Bauwerke reihen sich aneinander. Dazwischen recken sich berühmte Denkmäler in den Himmel, zu deren Besichtigung man sonst meilenweit reisen müßte.

Das Dorf entstand 1967. Vorbild war das Pueblo Espanöl in Barcelona. Dort hatte man bereits zur Weltausstellung 1929 ein ähnliches Dorf errichtet.

Man bekommt bei einem Bummel einen recht umfassenden Eindruck von spanischer Bauweise und Lebensart. Vor allem, weil man auch Handwerkern bei traditionellen Arbeiten zuschauen kann oder Malern über die Schulter sehen darf. Natürlich gibt's auch Restaurants und Tavernen mit Flamenco.

Die Bauwerke sind etwas verkleinert, aber keineswegs Miniaturbauten.

Pueblo Espanöl in Palma, nördlich der Calle Andrea Doria. Geöffnet täglich von 9 - 20 Uhr. Eintritt 300 Pts., Kinder die Hälfte.

Eine historische Stadt mit den berühmtesten Bauwerken Spaniens: Das Pueblo Español in Palma. Die Gebäude sind kleiner als die Originale - aber groß genug, um Lokale und Läden aufzunehmen.

WIE IN ALTER ZEIT

Auf dem Landgut La Granja bleiben alte Traditionen lebendig

Ein prächtiger Springbrunnen vor der doppelbögigen Innenhof-Galerie.

Der Gutshof stammt noch aus arabischer Zeit. Die mallorquinische Familie, die vor 750 Jahren das Anwesen übernahm, wandelte es in einen noblen, schloßartigen Landsitz um – mit prächtigen Wasserspielen und schattigen Gärten.

Moderne Landwirtschaft paßt nicht mehr in einen solchen Gutshof. Aber bevor der Hof verfiel, hatte man eine großartige Idee. Man hielt die Zeit an und ließ Handwerker und Köchinnen, Weberinnen und Klöpplerinnen so weiter arbeiten, wie es seit Jahrhunderten auf diesem Gut geschah. Besucher können ihnen beim Töpfern zuschauen und beim Klöppeln, beim Spinnen und beim Pressen von Oliven. Natürlich tragen auch alle Bewohner des Gutshofs die tradionellen Arbeitstrachten. Mittwochs und freitags nachmittags gibt's Musik: Volkstanzgruppen führen traditionelle Tänze auf.

Liebevoll eingerichtet sind die alten Wohn- und Wirtschaftsräume. Mit Antiquitäten, mit Handwerks- und Bauerngerät. Man kann auch Brot probieren, das nach alten Rezepten gebacken wurde oder einen der traditionellen Eintöpfe „Sopas". Und einen Schluck Wein aus großen Tonkrügen gibt's auf Wunsch auch.

Der Blick zurück kostet 400 Pts. La Granja liegt bei Esporlas, nach etwa anderthalb Kilometern auf der Straße nach Puigpunyent.

Die Dame beherrscht noch das Klöppeln traditionsreicher Stoffmuster.

Eine gepflegte Wildnis mit jahrhundertealten Bäumen: Die Jardines de Alfabia

DREHORT
HOTEL PARADIES
ZDF

MALLORCAS SCHÖNSTER GARTEN

Alfabia - so traumhaft lebten die maurischen Wesire.

Der Name heißt soviel wie „Tonkrug", und er weist auf die nahe Quelle hin, aus der mit Krügen Wasser für die Gärten geschöpft wurde. Im 11.Jahrhundert ließ sich ein maurischer Fürst, ein Wesir also, die Sommerresidenz bauen. Er muß die Wüsten seiner Heimat satt gehabt haben, denn er pflanzte die schönste Oase, die man sich denken kann: Palmenalleen, riesige Blumenrabatten, Pergolas, die von üppigen Bougainvillean überflutet werden. Dazwischen kleine Seen und Wasserspiele. Ein wahres Paradies.

Der Meinung war auch Ben-Abet. Ihm gehörte Alfabia, als 1229 die Insel von den Spaniern erobert wurde. Er trat flugs zum christlichen Glauben über und konnte somit die Gärten noch für weitere dreihundert Jahre im Familienbesitz halten.

Die heutigen Besitzer, die Familie Zaforteza, haben den Garten für die Öffentlichkeit freigegeben. Von den Eintrittsgeldern wird er gepflegt. Wie in La Granja ist auch hier das Gutshaus ein Museum - mit Möbeln aus vergangenen Jahrhunderten und einem 600 Jahre alten gotischen Königsthron.

Alfabia liegt an der Straße von Palma nach Sóller. Man kann auch mit der Bahn nach Bunyola fahren und zu den Gärten spazieren (knapp eine Stunde). Eintritt:200 Pts. Geöffnet täglich 9 - 19 Uhr, außer sonntags.

MALLORCAS UNTERWELT

Die Insel ist hohl. Das wußte man schon im Mittelalter. Seither wurden immer wieder neue Höhlen entdeckt.

D er Blick in die Unterwelt kostet 525 Peseten. Dort, wo früher der Sage nach Drachen und Teufel hausten, führt jetzt ein hellerleuchteter Weg über Stege und Brücken. Der „Drach", das Fabeltier mit dem Körper einer Schlange und Fledermausflügeln, ist nicht zu sehen. Die Besucher putzen ihre beschlagenen Brillen. Es ist feucht hier unten zwischen den Stalagmiten (vom Boden wachsende Tropfsteinsäulen) und Stalaktiten (von der Decke kommend).

Jahrhundertelang beflügelten die Drachenhöhlen von Portocristo die Phantasien der Mallorquiner: Bacchantinnen, Satyre, Faune und Hexen sollten sich zu Orgien in den steinernen Lustgemächern versammelt haben.

1896 erforschte der Franzose Edward Alfred Martel das dunkle Loch genauer. Er überquerte den großen unterirdischen See mit kleinen Faltbooten und führte präzise Messungen durch. 16 Jahre vorher hatte der deutsche Höhlenforscher M.F. Will bereits eine grobe Karte der Drachenhöhle angefertigt. Die „Cuevas del

Aus Grits Notizbuch

Nataschas Lasterhöhle

Die Cuevas de Génova kamen 1906 bei einem Brunnenbau zum Vorschein. Dreißig Jahre später gingen Brunnen und Höhlen in den Besitz der legendären Natascha über. Sie war die zweite Frau des Filmstars Rudolfo Valentino und hatte den Ruf einer lebensbejahenden Dame. Ein Ruf, der sich auf ihre Höhle übertrug.

Man munkelte, Natascha habe sich hier eine Lasterhöhle geschaffen, ein gespenstisches Liebesnest für irre Orgien. Das Gerücht hält sich bis heute, obwohl es keinerlei Zeugnisse dafür gibt. Die Cuevas de Génova sind seit 1985 zur Besichtigung freigegeben.

Drach" waren entzaubert. Niemand glaubte noch an jene höllischen Ungeheuer, die der Heilige Vincent Ferrer im Mittelalter dort unten vermutete. „Hohl ist Mallorca, hohl euer Glaube, hohl eure Moral", drohte er zu Zeiten der Inquisition.

Das Höhlensystem ist zwei Kilometer lang, hat vier große Hallen und einen See, an dem häufig sentimentale Geigenmusik erklingt – live von Booten aus.

Insgesamt gibt es auf Mallorca über 280 Höhlen, die mindestens 300 Meter lang sind. Am großartigsten sind die „Cuevas del Artá". In den großen Hallen trug sich 1229 Grausames zu. König Jaime I. ließ damals die letzten Araber, die sich in die Höhle geflüchtet hatten, ausräuchern; vor dem Eingang wurde Feuer gelegt, der Wind trieb den Rauch ins Innere. Noch heute sind die Wände rußgeschwärzt. Der Höhleneingang liegt 40 Meter über dem Meer und erinnert an einen Riesendrachen.

In Mallorcas größten Tropfsteinhöhlen, den Cuevas del Drach, wachsen tausende von Stalaktiten von der Decke herab. Die Boote auf dem See werden viertelstündlich von Geigern bestiegen. Schließlich ist die Akustik in den Höhlen hervorragend.

Als Geheimtip gelten die Höhlen von Campanet, die erst 1945 entdeckt wurden. Sie sind klein und überschaubar, die Tropfsteingebilde haben zierliche Formen. Vor der Höhle gibt es ein nettes Restaurant, mit einem schönen Garten voller Hortensien und vielen Katzen. Ein Besuch lohnt sich vor allem zur Mandelblüte im Januar und Februar - der Blick von der Terrasse auf die Felder und Gärten ist einmalig.

Die kleinsten Höhlen, in die Besucher hinabsteigen, sind die „Cuevas de Génova" in der Nähe von Palma.

Informationen bei der Vereinigung der balearischen Höhlenforscher „Federacio Balear de Espeleológia", Palma, C/. Virgin de Lluc.

FÜNF HÖHLEN KÖNNEN BESICHTIGT WERDEN

Drachenhöhlen - Cuevas del Drach - Portocristo, Tancat de Sa Torre, Tel. 57 00 01. Tgl. geöffnet. November bis März: Konzert um 11.00, 12.00, 14.00, 15.00, 16.00 und 17.00 Uhr. April bis Oktober: Konzert jede volle Stunde von 10.00 bis einschließlich 17.00 Uhr.
Eintritt: 525 Pts.

Die **Cuevas de Campanet** erreicht man über den Ort Campanet auf einer gut beschilderten Straße. Tel. 51 61 30, tgl. geöffnet von November bis März von 10.00 bis 18.00 Uhr, von April bis Oktober von 10.00 bis 19.30 Uhr. Eintritt: 500 Pts.

Hamshöhlen - Cuevas dels Hams - Portocristo, Ctra. Manacor. Tel. 57 02 27. Tgl. geöffnet, November bis März von 11.00 bis 13.20 und 15.30 bis 15.30 Uhr, April bis Oktober von 10.30 bis 13.20 und von 14.45 bis 16.30 Uhr, jede Viertelstunde Musik, außer in der letzten Stunde. Eintritt: 525 Pts.

Höhlen von Artá - Cuevas de Artá - am Steilhang des Cap Vermell zwischen Capdepera und Canyamel. Tel. 56 32 93. Tgl. geöffnet von November bis März von 9.30 bis 17.00 Uhr, von April bis Oktober von 9.30 bis 19.00 Uhr. Eintritt: 450 Pts.

Die Höhlen von Génova, oberhalb von Palma, sind die kleinsten der für den Besucher zugängigen Höhlen auf Mallorca. Sie haben den Vorteil, nahe der Hauptstadt zu liegen. Sie sind tgl. von 10.00 bis 13.00 und von 16.00 bis 18.00 Uhr geöffnet. Eintritt: 400 Pts.

JA, DIE ALTEN RITTERSLEUT'

Mallorca mußte sich über Jahrhunderte hinweg gegen Eroberer wehren. Davon zeugen noch heute die Burgen Mallorcas. Sie wurden fast alle auf den Mauern römischer Festungen errichtet:

Erst bauten die Araber ihre Alkazare darauf, nach ihrer Vertreibung veränderten die Christen die Gebäude nach ihren Vorstellungen.

Und mancher tapfere Krieger oder fromme Geistliche wurde von den mallorquinischen Königen mit Landgütern, Burgen oder Herrensitzen belohnt. Auf diesen residierten die Besitzer als rechtsprechende Feudalherren - manche noch bis Anfang dieses Jahrhunderts.

Es gibt auf Mallorca kein Prunkschloß wie in Versailles. Alle entstanden im Mittelalter als Verteidigungsanlagen.

Diese Burgen kann man besichtigen:

ALMUDAINA-PALAST

Palma (Plaça Palau Reial), tgl. außer So 9.30 - 13.30 und 16.00 - 18.30 Uhr, Sa nachm. geschl. Eintritt 250 Pts., Führung. Auf römischen Grundmauern, die auf noch älteren Fundamenten basieren, errichteten die arabischen Wesire ihren Alkazar. Die spätere Residenz der aragonesischen Könige ist noch heute der Amtssitz von König Juan Carlos I. auf Mallorca. Eindrucksvoll die Palastfront aus dem 15. Jahrhundert mit ihrem mächtigen Bollwerk und den maurischen Zinnen. Im von Arkaden flankierten Innenhof „Hof des Königs" (13. Jh.) steht die gotische Kapelle Santa Ana.

CASTILLO DE ALARÓ

Auffahrt über eine Schotterstraße, die von der PM-210 beim Hinweisschild „Es Pouet" abzweigt. Nach 5 km Parkplatz. Hier beginnt der Aufstieg zur Burgruine. Schöner Rundblick. Picknick-Restaurant und Übernachtungsmöglichkeit.

CASTILLO DE ARTÁ

tgl. 9.00 - 18.00 Uhr. Kostenlos. Zugang vom Stadtzentrum zu Fuß von der Pfarrkirche in Artá aus. Das königliche Schloß auf römischen Grundmauern wurde gegen die Piratenplage zur Festung ausgebaut. Helle, goldgetönte

178

Mauern, zierliche Zinnen. Lichter Innenhof mit Brunnen und Steinbänken.

CASTILLO DE BELLVER

Palma - Zu Fuß von Palma aus durch den Parque de Bellver oder per Auto ab El Terreno, gut beschildert. Tgl. von 8.00 Uhr bis Sonnenuntergang. Eintritt 110 Pts. Stadtmuseum. Den schönsten Blick auf die Stadt hat man nach-mittags vom Dach dieses in Spanien einzigartigen Rundbaus. Er wurde von König Jaime II. 1309 vollendet. Zu besichtigen sind die Räume des Schlosses, der Innenhof, die eleganten zweigeschossigen Loggien, und die Dachterrassen. Nicht vergessen, einen Blick in die „Olla" zu werfen. Das ist normalerweise ein mallorquinischer Kochtopf. Hier nennt man den nur durch ein schmales Loch erhellten Kerker des königlichen Lustschlosses so, in dem der letzte König von Mallorca, Jaime III., eingekerkert wurde.

Hoch über Palma thront die Festung Bellver. Von dem trutzigen zweistöckigen Rundbau hat man einen phantastischen Ausblick auf Palma. Die Burg war nur kurze Zeit Sitz der mallorquinischen Könige. Sie zogen schon nach wenigen Jahrzehnten in den Almudaina-Palast und nutzten Bellver als Gefängnis - vor allem bei den Judenpogromen des 14. Jahrhunderts. Das Stadtmuseum in der Burg ist nicht immer geöffnet.

Mallorcas größte Festungsanlage: Das Castillo von Capdepera. Her gibt es auch Burggespenster - schwören die Stadtbewohner.

CASTILLO DE CAPDEPERA

Treppenaufstieg vom Ortszentrum, Plaça de España. Tgl. 9.00 - 18.00 Uhr. Kostenlos. Größte, hervorragend restaurierte Festungsanlage auf Mallorca: Weite Höfe, ausschwingende Mauern. Inmitten der grauen Verteidigungsarchitektur die zierliche gotische Kapelle. Das früher hier verehrte Gnadenbild der Madonna de la Esperanza befindet sich jetzt in der Pfarrkirche von Capdepera.

CASTILLO DEL REY

(Königsburg) bei Pollença. Wanderweg (9 km). Neuerdings darf die Burg nur mit Genehmigung der Eigentümerfamilie March in Cala Ratjada betreten werden. Der ehemalige arabische Alkazar 500 Meter über dem Meer (Ausblick!) war die Fluchtburg der letzten maurischen Krieger (1230). 1349 verschanzten sich hier die mallorquinischen Verteidiger gegen Peter IV. von Aragon.

CASTILLO DE SANTUERI

Auffahrt von der C-714 Felanitx - Santanyi (3 km). Tgl. 9.00 Uhr bis Sonnenuntergang, den Schlüssel gibt es im Gutshof „Sa Possessió" an der Auffahrt. Die romantische Ruine des arabischen Kastells auf römischen Grundmauern liegt in 400 Metern Höhe gegenüber dem Klosterberg San Salvador. Nach der Zerstörung durch die christlichen Wiedereroberer wurde das Kastell nicht restauriert.

DIE PIRATEN-PLAGE

Vierhundert Jahre lang lebten die Inselbewohner in ständiger Angst vor Überfällen. Dabei waren sie selber oft als Piraten unterwegs gewesen.

Das Jahr 1229 ist, wie Mallorca-Kenner wissen, eine magische Zahl für die Inselgeschichte. Damals wurden die Araber vertrieben, die immerhin dreihundert Jahre lang die Insel beherrscht hatten. Ihre Spuren sind noch heute zu sehen.

Leider waren die Christen, die nunmehr ihre Insel zurückerobert hatten, auch nicht so christlich wie es die Bibel verlangt. Die Pest hatte die Inselbevölkerung (maximal 100.000 Menschen) mehrfach drastisch dezimiert. Es fehlten Arbeitskräfte. Und die holten sich die Insulaner durch schnelle Überfälle an der maurischen Küste: Sklaven für Mallorca.

Den Arabern gefiel das natürlich nicht sonderlich. Sie machten ihre Häfen für mallorquinische und spanische Schiffe dicht und rüsteten ihrerseits Piratenschiffe aus.

„Die Piraten kommen!" Der Schrekkensschrei gellte vierhundert Jahre lang immer wieder über die Insel. Wenn eine Flotte von zwanzig Schiffen und über tausend schwerbewaffneten Männern über eine mallorquinische Küstenstadt herfiel, waren die Chancen schlecht gemischt. Manche Stadt brannte nieder, viele Bewohner wurden nach Afrika als Sklaven verschleppt.

Schließlich gaben die Mallorquiner ihre Küstenstädte und Felder auf. Ein breiter Kiefernring wurde entlang der Küste angepflanzt, alle Gemeinden ins Landesinnere verlegt. Und entlang der Küstenlinie entstanden Dutzende von Wachtürmen, sogenannte Atalayas. Alle in Sichtweite zueinander. Entdeckte die Besatzung eines Turmes eine feindliche Flotte, signalisierte sie dies per Feuer an den nächsten Turm. So konnten sich rasch Truppen formieren. Manchmal kamen sie rechtzeitig, manchmal nicht. Erst im 17. Jahrhundert ließ die Piratenplage nach.

Sieht romantisch aus, war es aber über Jahrhunderte hinweg überhaupt nicht: Einer der vielen Wach- und Signaltürme, die einen dichten Kreis um die Insel schlossen. Von ihnen hat man stets den besten Ausblick. Der Torre de Ses Animes steht an der Westküste.

WAR KOLUMBUS EIN MALLORQUINER?

In der Stadt Felanitx, im Süden Mallorcas, gibt es ein Kolumbus-Museum. Warum? Weil viele Mallorquiner davon überzeugt sind, daß Christoph Kolumbus, der Entdecker Amerikas, von ihrer Insel stammte. Sein spanischer Name (Giovan Colón) ist seit Jahrhunderten ein häufiger Familienname in Felanitx. Er bedeutet Taube.

In den meisten Büchern steht, der Seefahrer sei in Genua geboren. Aber die Leute in Felanitx sagen: Kolumbus war der Sohn spanischer Juden, die im Mittelalter auf die Insel geflüchtet sind. Er verschwieg seine jüdische Herkunft, als er die Königshäuser von Portugal und Spanien für seine Ideen gewinnen wollte. Und er wählte zur Tarnung den italienischen Namen Cristoforo Colombo.

Es gibt sogar ein Beweisstück. Der katalanische Historiker Llanas de Niubó fand in der Bibliothek der italienischen Fürstenfamilie de Borromei in Bergamo ein Dokument. Es stammte von 1494. Zwei Jahre zuvor war Amerika entdeckt worden. Damals schrieb der Fürst: „Ich, Giovan de Borromei, da mir verwehrt ist, die Wahrheit zu offenbaren, die ich insgeheim von Herrn Pier d'Anghiera, dem Schatzmeister der katholischen Könige Spaniens erfahren habe, muß und will zur ewigen Erinnerung der Geschichte anvertrauen, daß Christoph Kolumbus nicht aus Ligurien, sondern von Mallorca stammt. Besagter Pier d'Anghiera war der Ansicht, Giovan Colón habe sich aus politischen und religiösen Gründen als Christoph Kolumbus ausgegeben, um Unterstützung durch Schiffe des Königs von Spanien zu bekommen."

Tatsache ist: im 14. und 15. Jahrhundert war Palma ein Zentrum geographischen Wissens. Hier entstanden die besten Landkarten des Mittelmeerraumes. Und hier wurde auch über die neuartige Theorie diskutiert, daß die Erde eine Kugel sei. Eine Theorie, die Kolumbus bestätigen wollte.

1492 landete Kolumbus in Amerika. Kam er aus dem mallorquinischen Dorf Felanitx?

"Ah, dieses Mallorca", seufzt der alte Herzog Ferdinand von Spanien und Morell. Ein Mann, der im Briefkopf eine blaue Krone und das schlichte Wort „España" führt.

Der Conde schaukelt auf einem antiken Kufenstuhl in seinem Wohnzimmer. Von Zeit zu Zeit wirft er einen knorrigen Oliven-Ast in den lodernden Kamin. Draußen scheint strahlend die Sonne, und das Thermometer zeigt 30 Grad im Schatten.

Hier drinnen jedoch, hinter 1000 Jahre alten, bis zu 80 Zentimeter dicken Mauern, herrscht das Frösteln der Jahrhunderte. Das meinte der Mittsiebziger mit seinem: „Ah, diese Mallorca".

Es ist eine flache Gegend rund um Sineu. Nicht ein einziges Hotel steht in diesem Teil der Insel. Nicht mal ein Restaurant gibt es für einen Fremden. In Sineu sitzen die alten Leute am Abend noch an den Straßenecken, plauschen und warten, daß passiert, was nie passiert. Auf dem Marktplatz steht das steinerne Denkmal des ersten spanischen Meisters im Radfahren. Der kam aus Mallorca.

Da liegt Defla: Ein Palast hinter zwei konzentrischen Mauer-Ringen mit eingelassenen Portalen. Ums Jahr 960, so sagen die Geschichte und der alte Herzog, haben die Mauren Defla gegründet. Seitdem steht der wuchtige Turm mit seinen in alle Ewigkeit drohenden Zinnen, in dem der Conde de España heute Tauben züchtet. „Alle alten Landadeligen züchten Tauben", sagt er.

Oleander teilt sich den riesigen, mit seniler Sorgfalt ungepflegten Garten mit hellblauer und blutroter Bougainvilla, die in Kaskaden über die erdfarbenen Mauern poltert, und ab und zu legt der Wind verwitterte Wappen frei, die in die Steine eingemeißelt wurden. 1634 zum Beispiel. Oder 14??, oder 1?00. Das verwunschene Schloß einer spanischen Dornröschen-Variante.

Der äußere Mauerring enthält die Oliven- und Mandelbäume, der innere 500 Schafe. Der Bäume und

EINE AUDIENZ BEIM HERZOG VON SPANIEN

Bis ins 20. Jahrhundert hinein wurde Mallorca von
Adelsfamilien beherrscht. Wie leben diese Familien heute?
Axel Thorer war zu Gast in der Burg Defla.

Hütet Schafe, erntet Oliven, pflegt Traditionen: Don Fernando, der Herzog von Spanien, am Eingang seiner Burg.

Tiere wegen wird der Herzog später kokettieren, er sei „Landwirt und Schäfer".

Als ich zum ersten Mal auf Defla war, sollte eigentlich Frühling sein auf der Insel. Für den Herzog und seinen ältesten Sohn, den Titel-Erben, war jedoch gerade die „Dritte Jahreszeit" angebrochen. Eine vierte haben sie nicht: den Sommer verbringen sie mit Frau/Mutter und Töchtern/Schwestern auf Mallorca, den Winter im Palais in Madrid und zwischendurch sehen die Männer auf Defla allein nach dem rechten. Sie benützen dabei nicht etwa die herrschaftlichen Räume, sondern bringen sich in der Küche und einem bescheidenen Gemach daneben unter.

Als ich den Herzog frage, wie lange seine Familie schon auf Defla sitzt, antwortet er mit einer Nonchalance, die nur in England und Spanien möglich ist: „Seit der Reconquista". Also seit 1229, seit dem spanischen Sieg über die Araber.

Von den Mauren ist auf Defla der einzige Bambushain der Insel erhalten, der wuchtige Wehrturm und der Rest einer Moschee mit einem schönen orientalischen Portal. Der Herzog, ansonsten Purist, hat sie zum Badehaus eines 15 Meter langen Swimmingpools entweiht - eine der seltenen Konzessionen an die Neuzeit auf diesem Besitz.

„In diesem Haus", sagt Don Fernando, „ist seit 700 Jahren nichts mehr verlorengegangen." Und als der über 1000 Jahre alte Olivenbaum im Hof eines Winters nachts vom Sturm entwurzelt wurde, ließ ihn der Herzog ins Haus schleppen und als Sims über dem Kamin einmauern. „Schließlich war er älter als meine Familie", begründet er diesen Respekt.

Man kann stundenlang außen und innen um die Mauern wandern und hat sich dabei an griechischen und römischen Büsten zu orientieren. („Bei Sokrates links, dann gleich rechts bei Plato, auf den Marc Aurel zu.") Weiße Tauben fliegen auf zwischen Palmen, Steineichen, Platanen, Orangenbäumen und Feigen.

Am Abend geht das Licht an in vielarmigen alten Straßenlaternen und der jüngste der betagten Diener des Herzogs schließt die verwitterten dunkel-grünen Fensterläden.

Wir reden über den spanischen Adel, und über Politik. Der Herzog mag, natürlich, „die Roten" nicht. Schon weil sie in der kurzen Zeit, in der der Spanische Bürgerkrieg (1936 - 1939) auch Mallorca erreichte, seinen steinernen Vorfahren draußen die Nasen abschlugen.

Und dann erklärt der Herzog, warum dieser Besitz 34 Generationen überlebt hat und überleben mußte: „Wenn die Reichen kein Geld mehr haben, haben die Armen keine Arbeit." So einfach ist das.

300 Granden-Titel gibt es in Spanien. Einige Adelige besitzen sechs auf einmal (wie die Herzogin von Alba), Don Fernando nur seinen einen. Aber der genügt ihm. Trifft er den König, auch ein Sommer-Bewohner Mallorcas, wie sprechen sie miteinander?

„Ich nenne ihn Señor, und er nennt mich Fernando", antwortet der alte Herr.

„Wissen Sie", mischt sich da eine seiner Töchter ein, „mein Vater ist nicht sehr strikt. Auch Sie können 'Fernando' sagen."

Worauf die Herzogin meint: „Na ja, vielleicht doch mit einem kleinen 'Don' davor, nicht?"

Wir wandern über die groben ziegelroten Fliesen im Innern des Hauses, betrachten die Sammlungen an Spazierstöcken, Landkarten und Gemälden. Der Conde besitzt den einzigen Hieronymus Bosch in Privathand. Hoch oben an einer Wand hängt ein goldenes Gewehr. „Ein Geschenk des Königs an einen Vorfahr nach einer siegreichen Schlacht", informiert der Herzog.

Auch nach Tagen finde ich mich nicht zurecht in dem Gewirr mäandernder Gänge, niedriger Decken und steiler Stufen. Acht Zentime-

ter dick sind die Holztüren und oft stammt das einzige Licht von nackten Glühbirnen an gemeingefährlichen Kabeln.

„Der Landadel geht mit den Hühnern ins Bett", beliebte Don Fernando zu scherzen. „Unser Licht ist die Sonne."

Die Möbel und Kissen von Defla sind mit einem seltsamen Stoff bezogen, der auch als Gardine an den Fenstern hängt: Ein fahles Weiß mit Kornblumenblau, Ochsenblutrot mit gelblichem Grün, ein fast schwarzes Braun mit brennendem Orange. Die Muster sind geometrisch und wirken verlaufen wie ein verregneter Brief. Es gibt auf Mallorca nur noch eine Weberei (In Santa Maria del Cami, → Seite 125), die diese Stoffe produziert, und sie heißen „Tela de Lengua". Man braucht Unmengen für ein Sofa, da sie nur 90 Zentimeter breit sind. Mehr paßt nicht auf die antiken Webstühle aus Olivenholz.

Als ich mich nach einer langen einsamen Wanderung durch Defla verabschieden möchte, sitzt die Familie des Herzogs unter einer gewaltigen Platane rund um einen Ziehbrunnen hinter dem Haus im Schatten. Die Damen stricken, der Conde studiert ein spanisches Geschichtsbuch aus dem Jahre 1793, die Zeit scheint stehengeblieben zu sein und ich schleiche mich auf Zehenspitzen davon.

Warum? Weil ich Angst habe, daß alles zu Staub zerfällt bei einer heftigen Bewegung und für immer verloren ist.

*Seit über 700 Jahren bewohnt ▷
die Familie des Herzogs den
Palast von Defla. Er steht im
Zentrum der Insel und ist über
tausend Jahre alt.*

KUNSTSCHÄTZE

Mallorca ist voller Kunstschätze. Nur sind die meisten in Privatbesitz. Trotzdem können sich die Museen der Insel sehen lassen. Auch wenn sie nicht gerade Weltrang haben.

DIE ZEHN WICHTIGSTEN MUSEEN

Alcúdia: Museu monografico de Pollentia

C/. San Jaime, 2. Tgl. 10.30 — 13.30 Uhr und 15.30 — 18.30 Uhr, montags geschl., Eintritt 200 Pts. Das neue, aus dem archäologischen Museum von Alcúdia hervorgegangene Museum enthält Fundstücke der ersten römischen Siedlung Pollentia. Die Ausgrabungsstätten kann man auch - kostenlos - besichtigen. Sie liegen in Port d'Alcúdia gegenüber der Pfarrkirche. Das Hinweisschild zum Teatro Romano steht an der gleichen Straße (km 51). Es ist leicht zu übersehen. Von dort 200 m zu Fuß.

Artá: Museo de Artá

Im Gebäude der Sparkasse, C/. Rafael Blanes, 8. Werktags 10 — 12 Uhr, Eintritt 300 Pts. Funde aus der mallorquinischen Frühgeschichte und der Antike. Punische Bronzen.

Muro: Museo Etnológico de Muro

(Volkskundemuseum). Im Stadtzentrum, C/. Mayor, 5. Tgl. 10 — 12 Uhr und 16 — 19 Uhr, montags geschl., Eintritt 200 Pts. In einem geräumigen alten Stadthaus sind Sammlungen von Hausrat aus drei Jahrhunderten liebevoll zusammengetragen. Stickereien, Töpferwaren und bäuerliche Geräte. Die Exponate vermitteln einen Einblick in den mallorquinischen Alltag seit 1700.

Palma: Domschatz

Alter und neuer Kapitelsaal sowie Sakristei der Kathedrale zu Palma. Besichtigung beim Kathedralenbesuch möglich. In der Sakristei das Prunkstück des Schatzes, eine 2,28 m hohe Hauptmonstranz aus vergoldetem Silber (120 kg). Der Glasschrein ist mit 826 Perlen geschmückt. Im neuen Kapitelsaal Reliquienschreine, Kruzifixe, Kelche, holzgeschnitzte und silberne Heiligenfiguren aus drei Jahrhunderten. Im alten Kapitelsaal das Grabmal des Don Gil Sanchez Munoz. Er war von 1423 — 1429 spanischer „Gegenpapst" der römischen Oberhirten, ehe er sich unterwarf und zur Belohnung Bischof von Mallorca wurde.

Im Domschatz auch ein Silberarm mit einer Reliquie des Heiligen Sebastian: ein Geschenk des Archidiakons von Rhodos an die Christen von Mallorca, die 1552 von der Pest heimgesucht wurden. Der Arm soll Wunderhilfe geleistet und der Pest zurückgedrängt haben. Die Überlebenden machten San Sebastian zum Schutzpatron ihrer Stadt. Der 20. Januar ist sein Tag.

Palma: Museo Diocesano

(Diözesanmuseum). Gegenüber dem Südportal der Kathedrale, C/. Mirador, 7. Tgl. 10 — 20 Uhr, sonntags geschl. Eintritt 150 Pts. Das Museum ist klein, aber fein: Keramiken, Münzen, Gewänder, Meßbücher, gotische Malerei aus dem 14. und 15. Jahrhundert. Eindrucksvoll die meist hölzernen Madonnenfiguren, die das Volk vor den Arabern versteckte.

Palma: Museo de Mallorca

Palacio Ayamans, C/. La Portela, 5. Tgl. 10 — 14 Uhr und 16 — 18 Uhr, montags geschl. Eintritt 250 Pts. Das überaus sehenswerte, wichtigste Museum auf den Balearen hat eine Austellungsfläche von 1.400 qm. Es zeigt 3.000 Austellungsstücke aus Antike, Mittelalter, Barock und Renaissance. Auffällig vor allem gotische Malereien des 14. und 15. Jahrhunderts wie etwa die Kreuzigung von Ramon Destorrens (1353) oder das fünfteilige Retablo „Santa Quiteria" von Joan Loert (1330 — 1339). Besonders schön ist eine eigenwillige Dreiergruppe der Heiligen Anna, der Jungfrau und des Kindes, nebst einer Darstellung des Erzengels Gabriel von Martí Torner (15. Jh.). Das bedeutendste Werk des 17. Jh. dürfte die „Speisung der Fünftausend" des mallorquinischen Malers Bestard sein. Im Erdgeschoß befindet sich eine reiche Sammlung antiker Fundstücke aus dem römischen Siedlungsbereich von Pollentia. Das Obergeschoß ist Wanderausstellungen mallorquinischer Maler vorbehalten.

Palma: Krekovic-Museum

Polígono de Levante, C/. Ciudad de Querétaro. Tgl. 10.30 — 13.30 Uhr, sonntags geschl., Eintritt 200 Pts. Hinterlassenschaft des kroatischen Malers Kristian Krekovic, der 1961—86 in Palma arbeitete. Darstellungen aus der peruanischen Geschichte, Portaits geschichtlicher Persönlichkeiten.

Palma: Palacio Sóllerich

(Palau Sólleric). Eingang C/. San Cayetano, 10. Öffnungszeiten und Eintrittspreis je nach Ausstellung. Die mit einer eleganten Loggia geschmückte Palastfassade blickt auf den Borne. Der Eingang zum „Stadtmuseum für bildende Kunst" liegt im ersten Stock, zu dem eine schwungvolle Treppe doppelläufig hinaufführt. Neben dem festen Bestand an Werken zeitgenössischer mallorquinischer Malerei häufig sehr interessante Wanderausstellungen.

Sóller: Museo Etnológico de Sóller

(Volkskundemuseum). Casa de Cultura, C/. de Mar, 5. Tgl. 16 — 18 Uhr, sonntags geschl., Eintritt frei, eine Spende von 150 Pts. ist üblich. Keramik, Gläser, Küchengeräte aus dem 18. und 19. Jahrhundert.

Foro de Mallorca

Wachsfigurenkabinett. An der Straße Palma-Inca, nach 25 km. Tgl. von 9 — 19 Uhr, Eintritt 450 Pts. In fünfzehn herzzerreißenden Szenen ist die Geschichte der Insel von der Frühzeit bis zur Gegenwart dargestellt. Die balearischen Steinschleuderer kommen ebenso vor wie der auf glühenden Kohlen geröstete Feldhauptmann Cabrit, Langzeiturlauber Chopin und Popsängerin Sara Montiel.

DIE BIMMELBAHN

Palma und Sóller sind durch eine altertümliche
Eisenbahn verbunden. Sie fährt jährlich 600.000 Menschen
durchs Gebirge - und das sogar mit Gewinn.

Die alte Elektrolok wurde 1929 von Siemens geliefert. Sie tut noch brav ihre Dienste.

Der „Rote Blitz", seit 1912 Mallorcas älteste und lange Zeit einzige Eisenbahn, hat eine Eigenart, die bei Bahnen selten ist: Sie fährt Gewinn ein! Der „Rote Blitz" verbindet Palma mit Sóller, der Orangenmetropole im Goldenen Tal. Die Strecke, die anfangs durch die Mandel- und Olivenplantagen der Ebene führt, um dann den ca. 600 m hohen Coll de Sóller zu unterqueren, ist 27.246 Meter lang. Knapp 5.000 Meter führen durch Tunnel, der längste ist 2.856 Meter lang.

Man fährt gute 40 Minuten. Nur die Bahn um 10.40 braucht zehn Minuten länger: Oberhalb von Sóller ist ein Stop eingeplant. Man kann aussteigen und den Blick über das Tal mit seinen dunkellaubigen Fruchtgärten genießen. Nach Ankunft am Bahnhof von Sóller hat man bis zum späten Nachmittag Zeit. Man kann mit der Straßenbahn, die so alt ist wie der Zug, zum Hafen Port de Sóller fahren (4,5 km). Oder eine Droschkenfahrt nach Fornalutx, dem „Schönsten Dorf Spaniens", unternehmen und durch den Barranco de Biniaraitx, eine romantische Schlucht, nach Sóller zurückwandern (50-60 Minuten).

So einzigartig wie die Eisenbahn ist ihre Geschichte. Die Paßstraße über den Coll de Sóller war mühsam, im Winter oft nicht gangbar und noch im vergangenen Jahrhundert durch Banditen verunsichert. Da hatten die cleveren Obsthändler die Idee, ihre Goldäpfel nicht mehr per Eselkarren, sondern per Eisenbahn frisch auf den Tisch der Hauptstädtler rollen zu lassen. Sie gründeten 1906 nach langjährigen Debatten und Rechtsstreitigkeiten eine Aktiengesellschaft. Das Kapital wurde auf 3,5 Millionen Pesetas festgelegt. Die Anteile, 700 Aktien zu je 500 Pesetas, konnte jeder Bürger auf Raten erwerben. Nach wenigen Tagen klingelte mehr Geld als benötigt in der Kasse, die Vermessungsarbeiten begannen, und 1910 war das erste Tunnelstück fertig.

Am 16. April 1912 startete der „Rote Blitz" zur Jungfernfahrt: Zwei Dampflocks mit dem Namen „Palma" und „Sóller" zogen den Festzug. Man hatte Triumphbögen errichtet, die Bahnhöfe der Strecke mit Blumen und Bändern geschmückt. Die Strecke war von Menschen gesäumt, die „ihre Eisenbahn" hochleben ließen. Einige weinten vor Freude: Das Bauvorhaben, in das viele ihre kleinen Ersparnisse gesteckt hatten, war verwirklicht. 1929 wurde Siemens mit der Elektrifizierung der Strecke beauftragt.

An den Austausch der alten Elektro-Lok gegen moderne Zugmaschinen denkt niemand. 600.000 Fahrgäste genießen jedes Jahr die Fahrt im „Roten Blitz". Wer Glück hat kann im Salonwagen fahren - mit Mahagoniwänden, Ledersofas, Messinglampen.

Fahrplan:

Palma - Sóller	Sóller - Palma
8.00	6.45
10.40 (mit Fotostop)	9.15
13.00	11.50
15.15	14.10
19.45	18.30
21.00 (nur im Sommer)	

Abfahrt in Palma: Bahnhof an der Plaça de España. Hin- und Rückfahrt 800 Pts., Kinder die Hälfte.

Bahnstrecke Palma-Inca:

Die zweite Bahn Mallorcas fährt etwa halbstündlich von Palma nach Inca und zurück.

In der Bahn wurden ein paar wichtige Szenen gedreht. Mit viel Spaß, wie man Wolfgang Wahl, Caterina Valente, Grit Boettcher und Klaus Wildbolz ansieht.

DER NEUE TREND

WANDERN AUF MALLORCA

Die Insel hat traumhafte Regionen. Am meisten sieht man, wenn man sie zu Fuß erobert. Der bekannte Wanderbuch-Autor Herbert Heinrich gibt Tips

Viele haben schon gelacht, wenn ich meine Wandervorträge mit dem Hinweis begonnen habe: „Wanderer, kommst du nach Mallorca - vergiß die Bergstiefel nicht!" Aber wer sorglos in Turnschuhen oder gar Sandalen loszieht und einen Spaziergang in reizvoller Höhe erwartet, begeht einen Fehler: Mallorcas Berge werden meist unterschätzt. Auf exakten Karten habe ich 46 Gipfel über 1000 Meter ausgemacht. Der majestätische Puig Mayor, der höchste Berg der Balearen, erreicht sogar 1436 Meter. Man kann allerdings nicht hinaufsteigen - sein Gipfel ist militärisches Sperrgebiet.

Oft wird auf Mallorca der Höhenunterschied nicht richtig eingeschätzt. Wenn man in den Alpen einen Tausender besteigen will, ist es für geübte Wanderer ein besserer Spaziergang. Aber man fängt ja meistens schon bei 500 oder 600 Metern an - mehr als 400 Meter sind selten zu erklimmen. Auf Mallorca kann man, wenn man will, bei Null anfangen.

Auch wenn das selten geschieht, so haben Mallorcas Bergwanderungen doch einen ganz besonderen Reiz. Von fast allen Bergen Mallorcas sehen Sie das Meer. Es ist ein irritierendes und zugleich beglückkendes Erlebnis: Dort unten ist die See, dort oben der Gipfel, und dazwischen Sie, der Wanderer.

Das Gefühl, zwischen Himmel und Meer zu wandeln, haben Sie besonders intensiv auf den Pfaden entlang der Klippen, auf dem steil abfallenden Felsrücken der vorgelagerten Insel Dragonera oder wenn Sie nach der Durchquerung abenteuerlicher Canyons in einer weiten, sonnigen Badebucht ankommen.

Wandern in Mallorcas Bergen, das ist alles andere als eintönig. Irgendetwas blüht das ganze Jahr über - in der Garriga, unter Kiefern und Steineichen, am Wegesrand. Dazwischen die steingewordenen Reste alter Kulturen: Talayotische Mauern aus der Bronzezeit, Ölbaum-Terrassen und Bewässerungsanlagen, Wach- und Wehrtürme zum Schutz vor Piraten,

Einsame Fischerdörfchen sind an der Westküste überall zu finden. Die Wanderung nach S'Estaca (Foto) ist auf Seite 194 beschrieben.

Ruinen verlassener Einsiedeleien und Ermitas. Die Menschen einer jeden Kultur ließen auch etwas zurück von ihrer Seele...

Für Touren auf Mallorca gilt die Devise: gewußt wo. So manche Enttäuschung bleibt erspart, wenn vorher klar ist, was man erwartet - und dann gezielt den richtigen Standort sucht.

Südosten: Sicher werden Sie dort bei Spaziergängen durch die Felder, beim Klettern über Klippen, bei Streifzügen durch Kiefernwälder Ihren Spaß haben. Kaum zwei Kilometer landeinwärts ist die Land-

schaft fast überall noch unverbaut und ursprünglich. Dennoch muß es gesagt werden: Es gibt Gegenden, in denen Wanderer mehr gefordert werden - und auch schönere Erlebnisse und Eindrücke haben.

Südwesten: Vor allem um den auch im Winter recht belebten Ferienort Paguera bieten sich leichte Wanderungen an, die Wege beginnen fast an der Hoteltür.

Westen: Die hohen Berge der Sierra Tramuntana sind eher für anspruchsvolle Wanderer geeignet. Die schönsten Touren erschließen

sich von Port de Sóller aus. Wenn man kein Auto hat: Von Palma aus fährt ein Zug bis Sóller (➔ S. 188).

Heitere, verträumte Landschaften, wie man sie um Valldemossa und Deiá findet, sind genau richtig für Romantiker. Schon vor 100 Jahren ließ der österreichische Erzherzog Ludwig Salvator gepflegte Reit- und Wanderwege anlegen.

Um die Aussicht genießen zu können, errichtete er in seinem Reich rund 40 „Miradors", mal im Stil einer maurischen Kapelle, als Burgturm oder einfach als Mauerbrüstung über einer hohen Klippe. Traum-

191

Sie wanderten gerne gemeinsam: Grit Boettcher und Herbert Heinrich

Blicke aufs Meer, hinüber zum Landsitz Miramar oder zur wellenumtosten Halbinsel Sa Foradada (dem berühmten gelbroten Felsen mit dem Loch) lassen Wanderer immer wieder verzückt innehalten.

Über Miramar, auf dem Berg Sa Talaia Vella, können Sie gleich auf fünf Ebenen wandern: Entweder über den Kamm der 867 Meter hohen Erhebung. Oder auf zwei Ebenen durch den „Zauberwald". Sie können auch über den Camí de Pascadors zu den Fischerhäusern hinabsteigen. Oder Sie spazieren über einen ebenen Fahrweg bequem zum ehemaligen Weingut S'Estaca - weiß und verwunschen thront es über dem Meer.

Norden: Um Pollença läßt es sich zwar herrlich wandern, aber diese Gegend hat ihre Tücken: Weite Gebiete sind von den Eigentümern entweder ganz gesperrt worden oder nur für einen bestimmten Wochentag freigegeben. So führt der schöne Wanderweg zum Castell del Rei über das Grundstück der Bankiersfamilie March. Sie erlaubt den Zugang nur an Samstagen.

Ein paar konkrete Wandervorschläge stehen auf der nächsten Seite.

Zur Ausrüstung: Am besten sind Wanderschuhe mit stabiler Profilsohle. Wer ganz hoch hinaus will, kommt um Leichtbergstiefel (Trekking Boots) nicht herum.

Gut sind Hosen aus strapazierfähigem Stoff, etwa Jeans. Für Kletterpartien empfehlen sich Arbeitshandschuhe, mit denen man sich beim Aufstieg an rauhen Felsen und Stachelgestrüpp besser halten kann. Nehmen Sie bei längeren Wanderungen Getränke und Proviant mit und eine regenfeste Jakke, sowie – für den Notfall – eine Trillerpfeife.

Und: Gehen Sie nie allein auf größere Bergwanderungen. Man verstaucht sich schnell den Knöchel - und auf Hilfe können Sie in den einsamen Regionen Mallorcas manchmal Tage warten.

Wenn Sie nur einen längeren Spaziergang machen möchten, brauchen Sie auf Mallorca natürlich ebensowenig einen Wanderführer, wie in der Eifel. Aber bei größeren Wanderungen machen sich Karten oder Wegbeschreibungen schnell bezahlt: durch mehr Spaß an der Sache und mehr Sicherheit.

Bei einer richtigen Bergwanderung halte ich es sogar für sinnvoll, daß Sie einen geländekundigen Begleiter dabei haben. Viele Veranstalter bieten gutorganisierte Wanderungen in kleinen Gruppen an.

Betrachten Sie die Wanderrouten, die ich auf Seite 194 zusammengestellt habe, bitte nur als Appetitanreger, als Schnuppertour. Mallorcas Berge bieten mehr - bis hin zum echten Abenteuer.

Wanderungen im Tramuntana-Massiv sind keine Spaziergänge. Im Hintergrund: Der Puig Major.

Was Sie beachten sollten:

Sie werden nicht umhinkommen, über Privatgelände zu wandern. Es gibt in Spanien ein offizielles Wegerecht. Aber man ist zu Rücksicht gegenüber den Besitzern verpflichtet. Wer in kleinen Gruppen (max. fünf Personen) ein Gelände betritt, wird keine Schwierigkeiten haben. Vorausgesetzt, man pflückt nicht unerlaubt Obst oder hinterläßt Abfälle.

Wenn Sie ein Viehgatter sehen: belassen Sie es so, wie es ist.

Überall werden Sie auf Schilder treffen: „Coto Privado de Caza". Sie sind belanglos. Dort ist die Grenze eines privaten Jagdgebietes. Dagegen bedeuten Schilder „Camino Particular. Prohibido el paso": Privatweg, Durchgang verboten. Viele mallorquiner Wanderer kümmern sich nicht darum, und die Eigentümer drücken ein Auge zu.

Privates Jagdrevier. Durchgang erlaubt.

Privatweg

Praktische Wanderbücher:

Herbert Heinrich, der Autor dieses Beitrags, war Berliner Grafiker und arbeitet heute als Wanderbuch-Autor auf Mallorca. Seine Wanderführer sind anschaulich durch Zeichnungen illustriert. Es gibt bislang sieben Bände, die beim Verlag Moll in Palma erschienen sind. Sie sind auf Mallorca überall zu bekommen; in Deutschland über das GEO-Center Stuttgart.

Band 1 und 2: Südwest-Region
Band 3: Klassische Wanderungen
Band 4: Das Mallorca
        Ludwig Salvators
Band 5 u. 6: Feuilletonistisches
Band 7: Abenteuerwanderungen
Band 8: Zehn schöne, wenig bekannte Wanderungen

Weitere Wanderführer: von Gerhard Beese: „Richtig wandern" (Dumont) oder Brigitta Salvatori: „Wandern auf Mallorca" (Busse und Seewald).

WANDERROUTEN

Ein paar Vorschläge, die Sie für Mallorcas Bergwelt begeistern werden.

Von Son Marroig nach Na Foradada
(Knapp 2 Stunden, leicht)

Ein Weg vom Haus des Erzherzogs (➔ S. 116) zur Felshalbinsel. In Son Marroig, dem Sitz des Erzherzogs zwischen Valldemossa und Deiá (Bus, Auto), wenden Sie sich nach links. Sie können über Sprossen die Barriere am Anfang des Weges überklettern. Fünfzig Minuten wandern Sie nun bergab, dem Meer entgegen und zum Felsen „Sa Foradada", einem gigantischen Stein mit mannshohem Loch. Eine Traumwanderung mit ständigem Blick auf tiefblaues Meer. Sie können in der phantastischen glasklaren Bucht ein bißchen schwimmen, Sie können (im Sommer) in einem kleinen Restaurant einen Imbiß einnehmen - aber Sie müssen den Berg wieder hinauf. Vergessen Sie nicht, das Museum zu besichtigen.

Von Port de Valldemossa nach S'Estaca (unser Titelfoto)
(2 Stunden, leicht)

Von Valldemossa fahren Sie Richtung Andratx (nicht Deiá!). Gleich hinter der Kreuzung kommt das Schild nach Port de Valldemossa. Fahren Sie die kurvenreiche Straße hinab. Kurz vor Kilometerstein 4 sehen Sie rechts ein grünes Tor. Auf dem rechten Pfeiler steht „S'Estaca Font Figuera". Von hier aus führt ein Weg gleichbleibend 100 Meter über dem Meer entlang. Wegen der vielen Bäume ist er auch im Sommer schattig. Sie kommen an mehreren Miradores, Aussichtspunkten, vorbei, die der Erzherzog anlegen ließ. Vor hundert Jahren - als hier noch ein großes Weingut war. Die Reblaus hat's um die Jahrhundertwende vernichtet. Nach vierzig Minuten kommen Sie an S'Estaca vorbei. Das Haus ist in Privatbesitz, Sie werden hier eine heiter-verträumte Atmosphäre genießen. Etwa 20 Minuten weiter gelangen Sie zu den 14 verwinkelten Fischerhäuschen der Caló de S'Estaca. Es gibt leider kein Restaurant. Für den Rückweg müssen Sie eine gute Stunde rechnen.

Bergwanderung von S'Arracó auf die Farineta
(2 Stunden, relativ bequem)

S'Arracó liegt zwischen Andratx und Sant Elm (immer noch besser unter Sant Telmo bekannt). Es fahren Busse ab Palma. Vor dem Schild „San Telmo 4 km" in S'Arracó biegen Sie rechts in eine kleine Straße ab, die sich durch Felder mit Mandelbäumen windet. Halten Sie sich an der Weggabelung links und folgen Sie dem mit roten Punkten markierten Weg: Er führt auf den Gipfel der Farineta. Großartiger Blick auf die Insel Dragonera und das Tramuntana-Gebirge. Der Abstieg rechts von der Aussichtsplattform ist ebenfalls durch rote Punkte gekennzeichnet. Über den südlichen Felshang kommt man durch einen Pinienwald auf eine Autostraße. Links geht's zurück nach S'Arracó.

Küstenwanderung von Deiá nach Llucalcari
(Dauer 2 Std., relativ leicht)

Ein traumhafter Wanderweg, bei dem sie stets das Meer an der linken Seite sehen. Mit dem Auto fahren Sie zur kleinen Bucht von Deiá. Rechts führen gemauerte Stufen den Hang hinauf. Nach etwa 10 Minuten stoßen Sie auf einen Querweg: Halten Sie sich links, immer an der Küste entlang. Der Pfad ist mit roten Punkten gekennzeichnet. Sie kommen zu einer kleinen Bucht, müssen unter einer umgefallenen Kiefer hindurchklettern und zwei Gatter übersteigen. Nehmen Sie nach dem zweiten Gatter den Weg nach links. Hier sind weiße Kreise die Wegmarkierungen. Nach einem Steintisch kommen Sie zu einem Zaun. Wenden Sie sich nach rechts, bergaufwärts. Sie kommen zum Hotel Costa d'Or (Tel. 639095), gleich dahinter liegt das romantische Dörfchen Llucalcari. Sie werden den Wanderpfad gerne zurückgehen - und vielleicht zwischendurch ein Bad nehmen.

Wanderung der tausend Serpentinen von Biniaratx nach Sóller
(Dauer 6-7 Std., anstrengend)

Von Sóller aus wandern Sie zunächst in Richtung Biniaratx. In dem malerischen Bergdorf angekommen, weist beim alten Waschhaus ein Schild rechts zum L'Ofre, dem alten Pilgerpfad von Sóller nach Lluc. Er verwandelt sich in eine Serpentinenstraße, die in unzähligen Kurven 900 m Höhenunterschied überwindet. Vorbei an einem Teich und Terrassen mit Ölbäumen gelangen Sie auf eine Hochebene. Nach einer weiteren einstündigen Kletterpartie haben Sie den Mirador erreicht und werden mit einer unvergleichlichen Aussicht belohnt: auf die Siera d'Alfabia, Sóller mit Hafen, Fornalutx und Biniaratx. Der Abstieg geht über den Sattel in Richtung Sóller. Der Pfad im Carritx-Hang ist leicht erkennbar. Sie gehen durch eine Felsenge, dann durch einen Steineichenwald. Beim Gehöft S'Arrom führt der schmale Weg durch einen Felsspalt. Entlang der Felder kommen Sie wieder in einen Wald und erreichen bald das Gehöft Sa Coma - und schließlich Ihren Ausgangspunkt Sóller.

Wanderung von Orient zum Castell von Alaró
(Dauer ca. 3 Std., am besten mit 2 Autos, relativ leicht)

Fahren Sie von Palma Richtung Inca und gleich hinter Consell links nach Alaró. Kurz hinter dem Ortsausgang von Alaró geht die Fahrstraße zum Castell ab. Wenn Sie zwei Autos haben, lassen Sie hier eines stehen. Sie fahren weiter Richtung Orient. Bei km 12, hinter dem Hotel „L'Hermitage", sehen Sie ein Holztörchen. Das ist der Einstieg zur Burgwanderung. Halten Sie sich hinter dem Törchen rechts, bis Sie zu einem zweiten kommen und folgen Sie dem Weg bis zum Sattel (Parkplatz), danach geht es links aufwärts. Sie haben einen wunderbaren Ausblick über die Ebene, bis nach Palma. Ein kleiner Stufenweg führt links zum Castell mit Restaurant und zur Kirche hinauf. In ihr werden Bilder der Soldaten Cabrit und Bassa verehrt, die 1285 die Burg gegen die Truppen König Alfons III. von Aragon monatelang hielten. Der König ließ sie später lebendig am Spieß rösten. Wenn Sie nur ein Auto dabei haben, müssen Sie den Weg wieder zurück. Falls Sie ein weiteres Auto „deponiert" haben, halten Sie sich bei dem runden Schild „Alaró a pie" links. Nach einer Viertelstunde kommen Sie zum Bauernhof Es Verger (Restaurant). Von hier aus bis zur Autostraße wandern Sie eine knappe Stunde.

Die Wandervorschläge sind hier auf die kürzeste Form gebracht. Weil dieses Buch einen Wanderführer nicht ersetzen kann. Er ist, wenn Sie die Natur lieben, sicher eine gute Investition.

Der Torrent de Pareis in der Nähe des Klosters Lluc. Geübte Wanderer können eine sechsstündige Kletterparty von Escorca aus unternehmen. Auch der Spaziergang von der Küste in die Schlucht hinein ist ein Erlebnis (ca. 1 Stunde, leicht). Wie man hinkommt steht auf Seite 164.

194

KNUT HINZ:

JA, ICH WAR MIT'M RADL DA

„Hast dich wohl vertan", grinste ein junger Mann auf dem Flughafen von Palma. „Die Tour de France beginnt in Paris, nicht in Palma."

Klarer Fall: der Mann hatte keine Ahnung. Weder von der Tour de France noch von dem Vergnügen, das einen Radfan auf Mallorca erwartet. Ich wünschte ihm einen schönen Urlaub und untersuchte mein Rennrad. Es war gut angekommen. Und preiswert: Die LTU nimmt für den Transport eines Fahrrads von Deutschland nach Mallorca und zurück 70 Mark. Die Lufthansa stellt es mit dem anderen Gepäck auf die Waage. Falls Übergewicht angezeigt wird, kostet es pro Kilo 10 Mark.

Natürlich kann man sich auch überall Fahrräder leihen. Die Preise schwanken zwischen 400 und 1300 Pesetas pro Tag. Aber als eingefleischter Radsportler ist mir mein eigener Drahtesel viel lieber.

Knut Hinz mit seinem Drahtesel

Die Dreharbeiten für meine Rolle als Walter Hobel in der Serie HOTEL PARADIES waren glücklicherweise im Herbst. Es ist die ideale Zeit für Radwanderungen auf Mallorca - abgesehen vom Frühjahr natürlich. Im Hochsommer sollte man das Surfbrett vorziehen, meine ich, und höchstens zum Strand radeln.

Wieviel Spaß Radfahren auf der Insel macht, hat sich mittlerweile rumgesprochen. Es gibt bestimmt schon zehnmal soviel Drahtesel wie Grauesel auf Mallorca. Immer wieder trifft man auf große Pulks von Radfahrern. Längst haben sich Veranstalter darauf spezialisiert. Entweder bieten sie Tagestouren von einem festen Standort aus an. Oder sie machen Rundfahrten über die Insel. Das Gepäck wird per Auto transportiert. Solche Gruppen erkennt man meistens an sehr farbenfrohen einheitlichen Trikots. Buchen kann man in Deutschland über jedes bessere Reisebüro.

Ich habe mich lieber auf eigene Faust in die Pedalen gestemmt. An jedem drehfreien Tag war ich mit dem Rad unterwegs. Meine tollste Leistung waren fast 150 Kilometer an einem Stück - danach weiß man, daß man noch ganz schön fit ist: von Palma über Inca nach Lluc. Dann links abbiegen, Richtung Sóller mit einer tollen langen Abfahrt. Und schließlich über Deiá und Valldemossa zurück nach Palma.

Wem die Steigungen zu stark sind: Mallorca hat ja auch lange flache Strecken in der Ebene. Schade ist nur, daß Radwege bislang weitgehend unbekannt sind. Nur am Hafen von Palma gibt es einen fünf Kilometer langen Radweg vom Segelhafen bis zum Stadtstrand. Ansonsten muß man auf Autos achten - beziehungsweise die Autofahrer auf den Radler. Oder man nimmt die kleineren Nebenstraßen. Da muß man zwar alle zwei Minuten einem Schlagloch ausweichen, aber nur alle halbe Stunde einem Auto.

In meinem nächsten Mallorca-Urlaub ist - ganz klarer Fall - das Rad wieder dabei.

MALLORCA GANZ NATÜRLICH

Die Insel ist ein blühender Garten. Von Menschen angelegt, von der Sonne verwöhnt.

Die meisten Bäume, die heute auf Mallorca wachsen, wurden von Menschen angepflanzt. Den wichtigsten und zweifellos schönsten Baum, die Olive, brachten die Römer 123 Jahre v. Chr. mit auf die Insel.

Die arabischen Mauren, die zwischen 903 und 1229 die Insel beherrschten, gestalteten das Landschaftsbild neu. Sie schlugen Terrassen in die Hänge, pflanzten Orangen und Zitronen. Sie tragen das ganze Jahr über: Man sieht immer gleichzeitig kleine grüne Früchte und saftige reife.

Die Araber brachten noch mehr mit: Aprikosen, Pfirsiche, Mispeln, Feigen und Johannisbrot.

Die langen, flachen, braunen Fruchtschoten des Johannisbrotbaums lieferten lange Zeit ein wichtiges Nahrungsmittel für Mensch und Tier. Die getrockneten Samen haben alle genau das gleiche Gewicht (0,205 Gramm). „Keraton" lautet das griechische, „Karat" das französische Wort für die Kerne. Karat wurde die Gewichtseinheit der Edelsteinbranche.

Von der Entdeckung Amerikas 1492 profitierte auch die Pflanzenwelt Mallorcas. Die spanischen Conquistadoren führten Mais, Kartoffeln, Tabak, Tomaten ein, dazu viel Gartenschmuck wie Hibiskus, Bougainvilleas, verschiedene Sorten Mimosen, Sukkulenten wie Aloes, Opuntien und Agaven. Der mitgebrachte Feigenkaktus entwickelt oft abenteuerliche Ausmaße, und Agaven gehören längst zum Wildwuchs, der manchen Gartenbesitzer plagt. Unausrottbar auch der Weiße Affodill an den Straßenrändern, in der Antike die Blume des

Hades, des Totenreiches. Heute ruinieren ihre Wurzeln den Asphalt.

Die berühmten Palmen von Palma, die die Hafenallee zum Prachtboulevard machen, sind nicht auf Mallorca heimisch. Sie wurden vor rund 150 Jahren aus der Provinz Alicante eingeführt, und tragen wegen der kühleren Winter auf Mallorca keine Früchte.

Dafür läßt andere Import-Botanik die Insel fast das ganze Jahr über in allen Farben leuchten: Rund 200 Arten Orchideen blühen auf Mallorca - genauso wild wie Klee, Disteln, wilde Alpenveilchen, Wicken, Geißblatt, Ginster, Mauerpfeffer, wilder Raps, Waldrebe, Hahnenfuß, Eisenkraut, Malven, Reseden. Auch

Kräuter gibt es reichlich, vor allem in den Macchia-Gebieten rund um Artá und Llucmajor.

Die Fauna: Es gibt Dutzende von einheimischen Vogelarten, dazu die zahllosen Zugvögel, die im Frühjahr und Herbst auf ihrem Weg von und nach Süden auf der Insel zwischenlanden. Die Albufera bei Alcúdia, mit 1.700 Hektar das größte Sumpfland Europas, ist die Heimat vieler Arten Wasservögel, Falken und Stelzvögel. In den Bergen leben zurückgezogen Schwarze Geier und Fischadler. Auch den Aasgeier versucht man wieder anzusiedeln.

Großwild lebt auf Mallorca nicht. Im Winter sind Jäger oft hinter wilden Kaninchen her, hinter Schnepfen, Fasanen und Drosseln. Manchmal erwischen sie einen der vielen Marder, die den Viehzüchtern auf die Nerven gehen. In den Bergen, besonders im Tramuntanagebirge, leben wilde Schafe und Ziegen. Mehr als 5.000 Ziegen sollen es sein.

Für ängstliche Wanderer besonders wichtig: Es gibt auf Mallorca keine giftigen Schlangen.

Der Feigenkaktus steht an jedem alten Bauernhaus. Die Riesenpflanzen erfüllten einen besonderen Zweck: Generationen verrichteten hinter ihnen ihre Notdurft..

Pflanzen und Tiere Mallorcas

Zeichnung: Ingrid Miczenko

Fledermaus

Haubenmeise

Spatz

Judasbaum

Rötelschwalbe

Geier

Schwarzer

Aleppo-Kiefer

Tannenmeise

Marder

Zeisig

Dornginster

Olivenbaum

Blaumeise

Ginsterkatze

Feigenkaktus

Schildkröte

...chen

Wilde Ziege

...asan

weißer Affodill

Buchfink

Eidechse

Wolfsmilch

Erdbeerbaum

...ack-Zistrose

Rosmarin

Lavendel

...andhafer

Laubfrosch

Stein-Eiche

Tamariske

IMMER AUF DEM LAUFENDEN

Wer auf Mallorca lebt oder Urlaub macht, braucht auf Informationen nicht zu verzichten. Auch dann nicht, wenn er keine spanische Zeitung lesen kann. Zeitungen aus Deutschland, deutsche Fernsehprogramme, sowie eine deutschsprachige Wochenzeitung und ein deutscher Lokalsender versorgen mit Nachrichten.

1971 gründete der mallorquinische Verleger Pedro Serra die deutsche Wochenzeitung „Mallorca-Magazin". Zu seinem Verlag Hora Nova S.A. in Palma gehören zwei mallorquinische Tageszeitungen und drei Rundfunksender. 1962 hatte er es erstmals mit einer fremdsprachigen Zeitung auf der Insel versucht. Damals brachte er das „Majorca Daily Bulletin" heraus, eine englischsprachige Tageszeitung. Dankbar wurde sie von den zeitungsvernarrten Briten aufgenommen.

Der Erfolg machte Mut, ähnliches auch mit einem deutschen Blatt zu versuchen. Allerdings mochte sich der Verlag nicht zu einer Tageszeitung entschließen, die aktuelle Nachrichten aus aller Welt bringt. Eine Wochenzeitschrift, die sich weitgehend auf Informationen über Mallorca beschränkt, schien ihm hier eine Marktlücke zu schließen.

Die bunte Mischung aus regionalen Hintergrund-Informationen, Veranstaltungsterminen, Klatsch und vielen Kleinanzeigen stimmte: Das Blatt hat heute eine wöchentliche Auflage von 25.000 Exemplaren. Davon gehen 4.000 außer Landes, zu Abonnenten in Deutschland, Österreich und der Schweiz. Das Mallorca-Magazin erscheint jeden Samstag.

Ganz klar, daß auch die Gäste des HOTEL PARADIES zu den Lesern des „Mallorca Magazins" gehören. Das Blatt spielt in der Serie eine wichtige Rolle.

∗

Wenn aus Kneipen, Bars und Pubs, in denen deutsche Urlauber ein- und ausgehen, die Stimme von Roger Horné ertönt, wissen auch Mallorquiner: Heute bestreitet eine bundesdeutsche Fußballmannschaft ein wichtiges Spiel. Der spanische Sender Antena Alemana überträgt bei Weltmeisterschaften und bei Europa-Pokal-Spielen meist live. Chef Roger Horné, deutscher Journalist mit Fußballbegeisterung, läßt es sich nicht nehmen, den Spielverlauf selbst zu kommentieren.

Antena Alemana überträgt natürlich nicht nur Fußball. Der Sender bringt täglich außer Sonntag von 18.00 bis 20.00 Uhr ein deutschsprachiges Programm - auf UKW 103,2 MHz. Informationen aus bundesdeutscher und internationaler Politik stehen im Vordergrund. Man arbeitet mit der Deutschen Welle und dem Auslandsdienst der BBC zusammen. Daneben gibt es Veranstaltungsinformationen von Mallorca, Interviews und viel deutsche Musik. Der Sender finanziert sich mit Werbeeinblendungen.

∗

Nur unwesentlich später als in Deutschland sind deutschsprachige Tageszeitungen an den Kiosken der Insel. Noch vor einigen Jahren kamen die Morgenzeitungen frühestens am Abend, oft erst am nächsten Tag. Heute ist in den meisten Hotels sogar schon zum Frühstück die druckfrische Zeitung aus Deutschland an der Reception. Die Exemplare kommen zum Teil mit der letzten Abendmaschine aus Frankfurt, zum Teil mit der ersten aus Düsseldorf oder München. Sie werden zusammen mit spanischen Tageszeitungen blitzschnell über die Insel verteilt. Die Organisition funktioniert perfekt und zuverlässig - übrigens auch am Sonntag.

Bei den deutschen Illustrierten kommt's auf den Verlag an. Manche bringen ihre Zeitschriften so schnell wie in Deutschland an den Kiosk, andere nehmen sich zwei, drei Tage Zeit. Allerdings: Das Angebot an aktueller Lektüre aus Deutschland ist an allen Orten Mallorcas ausgesprochen umfangreich.

∗

Die meisten Hotels haben Parabolantennen auf den Dächern und empfangen damit deutsche Fernsehprogramme. In Spitzenhotels kann man auf dem Zimmer fernsehen, in vielen anderen gibt es Fernsehräume. Zu empfangen sind in der Regel SAT 1 und RTL plus. Aber auch 3 SAT, 1 plus, Tele 5, Pro 7 und ein paar Dritte deutsche Fernsehprogramme schicken ihre Signale via Satellit nach Mallorca.

Antena Alemana auf Sendung:
Moderatorin Gabriela Kunze spricht mit
Schauspieler Frank Schröder über seine
Rolle in der Serie HOTEL PARADIES.

Das „Mallorca Magazin" meldet eine
Sensation. Schlagzeile und Foto sind
extra für die Fernsehserie gedruckt worden.

WINTER AUF MALLORCA

Immer mehr Menschen, die nicht mehr
im Berufsleben stehen, schlagen der kalten
deutschen Jahreszeit ein Schnippchen:
Sie machen Dauerurlaub auf der Sonneninsel

Es begann vor über hundert Jahren. Zunächst waren es ein paar Engländer, denen ihre naßkalte Heimatinsel im Winter aufs Gemüt ging. Sie konnten sich, dank ihres finanziellen Hintergrundes, über den Winter auf Mallorca einquartieren. Mallorca wurde zur Alternative für die traditionellen Wintersonnenterrassen der Nordeuropäer, für Taormina, die italienische Riviera, die Côte d'Azur.

Die Mallorquiner begriffen. 1905 entstand das erste große Hotel in Palma, das Grand Hotel. Es hatte 109 Zimmer. 1910 wurde das Hotel Victoria (heute Meliá Victoria Sol) mit 53 Zimmern eröffnet. Weitere Hotels folgten. 1930 konnten in Palma 40 Hotels etwa 3.200 Gäste beherbergen.

1935 überwinterten bereits 40.000 Langzeiturlauber auf Mallorca. Außer den Briten kamen Deutsche, Schweizer, Franzosen, Skandinavier. Dann brach der Bürgerkrieg aus, und der Winter auf Mallorca geriet in Vergessenheit.

Es dauerte rund drei Jahrzehnte, bis ein cleverer Hotelier auf die Idee kam, an die Tradition des winterlichen Mallorca-Urlaubs anzuknüpfen. Das war Luis Riu, der Chef der heutigen Riu-Hotelkette. Er besaß 1962 das einzige Hotel an der Playa de Palma, das Hotel San Francesco mit gerade 72 Betten.

Im Reiseunternehmen Dr. Tigges-Fahrten fand er einen Partner. Ihm gelang es, im Winter 1962/63 statt der vereinbarten 300 Gäste die doppelte Anzahl per Charterflug auf die Insel und ins Hotel San Francisco zu bringen. Tagespauschalpreis: 9,20 Mark inklusive Flug. So billig konnte in Deutschland kaum jemand über den Winter kommen.

Andere deutsche Reiseveranstalter zogen nach. Ende der achtziger Jahre registrierte Mallorca rund

100.000 jährliche Winterurlauber. Sie flohen vor dem kalten Winter für sechs bis acht Wochen an die Playa de Palma, nach Paguera, Cala Millor und sogar ins winterstille Can Picafort.

Warum gerade Mallorca? Gibt es nicht genug andere europäische Urlaubsgebiete auf dem gleichen Breitengrad, in der gleichen Klimazone? Sizilien etwa, oder Südsardinien, Ischia, Süddalmatien, die Ägäis?

Es gibt sie. Was aber hilft es, wenn Ende Oktober der Vorhang über die touristische Szene fällt? Wenn Bars, Cafés, Läden schließen und die Hotels schon verriegelt sind? Wenn das Umfeld ungastlich und unwirtlich wird?

Die Zuversicht des Don Riu stützte sich auf die Existenz und die Nähe der Stadt Palma. Hier bleibt die Infrastruktur, ob Sommer oder Winter, erhalten. Der Urlaubsgast steht nicht vor Lattenverschlägen. Es gibt Bars, Läden, Restaurants, Sehenswürdigkeiten. Und Menschen. Ende 1982 eröffnete der rührige Hotelier am Rande von L'Arenal, im Zentrum der Playa de Palma, das RIU-Center - ein riesiges Einkaufs- und Unterhaltungscenter, in dem es nie Winter wird.

Sechs Wochen, zwölf Wochen gar, sind eine lange Zeit. Was macht man da? Reicht es, spazierenzugehen, zu lesen, mit den Nachbarn die ewig gleichen Themen zu diskutieren? Die These, ein älterer Mensch brauche vor allem Ruhe, wurde bald abgeschrieben: NUR-Touristic gründete den Club Schwalbe, die Touristik Union International den TUI-Club Mallorquin. Betrachtet man die Clubprogramme, stellt man fest: Winterurlaub ist Aktivurlaub. Da wird jede Menge Unterhaltung angeboten. Wandern zum Beispiel. Mancher bringt dabei gut 1.000 Kilometer Wanderstrecke unter die Füße und erringt die Goldene Wandernadel. Oder Tanzen, beim wöchentlichen Tanztee oder in Kursen. Da holt mancher nach, was er in Jugendjahren versäumte. Zeichenkurse. Werkkurse. Viele entdecken längst vergessene Talente wieder. Da gibt

es Rentnerbands und die Club-Bühne, auf der sich lebenslang verkannte Charakterdarsteller zu verwirklichen trauen.

Daneben werden Programme zum Zuhören angeboten: Lesungen oder Vorträge. Man sah und hörte Gäste wie Ephraim Kishon, Heidi Brühl, Dunja Rajter, das Medium Terzett, Fred Bertelmann, Rudolf Schock, Gustav Fröhlich, Erich von Däniken. Es gibt Kammermusik und leichte Muse.

Und wieder Frühgymnastik am Strand, Wassergymnastik, Wandern, Tanzen, Zeichnen, Werkeln, In-der-Show-Mitmimen. Die Summe aller Posten ergibt Geborgenheit, neues Selbstwertgefühl: Dem Alter ein Schnippchen schlagen. Und dem Winter.

Wanderbuchautor Herbert Heinrich formulierte es bündig: „Daß wir älter werden, ist nicht zu vermeiden. Wir müssen es nicht unbedingt bei schlechtem Wetter tun."

Nicht anders denken viele, die sich beizeiten auf Mallorca einkaufen und sich den Alterssitz schaffen. Was für den Urlauber attraktiv ist, zieht auch beim Erwerb eines Zweithauses. Im Jahre 1986 investierten Ausländer (77 Prozent aus Ländern der Europäischen Gemeinschaft) fast 11 Milliarden Peseten in Immobilien auf den Balearen. Davon heimste Mallorca mit fast 76 Prozent den Löwenanteil ein. 1989 stieg die Investitionssumme auf rund 16 Milliarden Peseten. Unter den Investoren stehen die Engländer mit einem Anteil von ca. 40 Prozent an erster Stelle. Ihnen folgen die Bundesbürger mit 28 Prozent.

„Mallorca", sagt der balearische Wirtschaftsminister Alejandro Forcades, „ist der Zweitwohnsitz der Europäer."

Bevorzugtes Siedlungsgebiet ist bislang die Costa de Calviá: Palmanova, Magaluf, Santa Ponça, Paguera. Hier sind die wärmsten Küsten und der Winter fast kein Winter, sondern höchstens mal ein kühler Frühling.

◁ *Der Strand von Paguera im Winterschlaf. Aber die Insel ist auch in der kühlen Jahreszeit voller Leben.*

203

Aus Grits Notizbuch

ERINNERUNGEN AN DIE DREHARBEITEN

O je: Ein unvorsichtiger Schritt , schon war der Zeh gebrochen.

Der Nachtwind ist etwas unendlich zärtliches. Er berührt mein Gesicht, streicht durch mein Haar, als ich in einer Nacht von Deiá zurück nach Palma fahre. Wir hatten an diesem Abend besonders lange drehen müssen.

Mein Auto rollt langsam die Kurven von Valldemossa ins Tal hinab. Ich mag dieses offene Cabrio. Es heißt Johannes, wie alle Dinge, die ich liebe. Das Radio spielt leise. Tristan ist auf dem Rücksitz ruhig geworden. Es war ein langer Tag für den Jungen, aber er wollte unbedingt dabei sein.

Da ist ein weißer Schatten, rechts am Straßenrand. Ich gehe in die Bremse, Johannes rollt sanft aus. Ich stelle das Radio ab, auch das Licht. Aber der Mond ist hell. Was ist denn, fragt Tristan, reibt sich die Augen. Komm, sage ich, sei ganz ruhig.

Wir sitzen nebeneinander auf dem Überrollbügel des kleinen Autos

Auch Grits Sohn Tristan gefiel Mallorca.

und sehen dem Wunder zu. Das Schaf bekommt ein Schäflein. Es hat unser Dabeisein akzeptiert, müht sich ab in erhabener Qual. Ich weiß nicht, wie lange es dauert, wie lange wir schweigend sitzen, bis die Mutter dem Neugeborenen die Eihäute wegleckt. Und nochmal dauert es eine Weile, bis sich das kleine Neugeborene zum erstenmal auf die Füße quält und dann schwankend und unsicher das Euter der Mutter sucht. Irgendwann gehen sie beide, die eine stolz, das andere putzig torkelnd in den dunklen Dunst des Olivenhains.

Tristan ist lange still. Erst zuhause sprudeln tausend Fragen aus dem kleinen Kopf. Ich beantworte sie ihm, so daß er sie versteht, mit Gänsehaut auf den Armen. Ich bin gefangen von dem Erlebnis, von einer Geschichte, die Jahr für Jahr milliardenfach geschieht, und dennoch jedesmal ein neues Wunder ist. Tristan umarmt mich an diesem Abend besonders heftig und lange. Auch er hat etwas begrif-

204

fen, das wichtiger ist als die Spielregeln seines neuen Computerspiels.

Zweimal haben wir ein halbes Jahr auf Mallorca gedreht; jeweils von Ende April bis Ende Oktober. Ich hatte jedesmal eine Wohnung gemietet, einmal in Port de Sóller, einmal in S'Illetes. Nicht weit von den Freunden und Kollegen, aber doch ein paar Minuten Fahrzeit. Ich bin kein Mensch, der Tag für Tag Gesellschaft braucht; ich muß meine Tür schließen können, alleine sein mit mir und meinen Gedanken und mit Menschen, die mir am nächsten stehen. Tristan, mein Sohn, war wochenlang bei mir. Nicole, meine Tochter kam mit ihrem Jungen. Meine Mutter, die ich gerne dabeigehabt hätte, traute sich den Flug nicht zu, war schließlich krank vor Trauer: meine Schwester starb in München, während wir die Serie drehten.

Für mich fiel mitten in die Dreharbeiten ein wichtiger Tag meines Lebens: der fünfzigste Geburtstag. Eigentlich wollte ich ihn im engsten Familienkreis feiern. Aber die Kollegen erlaubten mir diesmal den Rückzieher nicht. Es gab Champagner und eine Riesengeburtstagstorte und ein paar Freudentränen von mir. Es war ein glücklicher Tag. Ein Tag, an dem ich Bilanz gezogen habe. Enttäuschungen, Pech und private Katastrophen auf der einen Seite. Viele glückliche Zeiten, Erfolge und zwei nette Kinder auf der anderen - unterm Strich eine positive Bilanz des ersten halben Jahrhunderts.

Pardon, ich will nicht sentimental werden. Die Dreharbeiten habe ich als heiter in Erinnerung. Wir haben viel Spaß bekommen, und ich habe niemanden erlebt, der irgendein schlechtes Wort über Mallorca gesprochen hätte. Eines kam immer: „So schön habe ich mir die Insel nicht vorgestellt."

Immer wieder werde ich nach Erlebnissen, nach dramatischen Zwischenfällen bei den Dreharbeiten befragt. Aber es lief in einer solchen heiteren Harmonie, daß ich

mich schwer tue mit solchen Geschichten. Nun gut, es gibt Probleme, die im Moment drückend wirken, aber schnell vergessen sind. Sie möchten eines hören? Bitte schön.

Also: Wir drehten bei Bunyola ein paar Szenen mit einer Ziegenherde. Es war brütend heiß. Wir tranken Wasser und Limonade in Mengen. Plötzlich wurde den Damen schlagartig bewußt: in dieser Einsamkeit gab es keine Toilette. Unser Aufnahmeleiter brauchte ein paar Sekunden, um unser Problem zu verinnerlichen. Kein Wunder, bei Männern ist die Sache technisch besser geregelt. Dann arrangierte er einen Bustransfer. Acht Frauen fuhren ins nächste Dorf, stürmten die Cafe-Bar, tranken einen Kaffee und gingen der Reihe nach …

Es dauerte und dauerte. Der Regisseur murrte, als wir so spät zurückkamen. Drei Stunden später dasselbe Problem. Ich war mitten in einer Szene. „Das erledige ich eben so!" rief ich und sprang über ein Mäuerchen. Im Flug schon sah ich den Abfallhaufen, in dem ich landen würde: geschnittene Kakteenblätter. Der Drehtag war gelaufen. Wir brauchten Stunden, um die stacheligen Biester aus meinen Knien und Handflächen zu entfernen.

Am nächsten Tag ein wahrer Glücksfall: Wir drehten in der „Villa Horck", einem herrlichen Landhaus mit drei Bädern. Für eine Szene brauchten wir einen großen Spiegel. Den sollte ein Bühnenarbeiter annageln. Und was machte der Glückspilz? Er traf die Hauptwasserleitung. Das ganze Spiel ging von vorne los …

Danach überdachten wir jeden Schluck, wenn uns der Durst plagte, dreimal.

Das HOTEL PARADIES gibt es in Wirklichkeit nicht, wie Sie wissen. Wir haben überwiegend im Hotel Es Molí in Deiá gedreht, und dort vor allem im Garten. Ich möchte den Gästen, die damals Urlaub im Es Molí gemacht haben, meinen ganz herzlichen

Dank sagen. Sie waren zauberhaft. Immer wieder hat uns ein Kellner plötzlich ein paar Flaschen Champagner gebracht. „Von Señora", sagte er, und am anderen Ende des Pools prostete uns eine reizende ältere Dame zu. Ob sie uns alle gleich nett fand, oder wir vom Charme unseres Aufnahmeleiters Hans profitierten, das weiß ich allerdings nicht …

Die Dreharbeiten begannen, wie ich erfuhr, mit einigen Schwierigkeiten. Irgendein Stempel unter irgendeiner Genehmigung fehlte, und deshalb kam das Filmmaterial nicht durch den Zoll. Produktionsleiter Horst Schäfer schwitzte Blut: „Das Zeug steht auf dem Flughafen in der Sonne. Davon werden die Filme auch nicht besser." Irgendwann ging es dann, wie immer, ganz unkompliziert.

Probleme mit der Einfuhr hatte auch mein Filmehemann Klaus Wildbolz. Klaus reiste per Auto an und wollte seine Freundin mitbringen. An der Fähre hieß es: „Wir dürfen nur 300 Personen befördern. Die Dame ist Nr. 301." Klaus verstand nicht: „Und das Auto?" Der Zollbeamte war großzügig: „Das können wir mitnehmen. Es ist ja keine Person."

Die Logik, wieso man ein 25-Zentner-Auto mitnehmen durfte, aber keine Person von einem Zentner, die war für Klaus nicht nachvollziehbar. Ein Vielreisender gab ihm den Tip: „Machen Sie es doch wie alle. Stecken Sie die Dame in den Kofferraum. Auf dem Schiff kann sie wieder rausklettern." Kurze Beratung - dann wurde es so gemacht. Auf dem Schiff hat natürlich kein Mensch mehr nachgezählt.

Auch wenn es noch so harmonisch war, die schmerzhaften Dinge einer Zeit bleiben am ehesten in Erinnerung. Einmal stieg ich aus dem Auto, stolperte über einen Stein - und humpelte drei Tage mit dumpfem Schmerz in meinen Stöckelschuhen herum. Die Kollegen schleppten mich zum Arzt. „Fein", sagte er. „Ein sauberer Bruch im mittleren Zeh." ▷

205

Andrea L'Arronge hatte ein viel größeres Problem. Sie spielte die etwas zwielichtige Freundin eines Schatztauchers. In einer Szene kletterte sie aus dem Boot - und geriet mit dem Fuß in die Schiffsschraube. Aber: das war keine Filmszene, sondern eine wirkliche Panne. Tagelang mußte sie mit einem dicken Fußverband herumlaufen. Für die Kameraleute eine schwierige Sache - sie mußten den Verband aus dem Motiv heraushalten.

Ehrlich gesagt bin ich froh, daß ich keine Dreharbeiten auf See hatte. Zwar lag den ganzen Sommer über das Mittelmeer wie ein spiegelglatter Teppich vor der Küste. Aber die Außenaufnahmen mußten im September gemacht werden. In beiden Jahren gab es Stürme …

Daß die Polizei die Dreharbeiten auf See einmal mit Schüssen stoppte, hat Krystian Martinek auf Seite 60 beschrieben. Die Beamten glaubten, daß echte Schmuggler Goldbarren aus der Tiefe holten.

Ich war nicht mit an Bord unseres Bootes. Im nachhinein habe ich aber mitbekommen, daß manch einer ganz schön gezittert hat.

Übrigens, das Schiff, zu dem Krystian Martinek hinabtaucht, gibt's nicht vor der Küste Mallorcas. Es liegt bei den Bahamas auf Grund, und es wurde mal für einen James Bond-Film versenkt. Krystian erzählte mir, wie sie die vielen Fische vor die Kamera bekamen: Sie hatten einen Eimer Hot Dogs mit in die Tiefe genommen.

Ansonsten aber sind alle Szenen der Serie auf Mallorca gedreht worden - auch wenn Sie manchmal Bilder von so atemberaubender Schönheit sehen, daß sich viele fragen werden: Wo gibt es auf der Welt eine schönere Insel?

Ich kenne keine. Und ich werde auch privat immer wieder gerne Urlaub auf Mallorca machen. Tristan auch.

DIE SCHAUSPIELER

LIEBES-BRIEFE AN MALLORCA

Wolfgang Wahl:

♥ „Mallorca ist einer der schönsten Flecken auf der Welt für mich. Und ich habe wirklich eine Menge gesehen. Mich fasziniert diese abwechselungsreiche Landschaft - mal flache Ebene, mal schroffe Berge."

Lisa Kreuzer:

♥ „Ich wäre früher nie auf die Idee gekommen, auf Mallorca einmal Urlaub zu machen. Heute habe ich eine ganze andere Meinung von der Insel. Mallorca ist traumhaft schön. Ich bin an wunderbaren menschenleeren Stränden gewesen, habe die mallorquinische Küche schätzen gelernt und kann heute sehr gut Freunde aus München verstehen, die als Aussteiger in die Nähe von Felanitx gezogen sind."

Anaid Iplicjian:

♥ „Ich würde sofort wieder nach Mallorca fahren. Die Insel ist abseits des großen Trubels einfach ein Traum."

Maria Ketikidou:

♥ „Ich bin Wolfgang Rademann heute noch dankbar, daß ich beim HOTEL PARADIES dabei sein konnte. Entgegen meiner Erwartungen bin ich von der Schönheit der Insel und von ihrer Ursprünglichkeit überwältigt worden."

Ein Herz und eine Seele: Grit Boettcher und Produzent Wolfgang Rademann

Patrick Winczewski:

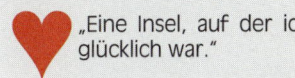
„Für mich war Mallorca absolut indiskutabel, bevor ich die Insel kennenlernte. Und in vielen Teilen ist Mallorca auch eine geschändete Schönheit. Ein Traum aber ist für mich die Gegend von Deiá. Ein immergrüner Felsen, abgeschlossen von der Welt, von dem man ins Tal hinabblickt wie ein Wissender."

Daniela Lohmeyer:

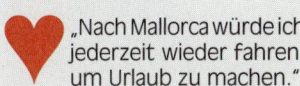
„Ich liebe Mallorcas Berge - und die Gemüsesuppe, die von den Bewohnern dort gekocht wird. Sie kann Tote auferwecken."

Juraj Kukura:

„Ich finde es fabelhaft, daß es eine Trauminsel gibt, auf der Menschen aller Einkommensschichten einen wunderbaren Urlaub machen können."

Axel Malzacher:

„Mich begeistert Valldemossa und Deiá, die tausendjährigen Olivenbäume und das Licht Mallorcas, das so viele Maler fasziniert hat."

Caterina Valente:

„Eine Insel, auf der ich glücklich war."

Eike Domroes:

„Nach Mallorca würde ich jederzeit wieder fahren, um Urlaub zu machen."

Jane Tilden:

„Es waren wunderbare Wochen auf einer zauberhaften Insel. Ich kann ältere Menschen verstehen, die hier den Winter verbringen."

DER AUTOR

„ICH WUSSTE NICHT, WIE SCHÖN MALLORCA IST"

Herbert Lichtenfeld schrieb die Serie HOTEL PARADIES

Bis vor etwa drei Jahren - ich muß es gestehen - habe ich mir unter Mallorca nichts anderes vorstellen können als eine unendliche Sandplatte, gerahmt von Betonburgen: Sand, auf dem das geröstete Fleisch in der glühenden Sonne liegt, und jeder Versuch, eine Tüte Eis zu schlecken, ohne dem Nachbarn auf den Po zu kleckern, mit hohem Risiko behaftet ist.

Gewiß, ich übertreibe; daß Mallorca ein bezauberndes „Hinterland" haben sollte, war mir schon damals irgendwie zu Ohren gekommen, ich muß es aber wohl verdrängt haben. Lange Zeit galt es als sehr schick, Mallorca damit zu disqualifizieren, daß man dort womöglich - nichts Böses ahnend - seiner Putzfrau begegnen könnte. Nun weiß ich zwar heute auch nicht mehr genau, was daran so schrecklich sein soll, seiner Putzfrau zu begegnen - man läßt sie ja sogar ins eigene Haus - aber „freiwillig"

war ich trotzdem nicht zu bewegen, Mallorca mit meinem Besuch zu beehren.

Dann kam der denkwürdige Tag, wo ich sozusagen dazu „verurteilt" wurde, meine Füße auf Mallorca zu setzen. Das „Hotel Paradies" sollte hier gedreht werden, und da muß man ja Eindrücke sammeln, Motive suchen, Kontakte knüpfen. Bei einer Rast im Bergdorf Orient muß es passiert sein: Die Vorurteile gerieten ins Wanken.

Inzwischen war ich - innerhalb von drei Jahren - etwa ein halbes Dutzend Mal auf der Insel, und kann nur bedauernd feststellen: Ich wußte nicht, wie schön Mallorca ist. Mit milder Nachsicht schaue ich auf die Menschen, die diese Ansicht bedenklich finden. Die Toleranz, die in der Nachsicht mitschwingt, kommt nicht von ungefähr: Ich halte es nicht für unbedenklich, die Invasion der Touristen ins Grenzenlose anwachsen zu lassen.

Und meine Liebe ist - wenn auch nur vorübergehend - hin und wieder schweren Belastungsproben ausgesetzt. Noch bei meinem sechsten Mallorca-Aufenthalt habe ich verzweifelt mit der Straßenkarte am Straßenrand gestanden und mich hartnäckig geweigert, Lluchmayor für Llucmajor zu halten, wo ich hinwollte, weil mir - typisch deutsch! - nicht einleuchten wollte, daß man einem Ort zwei Namen gibt, einmal auf Kastilisch, einmal auf Mallorquin. Ich werde mir auch nie wieder, wenn ich eine Mallorquinische Suppe essen will, eine sopas mallorquinas bestellen. Eine sopas mallorquinas ist ein dampfender Kohlberg auf Brotscheiben. Ein sprachkundiger Freund hat mich später informiert: Sopas ist nicht die Mehrzahl von Sopa (Suppe), sondern heißt Brot.

Auf solcherlei vereinzeltes Spezialwissen bin ich nun inzwischen geradezu stolz, aber ich bin mir sicher, bei zukünftigen Besuchen wieder in „Fallen" zu laufen - wie sich das gehört bei einer Geliebten, die man so wenig kennt, und von der man gerade deshalb nicht lassen kann.

207

Die Abendsonne läßt die Gipfel um Mallorcas Orangenmetropole Sóller im leuchtenden Rot strahlen.

DREHORT HOTEL PARADIES ZDF

Wer kann sich bei solchen Bildern dem Zauber der Insel entziehen?

FINDEN SIE IHR HOTEL PARADIES

In dieser Liste sind etwa 600 Hotels aufgeführt. Alle, die im aktuellen Verzeichnis der balearischen Touristikbehörden genannt werden. Es ist zwar am einfachsten und meistens auch am preiswertesten, eine Reise über einen Veranstalter zu buchen. Aber die meisten Reiseunternehmen vermitteln heute auf Wunsch auch nur die Flüge. Denn immer mehr Menschen machen kurze Zwischenurlaube, mal ein Wochenende, mal fünf Tage.

Neben Hotels gibt es in Spanien auch: Hostales (einfach, 1-3 Sterne) und Pensiones (kleine Häuser). Wenn die zusätzliche Bezeichnung R (Residencia) dabeisteht, handelt es sich um ein Hotel garni oder ein Appartementhaus.

Hier sind ausschließlich Hotels aufgeführt. Mit Zahl der Zimmer, Kategorie, Telefonnummer.

ALCUDIA

Hotel	Kat.	Zimmer	Telefon
More	☆	115 Z.	☎ 545505
Panoramic	☆☆	155 Z.	☎ 545484

CALA BONA

Hotel	Kat.	Zimmer	Telefon
Atolón	☆	77 Z.	☎ 567175
Cala Bona	☆	93 Z.	☎ 585924
Capdemar	☆	75 Z.	☎ 567747
Cónsul	☆☆	78 Z.	☎ 585971
Gran Sol	☆☆☆	58 Z.	☎ 567275
Levante	☆☆☆	202 Z.	☎ 567175
Levante Park	☆☆	105 Z.	☎ 567151
Moreyo	☆	68 Z.	☎ 585921
Pergola	☆	33 Z.	
Tamarell II	☆	42 Z.	☎ 585970

CALA D'OR

Hotel	Kat.	Zimmer	Telefon
Antares	☆	40 Z.	☎ 657814
Ariel	☆☆	90 Z.	☎ 657052
Cala D'Or	☆☆☆☆	27 Z.	☎ 657249
Cala Gran	☆	77 Z.	☎ 657100
Corfu Marina	☆☆☆	214 Z.	☎ 657600
Costa del Sur	☆☆☆	102 Z.	☎ 657000
Delfins	☆	37 Z.	☎ 657796
Gran Hotel Tucán	☆☆☆☆	155 Z.	☎ 657200
Iberotel Cala Esmeralda	☆☆☆	151 Z.	☎ 657111
Robinsón Club Cala Serena	☆☆☆	202 Z.	☎ 657800
Rocador	☆☆☆	95 Z.	☎ 657076
Rocador Playa	☆☆☆	105 Z.	☎ 657725
Rocamarina	☆☆☆	207 Z.	☎ 657832
Rocaserena	☆☆☆	108 Z.	☎ 657778
Ses Puntetes	☆	23 Z.	☎ 657050
Skorpios Marina	☆☆☆	163 Z.	☎ 657151

CALA FIGUERA

Hotel	Kat.	Zimmer	Telefon
Cala Figuera	☆☆	103 Z.	☎ 653695
Rocamar	☆	42 Z.	☎ 645125

CALA GAMBA

Hotel	Kat.	Zimmer	Telefon
Voramar	☆☆	50 Z.	☎ 260677

CALA MAYOR

Hotel	Kat.	Zimmer	Telefon
Atlas	☆☆☆	48 Z.	☎ 400852
Bellacosta	☆	33 Z.	☎ 231540
Belvedere Park	☆☆☆	414 Z.	☎ 401411
Cala Mayor Park	☆☆☆	51 Z.	☎ 400602
Cala, La	☆☆☆	70 Z.	☎ 401612
Condemar	☆	38 Z.	☎ 403211
Ferrari	☆☆	88 Z.	☎ 402311
Gales	☆	30 Z.	☎ 401964
Gran Mallorca	☆☆☆	112 Z.	☎ 403261
Impala	☆☆	88 Z.	☎ 405201
Langelinie	☆☆	15 Z.	☎ 401611
Leones, Los	☆☆	77 Z.	☎ 401413
Mont Blanch	☆☆	73 Z.	☎ 402312
Montecrespo	☆	47 Z.	☎ 403361
Nixe Palace	☆☆☆☆	130 Z.	☎ 403811
Palm Beach	☆☆	115 Z.	☎ 402300
Playa de Cala Mayor	☆☆☆☆	143 Z.	☎ 403213
San Agustín	☆☆☆	56 Z.	☎ 402612
Santa Ana	☆☆☆	190 Z.	☎ 401512
Uto	☆☆☆☆	234 Z.	☎ 401211
Vikingo	☆☆	114 Z.	☎ 400652
Vista Mar	☆☆☆	75 Z.	☎ 402911
Zenith	☆☆	83 Z.	☎ 402811

CALA MEZQUIDA

Hotel	Kat.	Zimmer	Telefon
Cala Mesquida II	☆	81 Z.	☎ 563699

CALA MILLOR

Hotel	Kat.	Zimmer	Telefon
Alicia	☆☆	166 Z.	☎ 585661
An-Ba	☆	75 Z.	☎ 585613
Bahía del Este	☆☆☆	189 Z.	☎ 585551
Bikini	☆	108 Z.	☎ 585713
Biniamar	☆☆	108 Z.	☎ 585513
Castell de Mar	☆☆	248 Z.	☎ 585900
Don Jaime	☆	93 Z.	☎ 585264
Don Juan	☆☆	134 Z.	☎ 585763
Girasol	☆☆	131 Z.	☎ 585064
Goya	☆	56 Z.	☎ 585813
Hipocampo	☆☆☆	132 Z.	☎ 585111
Hipocampo Playa	☆☆☆	204 Z.	☎ 586252
Iberotel Borneo	☆☆☆	200 Z.	☎ 585361
Iberotel Flamenco Cala Millor	☆☆☆	220 Z.	☎ 585312
Iberotel Playa Cala Millor	☆☆☆	242 Z.	☎ 585212
Iberotel Sumba	☆☆☆	280 Z.	☎ 585100
Millor Sun	☆☆	112 Z.	☎ 585011
Morito	☆	126 Z.	☎ 585624
Niña, La	☆	55 Z.	☎ 567875
Osiris	☆☆	207 Z.	☎ 567325
Pinta II, La	☆	24 Z.	☎ 585671
Pinta, La	☆	84 Z.	☎ 585671
Playa del Moro	☆☆☆	160 Z.	☎ 585451
Reri	☆☆	117 Z.	☎ 585050
Romani	☆	80 Z.	☎ 585663
Sabina Playa	☆☆☆	132 Z.	☎ 585653
Said	☆☆☆	147 Z.	☎ 585463
Santa María, La	☆	99 Z.	☎ 585313
Talayot	☆☆☆	95 Z.	☎ 567150
Temi	☆☆	80 Z.	☎ 585414
Universal	☆	60 Z.	☎ 585163
Verónica	☆	164 Z.	☎ 585672
Verónica II	☆	27 Z.	☎ 585672
Villa Mi, El	☆	13 Z.	☎ 585620
Vista Blava	☆	108 Z.	☎ 585575
Vistamer	☆	116 Z.	☎ 567825
Voramar	☆	65 Z.	☎ 585871

CALA MOREYA

Hotel	Kat.	Zimmer	Telefon
Club Sillot	☆☆	59 Z.	☎ 570075
Colombo	☆☆	139 Z.	☎ 570949
Perla de S'Llot	☆	188 Z.	☎ 570850

CALA MURADA

Hotel	Kat.	Zimmer	Telefon
Cala Murada	☆☆☆	77 Z.	☎ 573100

CALA RATJADA

Hotel	Kat.	Zimmer	Telefon
Aguait	☆☆☆	188 Z.	☎ 563408
Alondra	☆	84 Z.	☎ 563566
Amoros	☆	48 Z.	☎ 563550
Baviera	☆	43 Z.	☎ 563066
Bella Mar	☆	105 Z.	☎ 563493
Bella Playa	☆☆☆	214 Z.	☎ 563050
Cala Gat	☆☆	44 Z.	☎ 563166
Cala Lliteras	☆☆	142 Z.	☎ 563816
Capricho	☆	111 Z.	☎ 563500
Carolina	☆☆	198 Z.	☎ 563158
Clumba	☆	120 Z.	☎ 563150
Cortijo, El	☆	38 Z.	☎ 563255
Diamant	☆☆☆	124 Z.	☎ 563062
Es Viñet	☆	85 Z.	☎ 563701
Flacalco	☆	23 Z.	☎ 563558
Lago Playa	☆☆☆	85 Z.	☎ 563058
Lux Sol	☆☆☆	236 Z.	☎ 563112
Mar Azul	☆☆	76 Z.	☎ 563200
Na Taconera	☆☆☆	120 Z.	☎ 563562
Regana	☆☆	126 Z.	☎ 563862
Saarland	☆	22 Z.	☎ 563895
Samu	☆	33 Z.	☎ 563316
Serrano	☆	52 Z.	☎ 563350
Ses Rotges	☆☆	24 Z.	☎ 563108
Son Moll	☆☆☆	125 Z.	☎ 563100
Tenalco	☆	24 Z.	☎ 563256
Tucán	☆☆	73 Z.	☎ 563392
Tulipán	☆	51 Z.	☎ 563250
Vaquer	☆	35 Z.	☎ 563146

CALA SAN VICENTE

Hotel	Kat.	Zimmer	Telefon
Cala San Vicente	☆☆☆	38 Z.	☎ 530250
Don Pedro	☆☆☆	136 Z.	☎ 530050
Molins	☆☆☆☆	90 Z.	☎ 530200
Niu	☆	24 Z.	☎ 530100
Simar	☆☆☆	120 Z.	☎ 530300

CALA SANTANY

Pinos Playa .... ☆☆☆ 104 Z. ..... ✆ 653900

CALAS DE MALLORCA

América	☆☆☆	344 Z.	✆ 573225
Balmoral Sol	☆☆☆	102 Z.	✆ 573102
Canarios Sol, Los	☆☆☆	216 Z.	✆ 573102
Chihuahuas Sol	☆☆☆☆	216 Z.	✆ 573250
Maria Eugenia	☆☆☆	203 Z.	✆ 573377
Mastines Sol, ..	☆☆☆☆	260 Z.	✆ 573125
Samoa	☆☆☆	331 Z.	✆ 573000

CALOBRA

Calobra, La .... ☆☆ 51 Z. ..... ✆ 517016

CALVIA

Club Galatzo .... ☆☆☆☆ 198 Z. ..... ✆ 686270

CAMP DE MAR

Lido	☆☆☆	116 Z.	✆ 671100
Playa	☆☆☆	286 Z.	✆ 671050
Villa Real	☆☆☆	52 Z.	✆ 671050

CAMPOS DEL PUERTO

Bal.S.Juan
de la Font Santa .... ☆☆ 19 Z. ..... ✆ 655016

CA'N PICAFORT

Africa Mar	☆	63 Z.	✆ 527351
Can Picafort	☆☆	100 Z.	✆ 527022
Clumba Mar	☆☆☆	235 Z.	✆ 527025
Concord	☆☆☆	148 Z.	✆ 527044
Exagón	☆☆☆	285 Z.	✆ 527075
Farrutx	☆☆	170 Z.	✆ 527225
Galaxia	☆☆	49 Z.	✆ 527129
Gran Bahía	☆☆	156 Z.	✆ 527401
Gran Playa	☆☆	156 Z.	✆ 527226
Gran Vista	☆☆☆	277 Z.	✆ 527346
Haiti	☆☆	234 Z.	✆ 527270
Jaime II	☆	36 Z.	✆ 527145
Janeiro	☆☆☆	211 Z.	✆ 527125
Mar y Paz	☆	60 Z.	✆ 527288
Markus Park	☆☆	83 Z.	✆ 527250
Miramar	☆☆	125 Z.	✆ 527054
Montecarlo	☆☆☆	169 Z.	✆ 527175
Nordeste Playa	☆☆	233 Z.	✆ 527326
Santa Fé	☆☆	139 Z.	✆ 527147
Sarah	☆☆	108 Z.	✆ 527388
Sol	☆	42 Z.	✆ 527154
Son Baulo	☆☆	251 Z.	✆ 527029
Sultán	☆	84 Z.	✆ 527376
Tonga Sol	☆☆	308 Z.	✆ 527000
Vista Park	☆☆	173 Z.	✆ 527300
Yate	☆☆	104 Z.	✆ 527510

CAPDEPERA

Castell Royal	☆☆☆	112 Z.	✆ 563300
Caballito Blanco	☆☆	90 Z.	✆ 563850
Caballito al Mar	☆	24 Z.	✆ 563854
Laguna	☆	114 Z.	✆ 563400
Mini-Golf	☆	9 Z.	

COLL DE'N REBASSA

Safari .... ☆☆ 32 Z. ..... ✆ 260317

COLONIA DE SANT JORDI

Cabo Blanco	☆☆	68 Z.	✆ 655075
Cabrera	☆	72 Z.	✆ 655000
Coto, El	☆☆	46 Z.	✆ 655025
Lemar	☆	90 Z.	✆ 655178
Marqués del Palmer	☆☆☆	211 Z.	✆ 655100
Martorell	☆	29 Z.	✆ 655030
Romántica	☆☆	246 Z.	✆ 655350
Sur-Mallorca Sol	☆☆	200 Z.	✆ 655200
Tres Playas	☆☆☆	118 Z.	✆ 655150

STERNENKUNDE

Auch die Größe des Gartens, des Speisesaals, usw. spielt eine Rolle bei der Sternvergabe. Die Zuteilung ist nicht immer durchschaubar. Manchmal sind die Zimmer in ☆-Sterne-Hotels besser als in ☆☆☆-Sterne-Hotels.

☆☆☆☆☆ Luxushotels mit Tag- und Nachtservice. Zimmer mit allem Komfort. 15.000 - 30.000 Pts. pro DZ

☆☆☆☆ Hoher Komfort, Telefon mit Durchwahl, meistens Badewanne, großzügige Hotelanlage. 7.000 - 16.000 Pts. pro DZ

☆☆☆ Mittlerer Komfort, oft nur Dusche. Großzügige Hotelanlage mit Pool und Garten. Restaurant, Bar. 5.000 - 9.000 Pts. pro DZ

☆☆ und ☆ Einfacherer Komfort, aber meistens auch Zimmer mit Bad, oft auch ein Pool. Preise: ☆☆ 2.500 - 7.000 Pts., ☆ 1.500 - 4.500 Pts. pro DZ

COSTA DE LOS PINOS

Eurotel Golf
Punta Rotja .... ☆☆☆☆ 244 Z. ..... ✆ 567600

DEIA

Costa D'Or	☆	42 Z.	✆ 639025
Es Moli	☆☆☆	73 Z.	✆ 639000
Residencia, La	☆☆☆☆	27 Z.	✆ 639011

ESTELLENCS

Maristel .... ☆☆ 53 Z. ..... ✆ 610282

FELANITX

Cala Ferrera	☆☆☆	160 Z.	✆ 657650
Playa	☆☆☆	326 Z.	✆ 657734
Ponent	☆☆☆	104 Z.	✆ 657734
Tamarix	☆	40 Z.	✆ 657851

FORMENTOR

Formentor ... ☆☆☆☆☆ 127 Z. ..... ✆ 531300

S'ILLETES

Gran Hotel Albatros	☆☆☆☆	119 Z.	✆ 402211
Bon Sol	☆☆☆☆	73 Z.	✆ 402111
Bonanza Playa	☆☆☆☆	294 Z.	✆ 401112
Flamenco Park	☆☆☆☆	138 Z.	✆ 401112
Illetas	☆☆☆☆	67 Z.	✆ 402350
Meliá de Mar	☆☆☆☆☆	140 Z.	✆ 402511
Playa Marina Sol	☆☆☆	172 Z.	✆ 402700
Villas Bon Sol	☆☆☆	28 Z.	✆ 402111

LLUCMAYOR

Es Pas	☆☆	39 Z.	✆ 661788
Maioris Palm Sol	☆☆☆☆	240 Z.	✆ 266750

MAGALUF

Americano	☆☆☆	182 Z.	✆ 680850
Antillas-Sol	☆☆☆☆	332 Z.	✆ 681500
Atlántic	☆☆☆☆	80 Z.	✆ 680208
Barbados-Sol	☆☆☆☆	428 Z.	✆ 680550
Barracuda Marina	☆☆☆	264 Z.	✆ 681266
Caribe, El	☆☆☆	53 Z.	✆ 680808
Coral-Playa-Sol	☆☆☆☆	184 Z.	✆ 680562
Don Manolo-Sol	☆☆☆☆	252 Z.	✆ 680600
Don Paco	☆☆	87 Z.	✆ 681350
Dulcinea	☆☆	198 Z.	✆ 680750
Flamboyán	☆☆☆☆	123 Z.	✆ 680462
Florida	☆☆	150 Z.	✆ 680232
Forte Cala Vinas	☆☆☆☆	245 Z.	✆ 681100
Guadalupe-Sol	☆☆☆☆	488 Z.	✆ 681958
Jamaica Sol	☆☆☆	308 Z.	✆ 681300
Magalluf Park-Sol	☆☆☆☆	404 Z.	✆ 680950
Magalluf Playa Sol	☆☆☆☆	242 Z.	✆ 681050
Pax	☆☆☆	161 Z.	✆ 680312
Samos	☆☆☆	417 Z.	✆ 681700
Trinidad Sol	☆☆☆	375 Z.	✆ 681400
Vista Sol	☆☆☆☆	176 Z.	✆ 680836

MURO

Amapola	☆☆	156 Z.	✆ 545200
Continental Park	☆☆☆	155 Z.	✆ 545400
Gaviotas, Las	☆☆☆	139 Z.	✆ 545150
Playa Esperanza	☆☆☆☆	332 Z.	✆ 545500
Príncipes, Los	☆☆☆☆	220 Z.	✆ 545750

ORIENT

L'Hermitage .... ☆☆☆☆ 20 Z. ..... ✆ 613300

PAGUERA

Bahía Club	☆☆☆	55 Z.	✆ 686100
Baney	☆☆☆	68 Z.	✆ 686700
Bella Colina	☆☆	36 Z.	✆ 686900
Berverly Playa	☆☆☆☆	443 Z.	✆ 686070
Cala Fornells	☆☆☆	85 Z.	✆ 686950
Carabela	☆☆☆	44 Z.	✆ 686408
Carabela II	☆	33 Z.	✆ 686408
Cartuja, La	☆	62 Z.	✆ 686912
Comorán	☆☆☆	112 Z.	✆ 686650
Coronado, C.Fornells	☆☆☆	139 Z.	✆ 686800
Creta	☆	15 Z.	✆ 686043
Cupido	☆	85 Z.	✆ 686193
Don Miguel	☆	35 Z.	✆ 686496
Eucalipto	☆	134 Z.	✆ 686397
Flor los Almendros	☆	68 Z.	✆ 686093
Fortuna	☆	69 Z.	✆ 686139
Gaya	☆☆☆	45 Z.	✆ 686850
Gran Hotel Sunna Park	☆☆☆☆	75 Z.	✆ 686750
Iberotel Reina Paguera	☆☆☆	183 Z.	✆ 686400
Lido Park	☆☆☆☆	320 Z.	✆ 686300
Linda Playa	☆☆☆	108 Z.	✆ 686550
Madrigal	☆	56 Z.	✆ 686200
Mar y Pins	☆☆☆	148 Z.	✆ 686216
María Dolores	☆☆	70 Z.	✆ 686598
Nilo	☆☆☆	118 Z.	✆ 686500
Oberoy	☆☆	73 Z.	✆ 686254
Paguera	☆☆☆	247 Z.	✆ 686150
Palmira	☆☆	100 Z.	✆ 686600
Platero	☆	26 Z.	✆ 686793
Playas Paguera	☆☆	45 Z.	✆ 687377
San Valentín	☆☆☆	156 Z.	✆ 686712
Solivera	☆	150 Z.	✆ 686501
Tora	☆	86 Z.	✆ 686642
Venecia	☆	45 Z.	✆ 686612
Villamil	☆☆☆☆	125 Z.	✆ 686050

PALMA

Abelux .... ☆☆ 65 Z. ..... ✆ 750840

Almudaina	☆☆☆	80 Z.	✆ 727340
Aparsuit	☆☆☆	160 Z.	✆ 235447
Araxa	☆☆	75 Z.	✆ 231640
Atalaya Club	☆☆☆	46 Z.	✆ 401111
Ayamans	☆	197 Z.	✆ 402101
Bellver-Sol	☆☆☆☆	393 Z.	✆ 238008
Bonanova	☆☆	80 Z.	✆ 235948
Borenco	☆☆	70 Z.	✆ 232347
Bosque-Sol	☆☆☆	284 Z.	✆ 234445
Britania	☆☆	53 Z.	✆ 232440
Caleta, La	☆☆☆	19 Z.	✆ 230951
Cannes	☆☆	56 Z.	✆ 726943
César	☆☆	100 Z.	✆ 402362
Ciudad Jardín	☆	39 Z.	✆ 260007
Club Náutico	☆☆☆	35 Z.	✆ 221405
Colón	☆☆	36 Z.	✆ 250245
Constelación	☆☆☆	42 Z.	✆ 400501
Costa Azul	☆☆☆	126 Z.	✆ 231940
Drach	☆☆☆	62 Z.	✆ 223146
Festival	☆☆☆	216 Z.	✆ 266200
Horizonte Sol	☆☆	199 Z.	✆ 400661
Iberotel Uto Palma	☆☆☆☆	234 Z.	✆ 401211
Infanta	☆	51 Z.	✆ 238044
Isla de Mallorca	☆☆☆	110 Z.	✆ 281200
Jaime III-SOL	☆☆☆	88 Z.	✆ 725943
Jardín Playa	☆☆	72 Z.	✆ 262858
Kontiki	☆☆	318 Z.	✆ 261650
Lis	☆☆	18 Z.	✆ 403047
Madrid	☆☆	84 Z.	✆ 400111
Majorica	☆☆☆	153 Z.	✆ 400261
Maricel, Ca's Catala	☆☆☆☆	62 Z.	✆ 402712
Meliá Victoria	☆☆☆☆☆	167 Z.	✆ 234342
Menorquina	☆	23 Z.	✆ 222106
Metropolitán Playa	☆☆☆	104 Z.	✆ 261200
Mirador	☆☆☆	78 Z.	✆ 232046
Monterrey	☆☆	26 Z.	✆ 400698
Nacar	☆☆☆	60 Z.	✆ 722641
Palas Atenea-Sol	☆☆☆☆	370 Z.	✆ 281400
Palladium	☆☆☆	53 Z.	✆ 713945
Paso, El	☆☆	260 Z.	✆ 232740
Portixol	☆	30 Z.	✆ 271800
Pullman IV	☆☆☆	193 Z.	✆ 237745
Racquet Club	☆☆☆☆	51 Z.	✆ 280050
Reina Constanza	☆☆☆	97 Z.	✆ 400711
Rembrandt	☆☆	72 Z.	✆ 400361
Rex	☆☆	81 Z.	✆ 230365
Rimini	☆☆	39 Z.	✆ 400262
Rosamar	☆	44 Z.	✆ 232723
Royal Cupido	☆☆☆	197 Z.	✆ 264300
Rubens	☆☆	38 Z.	✆ 230007
San Carlos	☆☆☆	40 Z.	✆ 403911
Saratoga	☆☆☆	187 Z.	✆ 727240
Son Vida Sheraton Hotel	☆☆☆☆☆	170 Z.	✆ 790000
Terreno Center	☆☆	73 Z.	✆ 235748
Valle, El	☆☆	79 Z.	✆ 231243
Valparaiso Palace	☆☆☆☆☆	150 Z.	✆ 400411
Villa Río	☆☆	83 Z.	✆ 233346
Yate, El	☆☆	64 Z.	✆ 262677
Zaida	☆☆	42 Z.	✆ 232547

PALMA NOVA

Aquarium	☆☆☆	109 Z.	✆ 680308
Bermudas	☆☆☆	121 Z.	✆ 680050
Cala Blanca-Sol	☆☆☆	171 Z.	✆ 680150
Comodoro Sol	☆☆☆☆	83 Z.	✆ 680200
Delfín Playa Sol	☆☆☆☆	144 Z.	✆ 680100
Don Bigote	☆☆	231 Z.	✆ 681162
Gabarda	☆	29 Z.	✆ 680599
Hawaii	☆☆☆	230 Z.	✆ 681150
Honolulú	☆☆☆	216 Z.	✆ 680450
Martínez	☆	21 Z.	✆ 681803
Mirlos Sol, Los	☆☆☆	336 Z.	✆ 681900
Morocco	☆☆	54 Z.	✆ 681758
Naves Blancas	☆☆	98 Z.	✆ 680408
Olimpic	☆☆	185 Z.	✆ 681208
Palma Nova	☆☆☆	210 Z.	✆ 681450
Panamá	☆☆☆	192 Z.	✆ 681986
Playa Palma Nova	☆☆	54 Z.	✆ 681862
Portonova	☆☆☆☆	101 Z.	✆ 681512

Punta Negra	☆☆☆☆	61 Z.	✆ 680762
Rosa del Mar	☆☆☆	182 Z.	✆ 682117
Saint Michel	☆☆	62 Z.	✆ 675225
Santa Lucía	☆☆☆	332 Z.	✆ 681358
Son Caliu	☆☆☆☆	239 Z.	✆ 680162
Son Matías	☆☆☆	135 Z.	✆ 681550
Tahiti	☆☆☆	38 Z.	✆ 680266
Teix	☆	42 Z.	✆ 680362
Tobago	☆☆	218 Z.	✆ 680500
Tordos Sol, Los	☆☆☆	312 Z.	✆ 680250
Torrenova Marina	☆☆☆	254 Z.	✆ 681616
Treinta y Tres	☆☆☆	272 Z.	✆ 681478
Tropico Playa-Sol	☆☆☆	117 Z.	✆ 680512

PLAYA DE PALMA – BEREICH L'ARENAL

Acapulco Playa	☆☆☆	143 Z.	✆ 261800
Alegría	☆☆☆	64 Z.	✆ 265100
Alejandría	☆☆☆	226 Z.	✆ 262300
Amazonas	☆☆☆	110 Z.	✆ 263650
Angeles, Los	☆☆	56 Z.	✆ 261112
Arcadia	☆	113 Z.	✆ 260064
Aya	☆☆☆	145 Z.	✆ 260450
Ayron Park	☆☆☆	103 Z.	✆ 260650
Bahamas	☆☆☆	259 Z.	✆ 263200
Bahía de Palma	☆☆☆☆	433 Z.	✆ 264500
Bahía Park	☆☆	116 Z.	✆ 261750
Bali	☆☆☆	264 Z.	✆ 262700
Belgravia	☆☆☆	190 Z.	✆ 263550
Bella Playa	☆☆☆	155 Z.	✆ 490611
Ben-Hur	☆☆	48 Z.	✆ 260584
Bonamar	☆☆	48 Z.	✆ 263350
Boreal	☆☆☆	64 Z.	✆ 261601
Cactus	☆☆	110 Z.	✆ 262932
Copacabana	☆☆☆	112 Z.	✆ 261634
Concordia	☆☆	220 Z.	✆ 262250
Cóndor	☆	28 Z.	✆ 260939
Cosmopolitan	☆☆☆	227 Z.	✆ 261100
Cristóbal Colón	☆☆☆	158 Z.	✆ 262750
Delta	☆☆☆☆	288 Z.	✆ 264754
Don Juan	☆	37 Z.	✆ 262758
Don Miguel	☆	84 Z.	✆ 262790
Dunas Blancas	☆☆☆	167 Z.	✆ 260800
Emperador	☆☆	66 Z.	✆ 264562
Encant	☆☆	116 Z.	✆ 260550
Europa	☆☆	140 Z.	✆ 263400
Flamingo	☆☆☆	100 Z.	✆ 260500
Gardona	☆☆☆☆	112 Z.	✆ 262200
Geminis	☆☆	193 Z.	✆ 262820
Gracia	☆	87 Z.	✆ 263900
Gran Bahía	☆☆	217 Z.	✆ 261390
Gran Fiesta Sol	☆☆☆	241 Z.	✆ 263124
Hispania	☆☆☆	164 Z.	✆ 260562
Honderos	☆☆	132 Z.	✆ 261866
Ipanema Park	☆☆	210 Z.	✆ 263599
Iris	☆☆☆	63 Z.	✆ 260350
Isla Dorada	☆	125 Z.	✆ 264200
Juliá	☆	65 Z.	✆ 263612
Kilimanjaro	☆	113 Z.	✆ 264712
Lancaster	☆☆☆	318 Z.	✆ 262400
Latino	☆☆☆	60 Z.	✆ 260662
Lemán	☆	98 Z.	✆ 260712
Luna Park	☆☆☆	318 Z.	✆ 264050
Luxor	☆☆	52 Z.	✆ 260512
Luxor Playa	☆☆☆	40 Z.	
Magallanes	☆	30 Z.	✆ 261468
Mallorca	☆☆	106 Z.	✆ 264662
Mansour, El	☆☆	125 Z.	✆ 263262
María Isabel	☆☆	132 Z.	✆ 263170
Marina Arenal	☆☆☆	52 Z.	✆ 262966
Mediodía	☆☆	167 Z.	✆ 263800
México	☆☆☆	114 Z.	✆ 268081
Mónaco	☆	30 Z.	✆ 261916
Negresco	☆☆	90 Z.	✆ 263162
Neptuno	☆☆	103 Z.	✆ 260000
Niágara	☆☆	140 Z.	✆ 260900
Obelisco Playa	☆☆☆	192 Z.	✆ 260250
Olimpo	☆☆☆	90 Z.	✆ 263600
Ondina	☆☆	170 Z.	✆ 262468
Orient	☆☆☆	273 Z.	✆ 261850
Palma Mazas	☆☆	106 Z.	✆ 263862
Pamplona	☆☆☆	105 Z.	✆ 264900
Panorámica Playa	☆	42 Z.	✆ 740193
Paradiso	☆☆☆	118 Z.	✆ 260616

Palya de Palma-Sol	☆☆☆☆	113 Z.	✆ 262900
Playa Golf	☆☆☆	222 Z.	✆ 262650
Playa Grande	☆	54 Z.	✆ 260912
Playa Park	☆☆☆	362 Z.	✆ 261950
Playas Arenal	☆☆	90 Z.	✆ 260608
Príncipe	☆☆	87 Z.	✆ 260012
Pueblo, El	☆☆☆	156 Z.	✆ 261700
Reina del Mar	☆☆	180 Z.	✆ 263362
Reina Isabel	☆☆	180 Z.	✆ 263950
Río Bravo	☆☆☆☆	200 Z.	✆ 266300
Riomar	☆	68 Z.	✆ 261412
Riutort	☆☆	180 Z.	✆ 261250
Riviera Sol	☆☆☆	74 Z.	✆ 260600
Royal Playa de Palma	☆☆☆	165 Z.	✆ 266450
Saga	☆	229 Z.	✆ 263812
Salpi	☆	30 Z.	✆ 260732
San Diego	☆☆☆	179 Z.	✆ 263700
San Francisco	☆☆☆	138 Z.	✆ 264650
Santa Mónica	☆☆☆	111 Z.	✆ 264150
Sofía	☆☆☆	328 Z.	✆ 261676
Sol Pinos	☆☆☆	110 Z.	✆ 263312
Solimar	☆☆	135 Z.	✆ 263300
Son Duy	☆	92 Z.	✆ 264612
Son Veri	☆	51 Z.	✆ 263670
Tal	☆☆	198 Z.	✆ 264000
Taurus Park	☆☆☆	341 Z.	✆ 262550
Timor Sol	☆☆☆	241 Z.	✆ 263136
Tiuna Park	☆	54 Z.	✆ 261876
Torre Arenal	☆☆☆	143 Z.	✆ 263850
Torre Azul	☆☆☆	133 Z.	✆ 263750
Torrente	☆☆	100 Z.	✆ 263768
Tropical Park	☆☆☆	221 Z.	✆ 263412
Tropical Sol	☆☆☆	156 Z.	✆ 262150
Venus Playa	☆☆☆	83 Z.	✆ 260200
Vista Odín	☆☆	126 Z.	✆ 262728

BEREICH CA'N PASTILLA

Alexandra-Sol	☆☆☆☆	164 Z.	✆ 262350
Almendros	☆☆	91 Z.	✆ 260462
Ambos Mundos	☆☆☆	96 Z.	✆ 260462
Anfora	☆☆	61 Z.	✆ 261662
Apolo	☆☆	151 Z.	✆ 262500
Arenas, Las	☆☆☆	152 Z.	✆ 260750
Balear	☆	69 Z.	✆ 261212
Balmes	☆☆	120 Z.	✆ 261416
Bari	☆	29 Z.	✆ 260966
Brasilia	☆☆	63 Z.	✆ 262920
Caballero	☆☆	308 Z.	✆ 260050
Calma	☆☆☆	190 Z.	✆ 261150
Can Pastilla	☆	77 Z.	✆ 262338
Cisne	☆☆	116 Z.	✆ 261400
Coral	☆	21 Z.	✆ 260019
Covi	☆	98 Z.	✆ 263150
Delfín	☆	22 Z.	✆ 260132
Don Quijote	☆	94 Z.	✆ 260950
Gala	☆	126 Z.	✆ 261512
Gran Hotel el Cid Sol	☆☆☆	216 Z.	✆ 260850
Hélios	☆☆☆	305 Z.	✆ 264250
Isla Azul	☆	51 Z.	✆ 260100
Java Sol	☆☆☆	249 Z.	✆ 262776
Leo	☆☆☆	285 Z.	✆ 264400
Linda	☆☆☆	189 Z.	✆ 262982
Luz	☆☆☆	127 Z.	✆ 262100
Miraflores	☆☆	69 Z.	✆ 263100
Oasis	☆☆☆	110 Z.	✆ 260150
Oleander	☆☆☆	264 Z.	✆ 264850
Orleans	☆☆☆	128 Z.	✆ 261550
Perla	☆☆	68 Z.	✆ 261300
Pilari Playa	☆☆☆	204 Z.	✆ 265200
Playa D'Or	☆☆☆	71 Z.	✆ 260162
Rodal	☆	20 Z.	✆ 261016
San Rafael	☆	40 Z.	✆ 261451
Sant Jordi	☆	89 Z.	✆ 262371
Volantín	☆	55 Z.	✆ 260374

PORT D'ALCUDIA

Alcudia	☆	210 Z.	✆ 545216
Astoria Playa	☆☆☆	186 Z.	✆ 545562
Bahía de Alcudia	☆☆☆☆	234 Z.	✆ 545800
Bocaccio	☆	272 Z.	✆ 545375

Schön, hin und wieder das Gefühl von Freiheit zu erfahren. Aber kann man die Verantwortung hinter sich lassen, die man trägt – für sich und für andere?

Wer richtig vorgesorgt hat, kann sich wirklich frei fühlen. Weil er die Versicherungen als zuverlässigen Begleiter an seiner Seite weiß. Weil er dem Alltag entflieht, ohne zu flüchten.

Erst das gibt den sicheren Grund, einmal abzuheben. Und aufzudrehen.

Wer Sicherheit besitzt, kann sich auch mal ein Abenteuer leisten.

DIE VERSICHERUNGEN

Ciudad Blanca .... ✰✰✰   48 Z. ..... ✆ 545100
Condes de Alcudia ... ✰238   Z. ..... ✆ 545492
Condesa
de la Bahía .... ✰✰✰ 491 Z. ..... ✆ 545324
Delfín Azul .... ✰✰ 270 Z. ..... ✆ 545350
Golf .... ✰✰✰   12 Z. ..... ✆ 545298
Jupiter .... ✰✰✰ 463 Z. ..... ✆ 545600
Lagomonte .... ✰✰ 272 Z. ..... ✆ 546006
Mar y Sol .... ✰   47 Z. ..... ✆ 545340
Marte .... ✰✰ 282 Z. ..... ✆ 545300
Nuevas
Palmeras .... ✰✰✰ 114 Z. ..... ✆ 545450
Piscis .... ✰ 206 Z. ..... ✆ 545282
President .... ✰✰✰ 240 Z. ..... ✆ 545305
Princesa ✰✰✰✰ 102 Z. ..... ✆ 546950
Royal Fortuna
Playa .... ✰✰✰ 210 Z. ..... ✆ 545994
Saturno .... ✰✰✰ 315 Z. ..... ✆ 545700

PORT D'ANDRATX

Brismar .... ✰✰   56 Z. ..... ✆ 671600
Mini Folies .... ✰✰✰   96 Z. ..... ✆ 672600
Villa Italia .... ✰✰✰✰   25 Z. ..... ✆ 674011

PORT DE POLLENÇA

Capri .... ✰✰✰   33 Z. ..... ✆ 531600
Carotti .... ✰   30 Z. ..... ✆ 531096
Daina .... ✰✰✰   60 Z. ..... ✆ 531250
Illa D'Or .... ✰✰✰ 119 Z. ..... ✆ 531100
Marcalma .... ✰   21 Z. ..... ✆ 531750
Marina .... ✰   10 Z. ..... ✆ 531143
Miramar .... ✰✰✰   69 Z. ..... ✆ 531400
Montelyn, El .... ✰   20 Z. ..... ✆ 533764
Panorama .... ✰   20 Z. ..... ✆ 531192
Pollensa Park ..... ✰✰✰ 316 Z. ..... ✆ 531350
Pollentia .... ✰✰✰   70 Z. ..... ✆ 531200
Raf .... ✰   40 Z. ..... ✆ 531195
Romántic .... ✰   78 Z. ..... ✆ 531153
Sis Pins .... ✰✰✰   55 Z. ..... ✆ 531050
Uyal .... ✰✰✰ 105 Z. ..... ✆ 531500

PORTALS NOUS

Bendinat .... ✰✰✰   31 Z. ..... ✆ 675254
Colorado .... ✰✰   93 Z. ..... ✆ 675875
Fabiola .... ✰✰✰ 105 Z. ..... ✆ 675825
Kasai .... ✰✰✰   63 Z. ..... ✆ 675795
María Luisa .... ✰✰✰   89 Z. ..... ✆ 676061
Savalón .... ✰   59 Z. ..... ✆ 675025
Tomas .... ✰   25 Z. ..... ✆ 675300

S'ILLOT

Mariant .... ✰✰ 194 Z. ..... ✆ 570000
Peymar .... ✰   99 Z. ..... ✆ 570050
Playa Mar .... ✰ 172 Z. ..... ✆ 570128
Punta Amer .... ✰✰   97 Z. ..... ✆ 570175

PORTOCOLOM

Cala Marsal .... ✰✰✰ 364 Z. ..... ✆ 575125
Club Hotel
Belsana .... ✰✰✰   70 Z. ..... ✆ 575750
Estoril I .... ✰   21 Z. ..... ✆ 575030
Estoril II .... ✰   58 Z. ..... ✆ 575178
Palomas, Las ...... ✰✰✰ 114 Z. ..... ✆ 575152
Playamonte Park ...... ✰   36 Z. ..... ✆ 575761
Vistamar .... ✰✰ 144 Z. ..... ✆ 575000

PORTOCRISTO

Castell
dels Hams .... ✰✰✰ 131 Z. ..... ✆ 570007
Drach .... ✰✰   70 Z. ..... ✆ 570025
Estrella .... ✰   41 Z. ..... ✆ 570082
Felip .... ✰✰ 106 Z. ..... ✆ 570005
Perelló .... ✰   95 Z. ..... ✆ 570004
Son Moro .... ✰ 120 Z. ..... ✆ 570673

PORTOPETRO

Porto Petro .... ✰   27 Z. ..... ✆ 657002

SANTA PONÇA

Armando .... ✰   54 Z. ..... ✆ 680876
Casablanca .... ✰✰   87 Z. ..... ✆ 690361
Coral .... ✰   36 Z. ..... ✆ 690466
Golf
Santa Ponsa .... ✰✰✰✰   18 Z. ..... ✆ 690211
Iberotel Bahía
del Sol .... ✰✰✰ 161 Z. ..... ✆ 691150
Isabela .... ✰✰✰ 156 Z. ..... ✆ 680658
Jardín del Sol ...... ✰✰✰ 236 Z. ..... ✆ 691312
Miranda .... ✰   35 Z. ..... ✆ 681894
Ofelia .... ✰✰✰   89 Z. ..... ✆ 680682
Pionero .... ✰✰✰ 310 Z. ..... ✆ 690061
Playa de Mallorca ... ✰✰ 218 Z. ..... ✆ 680400
Playas del Rey .... ✰✰   64 Z. ..... ✆ 691213
Rey Don Jaime ... ✰✰✰ 417   ..... ✆ 690011
Royal Jardín
del Mar .... ✰✰✰ 188 Z. ..... ✆ 690911
Santa Ponsa Park ✰✰✰ 269 Z. ..... ✆ 690111
Siesta Mar .... ✰✰ 104 Z. ..... ✆ 690411
Verdemar .... ✰✰ 254 Z. ..... ✆ 690761

S'OLLER / PORT DE SOLLER

Costa Brava .... ✰   57 Z. ..... ✆ 631550
Edén .... ✰✰✰ 152 Z. ..... ✆ 631600
Eden Park .... ✰✰✰   64 Z. ..... ✆ 631200
Espléndido .... ✰✰✰ 104 Z. ..... ✆ 631850
Generoso .... ✰ 109 Z. ..... ✆ 631450
Guía, El .... ✰   20 Z. ..... ✆ 630227
Ladán .... ✰   24 Z. ..... ✆ 631795
Marbell .... ✰   83 Z. ..... ✆ 631300
Mare Nostrum .... ✰✰   58 Z. ..... ✆ 631412
Marina .... ✰   76 Z. ..... ✆ 631461
Miramar .... ✰   32 Z. ..... ✆ 631350
Monte Azul .... ✰ 109 Z. ..... ✆ 631511
Porto Soller .... ✰✰ 127 Z. ..... ✆ 631700
Soller .... ✰   41 Z. ..... ✆ 630505

VALLDEMOSSA

Vistamar .... ✰✰✰   8 Z. ..... ✆ 612300

An der riesigen Bucht von Palma liegen die meisten Hotels. Und viele haben so schöne Gärten wie das Bonanza Playa in S'Illetes.

INSEL DER MÜHLEN

Don Quijote, der Ritter von der traurigen Gestalt, kämpfte tapfer gegen die Windmühlen der Mancha. Auf Mallorca wäre der edle Kavalier gleich am ersten Tag wahnsinnig geworden, so viele Mühlen gibt es auf der Insel der acht Winde. Es dürften zeitweise fast 3.000 gewesen sein.

Die erste bewegte 1395 in der Nähe der heutigen Porta de Sant Antoni in Palma ihre Flügel und vermalmte Getreide. Daraufhin wuchsen überall Mühlen mit Windrädern aus dem Boden. In Palma zählte man bereits 1500 gute hundert; ebensoviele auch in Felanitx, siebzig in Llucmajor.

Vor 150 Jahren schlug der Holländer Peeter Boury vor, die Windkraft auch bei der Bewässerung des Landes zu nutzen. Statt der Mahlsteine wurde eine Kurbelwelle angetrieben, die einen Kolben auf und ab drückte. Dadurch konnte man Grundwasser aus einer Tiefe bis zu 25 Metern hochpumpen. Die erste Windpumpe dieser Art wurde 1848 in Betrieb genommen.

Die Schöpfleistungen waren bemerkenswert. Manche Windräder pumpten in sieben Stunden 200.000 Liter Wasser auf die Äcker. Aber dann wurden Elektro- und Dieselpumpen erfunden. Viele Bauern entschieden sich für die moderne Alternative. Die Mühlen verfielen.

Als in den fünfziger Jahren immer mehr Chartermaschinen auf Mallorca landeten, bot sich den Touristen ein erbärmliches Bild: Hunderte von Mühlenruinen standen starr und anklagend in der Flughafenebene. Und der Verfall ging weiter.

Erst Ende der siebziger Jahre wurde einigen Mallorquinern bewußt, daß die Mühlen das Wahrzeichen der Insel waren. 1974 gründete der Schriftsteller Luis Ripoll den mallorquinischen Mühlenschutzverein für die Erhaltung, Restaurierung und Wiederbelebung der etwa tausend noch existierenden „molinos".

Die Regierung ließ sich nicht lumpen. Für die Restaurierung einer Schöpfmühle gibt sie einen Zuschuß bis zu 250.000 Pesetas. Son San Juan, der größte Ferienflughafen der Welt, tat auch was für die Mühlenkultur: Die älteste Wasserwindpumpe der Flughafenebene wurde abgetragen und Stein für Stein auf dem Flughafengelände neu errichtet.

Zahlreiche Gemeinden planen die Restaurierung ihrer Wind- und Wasserveteranen. Man will die erneuerten Türme Schriftstellern und Malern auf Zeit zur Verfügung stellen – nach dem Muster deutscher „Stadtschreiber".

INFOS
KURZ UND WICHTIG

ÄRZTE

In allen Touristenorten gibt es „centros medicos", deren Personal meist auch deutsch oder englisch spricht. An vielen Stränden leistet das Rote Kreuz Erste Hilfe. Inzwischen haben sich auch mehrere deutsche Ärzte auf Mallorca niedergelassen. Wichtigstes Krankenhaus ist das Klinikum Son Dureta in Palma (☎ 28 11 00)

ANREISE

Alles andere als die Anreise mit dem Flugzeug ist umständlich und meistens teurer. Die Überfahrt mit der Fähre (ab Barcelona, Genua oder Sete) kostet, wenn man ein Auto mitnimmt, leicht 1000 Mark für zwei Personen. Rechnet man Autobahngebühren, Benzin und eventuelle Übernachtungskosten hinzu, kommen Flüge und Leihwagenmiete in der Regel günstiger. Fährauskünfte und Buchungen im Reisebüro. Mit der Bahn kommt man für ca. 400 DM von Frankfurt nach Barcelona, die Überfahrt kostet dann nochmals mindestens 80 DM (ohne Kabinenplatz). Billiger als Flüge sind allenfalls Angebote von Busunternehmern.

APOTHEKEN

Die meisten Apotheken führen ein grünes Kreuz auf weißem Grund als Erkennungszeichen, sind oft durchgehend geöffnet oder haben Bereitschaftsdienst wie in Deutschland. Viele Medikamente sind billiger als in Deutschland und auch ohne Rezept zu haben.

AUSFLÜGE

Können über den Reiseveranstalter oder über eines der vielen Reisebüros gebucht werden. Am reizvollsten ist die Entdeckungsfahrt im Leihwagen (Meist billiger als in Deutschland); Busausflüge haben den Vorteil meist fachkundiger deutschsprachiger Führung. Was man sehen sollte: Sóller und Port de Sóller (mit historischer Eisen- und Straßenbahn), Valldemossa (Kartause, in der Chopin lebte), Drachenhöhlen von Portocristo, La Calobra und Torrente de Pareis (wilde Felsschlucht bis ans Meer), Palma (historische Altstadt und Kathedrale).

AUSKÜNFTE

Touristen-Informationen befinden sich in allen Urlaubsorten, dort sind auch Prospekte und Karten meist kostenlos erhältlich. Wichtigstes Informationsbüro in Palma: Oficine de Turismo, Avenida Jaime III. Nr. 56, ☎ 71 33 16.

BUSSE

Palma ist mit den meisten Inselorten durch ein ordentliches Busnetz verbunden. Dazu kommen zahlreiche Überlandverbindungen und die Stadtbuslinien in Palma. Fahrzeiten und Preise ändern sich häufig. Mit der Pünktlichkeit ist es nicht weit her.

CAMPING

Es gibt nur einen offiziellen Campingplatz in der Nähe von Ca'n Picafort (☎ 20 38 61). Preis für Zelt und Autoplatz in der Hochsaison ca. 50 DM/Tag. „Wildes" Zelten ist an einem Ort nur für eine Nacht erlaubt. Caravans sind wegen der engen Straßen nicht zu empfehlen.

EINREISEBESTIMMUNGEN

Für Deutsche, Schweizer und Österreicher reicht der Personalausweis. Offizielle Aufenthaltsdauer maximal drei Monate. Kinder unter 16 müssen im Paß der Eltern eingetragen sein oder einen Kinderausweis haben. Für Tiere muß ein vom Amtstierarzt beglaubigtes Gesundheitszeugnis, für Hunde zusätzlich eine Tollwutimpfbescheinigung vorgelegt werden.

FKK

Oben ohne dürfen die Damen überall an Mallorcas Stränden baden. Einige Abschnitte, so der Naturstrand Es Trenc zwischen La Rapita und Colonia St. Jordi im Südosten, sind für hüllenloses Baden offiziell freigegeben. Die meisten tragen trotzdem eine Badehose.

FOTO UND FILM

In allen Urlaubsorten werden Farbfilme innerhalb einer Stunde entwickelt. Fotografiert und gefilmt werden darf im Prinzip überall (Ausnahme: militärische Anlagen). In Museen hilft oft ein Trinkgeld für den Wächter.

FUNDBÜRO

Im Rathaus an der Plaza Cort in Palma. ☎ 72 77 44.

FUSSBALL

Zuschauen macht Spaß; die Spanier sind leidenschaftliche Fans. Auch wenn die mallorquinischen Clubs selten über die 2. Liga hinauskommen. Spiele jeden Sonntag um 17 Uhr, im Sommer um 20 Uhr. Estadios Balear in Palma.

GELD

Die spanische Währung heißt Peseta, im Umlauf sind Münzen (monedas) von 1, 5, 10, 25, 50, 100, 200 und 500 sowie Scheine (billetes) von (nur noch vereinzelt auch 100 und 200) 500, 1.000, 2.000, 5.000, 10.000 Pesetas. Die Öffnungszeiten der Banken sind unterschiedlich: Ein Teil hat von 9 bis 14 Uhr geöffnet, andere bis 17 Uhr. In den Sommermonaten sind viele samstags geschlossen. Geldwechsel im Hotel ist teurer, ebenso in Wechselstuben, die nicht von Banken autorisiert sind. Der Kurs lag im Dezember 1989 bei DM 1,50 für 100 Pesetas. Den besten Kurs gibt es, wenn man einen Euroscheck ausstellt. Fast ebenso günstig kann man mit einer Euroscheck-Karte Geld am Bankautomaten (TELEBANCO oder SERVIRED) ziehen. (Zur Zeit maximal 25.000 Pts.). Am meisten vertreten sind in den Orten die Filialen der Banca March und der Sparkasse Sa Nostra. In vielen Restaurants, Geschäften und Hotels werden auch Kreditkarten akzeptiert.

GESCHWINDIGKEITEN

Auf Autobahnen: höchstens 120 km/h. Autostraßen: 100 km/h. Außerorts: 90 km/h. Innerorts: 60 km/h.

GOTTESDIENSTE

Auf Mallorca werden sowohl evangelische als auch katholische Gottesdienste in deutscher Sprache abgehalten. Evangelisches Gemeindezentrum in Palma, Avendida Juan Miró 77, ☎ 28 78 36; Katholisches Pfarrzentrum St. Michael an der Playa de Palma, Calle Costa Brava 33, ☎ 26 45 51.

KLEIDUNG

Im Winter wird es auf Mallorca nachts empfindlich kühl (niedrig-

MALLORCA IN ZAHLEN

GEOGRAPHIE

Mallorca ist die größte Insel der Balearen. Die Inselgruppe im westlichen Mittelmeer nennt sich politisch Comunitat Autonoma de les Illes Balears (CAIB). Sie ist eine der 17 autonomen Regionen Spaniens.

Insgesamt besteht der balearische Archipel aus 151 Inseln und Inselchen, die es zusammen auf eine Bodenfläche von ca. 5.000 Quadratkilometern bringen. Die größten sind (in der Reihenfolge) Mallorca, Menorca, Ibiza, Formentera, La Dragonera, Cabrera. Nur die ersten vier sind bewohnt.

Mallorcas geografische Lage ist 39,5 Grad Nord und 3 Grad Ost. Die kürzeste Entfernung zum spanischen Festland beträgt 190 Kilometer, zur algerischen Küste sind es 280 Kilometer, nach Menorca 36 und nach Ibiza 80 Kilometer.

Mallorcas Küsten sind 581 Kilometer lang, davon sind ca. 50 Strand- und Dünenlandschaft. Die weiteste Entfernung von West nach Ost liegt bei 96 Kilometern, die weiteste von Nord nach Süd bei 76 Kilometern. Kein Ort ist weiter als 40 Kilometer von der Küste entfernt.

Die Insel wird von zwei Gebirgen durchzogen. An der Nord- und Westküste erstreckt sind die Serra Tramuntana über 100 Kilometer Länge und bis zu 15 Kilometer Breite. 46 Gipfel kommen auf über 1.000 Metern. Die höchsten sind der Puig Mayor (1.436 Meter) und der Puig de Massanella (1.325 Meter). Entlang der Ostküste erreicht die Serra Levant Höhen bis zu 500 Meter. Zwischen den Höhenzügen liegt die Ebene Llanura del Centro.

BEVÖLKERUNG

Die Balearen haben insgesamt 720.000 Einwohner.

600.000 davon leben auf Mallorca, mehr als die Hälfte in Palma (320.000).

Ein Fünftel der mallorquinischen Bevölkerung wurde nicht auf der Insel geboren, sondern ist vom Festland (vornehmlich aus Andalusien) zugewandert.

Der Fremdenverkehr erwirtschaftet ca. 70 Prozent des Bruttosozialprodukts, Handwerk und Industrie 24 Prozent, Landwirtschaft und Fischerei etwa 6 Prozent.

Es gibt 53 selbständige Gemeinden auf Mallorca. Die größten sind Palma (320.000 Einwohner), Manacor (27.000), Inca (23.000), Calviá (21.000). Fast alle größeren Orte Mallorcas liegen zwischen Palma und der Bucht von Alcúdia. Der Süden und Osten, Hauptziel der Urlauberscharen, war früher nur schwach besiedelt.

28 Gemeinden verfügen nicht über eine öffentliche Wasserversorgung. Die Bewohner sind auf Wasserlieferungen mit Zisternenwagen oder auf private Brunnen angewiesen.

Auf 1000 Einwohner kommen etwa 600 Autos. Palma ist sogar die verkehrsreichste Stadt Spaniens.

Gut vier Millionen Touristen besuchen jährlich Mallorca - also fast die sechsfache Einwohnerzahl. Der größte Teil (ca. 40 %) kommt von den britischen Inseln, danach folgen die Deutschen (ca. 35 %) vor den Festlandspaniern (15 %).

217

ste Temperatur um null Grad); warme Kleidung wird benötigt. Im Sommer sollte man tunlichst ordentlich angezogen in die Städte gehen, die Bürger Palmas ärgern sich über Touristen, die in Badehose und Bikini in der Stadt herumspazieren.

KONSULATE

Die diplomatischen Vertretungen in Palma erteilen Auskünfte, helfen in Notlagen und stellen Ersatz-Reisedokumente aus. Vizekonsulat der Bundesrepublik Deutschland: Paseo Borne 1, 6. Stock, ☎ 72 29 97 und 72 23 71. Bürozeiten Montag bis Freitag 9 bis 12 Uhr. Österreich: Plaza Olivar 7, 2. Stock, ☎ 71 39 49. Bürozeiten Montag bis Freitag 10 bis 13 Uhr. Schweiz: Paseo Mallorca 24, 2. Stock, ☎ 71 25 20. Bürozeiten Montag bis Freitag 9 bis 13 Uhr.

KRIMINALITÄT

Die Polizei auf Mallorca wird von Jahr zu Jahr verstärkt. Am Strand liegen oft Zivilbeamte in der Badehose auf Beobachtungsposten. Wertvollen Schmuck zuhause lassen oder im Hotelsafe deponieren (kleine Gebühr). Bei Verkehrskontrollen akzeptiert die Polizei Fotokopien von Ausweis und Führerschein. Möglichst niemals etwas im Auto liegen lassen; das Einschlagen der Scheiben geht blitzschnell. Auf Märkten Vorsicht vor Taschendieben. Und wenn das ganze Auto weg ist: Schauen Sie, ob am Bürgersteig ein rotes Dreieck klebt. Dann hat es die Polizei abgeschleppt (99,9 Prozent aller „Autodiebstähle" auf Mallorca). Das nächste Polizeirevier hilft weiter.

POLIZEI

Drei verschiedene Polizeiorganisationen sorgen für Ordnung: die Guardia Civil (grüne Uniform) ist u.a. zuständig für Objektschutz, z.B. Flughafen, Überland-Verkehr und Kriminalität auf dem Lande. Die Policia Nacional (Nationalpolizei, hellbraune Uniform) kümmert sich in Palma um Kriminalfälle im weitesten Sinne; zu ihr gehört auch die Ausländerpolizei. Die Policia Municipal (Stadtpolizei) gibt es nur in Palma und in größeren Gemeinden; sie ist für den Straßenverkehr und kleinere Delikte zuständig. Notruf Nationalpolizei 091, Notruf Stadtpolizei 092 (auch in Calviá und Alcúdia, weitere Gemeinden sollen folgen). Übrige Notrufnummern siehe Telefonbuch.

POST

Die Post auf Mallorca funktioniert mehr schlecht als recht. Sendungen von und nach Mitteleuropa brauchen oft länger als eine Woche, selbst Briefe an Adressaten auf der Insel. Normalbriefe und Postkarten nach Deutschland kosten derzeit je 45 Pesetas Porto. Briefmarken gibt es bei der Post und in Tabakläden. Die Postbriefkästen sind gelb, die Postämter (Correos) nur vormittags geöffnet (Ausnahme Palma). Post und Telefongesellschaft sind getrennte Institutionen.

POLITIK

Die Balearen haben den Status einer Autonomen Region. Sie können über wirtschaftliche und kulturelle Belange weitgehend unabhängig entscheiden. Das Parlament in Palma hat 59 Abgeordnete und wird alle vier Jahre neu gewählt. Die beiden größten Parteien sind die konservative Partido Popular (PP) und die Sozialdemokraten (PSOE). Außerdem sind noch zwei Regionalparteien im Parlament vertreten.

PROMILLE

Höchstgrenze: 0,8. Bei Unfällen ist man immer dran, wenn man getrunken hat - egal, ob man Schuld hat oder nicht. Ausländer müssen bei schweren Unfällen mit sofortiger Haft rechnen.

STIERKAMPF

Spielt auf Mallorca keine große Rolle. In der Hochsaison sonntags meist nur zweitklassige Kämpfe („Novillada"), im September und Oktober kommen besserklassige Kämpfer („Corrida"). Regelmäßige Kämpfe gibt es nur in Palma (sonntags 18 Uhr).

STROM

Meistens 220 Volt, vereinzelt noch 125. Oft passen die Stecker nicht; Zwischenstecker im Handel oder an der Hotelreception.

SUPERMÄRKTE

„Super Mercado" heißt der kleinste Lebensmittelkramladen. Größere Geschäfte heißen „Hiper Mercado". Der größte ist das „Continente" in Flughafennähe. Die Öffnungszeiten der Läden sind nicht geregelt, manche haben bis Mitternacht auf. Fast alle Lebensmittel sind etwas teurer als in Deutschland. Die Supermarktkette „Aldi" ist übrigens nicht identisch mit dem deutschen Unternehmen.

TABAKWAREN

Billiger als in Deutschland. Sie gibt es in erster Linie in den staatlichen „Estancos", die das Monopol haben. Aber auch in Bars und Restaurants sind sie (gegen Aufpreis) erhältlich.

TANKSTELLEN

70 Tankstellen stehen zur Verfügung. Bleifrei gibt es nur an der Tankstelle am Flughafen. Benzinqualität gut.

TAXIS

In jeder Gemeinde haben die Taxis eine andere Farbe; nicht alle Wagen haben ein Taxi-Schild. Freie Taxis führen oft ein grünes Licht. Taxameter haben sich noch nicht überall durchgesetzt: die Preise sind jedoch von den Gemeinden festgelegt, jedes Taxi muß eine Preisliste mitführen (zeigen lassen!). Taxis sind auf Mallorca noch vergleichsweise billig. Die Zahlen

Unsanfte Landung. Mallorcas Straßen sind kurvenreich. Leider lassen viele Besitzer ihre Wracks am Unfallort stehen.

auf dem Dach (1,2,3) zeigen Kontrolleuren an, ob die richtige Tarifzone eingestellt wurde. Für Fahrgäste uninteressant.

TELEFON

In den Urlaubsorten stehen sowohl öffentliche Telefonzellen als auch Fernsprechzentralen (dort zahlt man nach Beendigung des Gesprächs) zur Verfügung. Bei Auslandsgesprächen 07 vorwählen, neuen Pfeifton abwarten, dann die Vorwahl des Landes und der Stadt (ohne die Null) und schließlich die Nummer des Teilnehmers. Vorwahl Deutschland 49, Österreich 43, Schweiz 41. Gespräche nach Deutschland sind wesentlich teurer als umgekehrt (sich anrufen lassen!). Billigtarif zwischen 22 und 8 Uhr. Innerhalb Mallorcas gibt es keine Vorwahlen.

TRINKGELD

Im Restaurant: 5 bis 10 Prozent. Zimmermädchen, Kellner im Hotel: je nach Aufenthaltsdauer 500 bis 1.000 Pesetas. Friseur: 10 Prozent. Tankwart: nur bei besonderem Service (Scheibe säubern, Reifendruck kontrollieren) 25 bis 50 Pesetas: Taxifahrer: Betrag etwas aufrunden.

UMWELT

Das Bewußtsein in Punkto Umweltschutz ist nicht so ausgeprägt, wie in Deutschland. Es gibt noch wilde Müllhalden, auch in den Wäldern liegt viel herum. Die Sperrmüllabfuhr beginnt langsam zu funktionieren. Viel Wert wird meist auf die Sauberkeit der Strände gelegt. Fünf Strände wurden von einer EG-Kommission mit der blauen Umweltfahne ausgezeichnet - sie zählen zu den saubersten Europas. Gut und unbelastet ist auch die Luft auf Mallorca (Palma ausgenommen). Es gibt auf der Insel kaum Industrieunternehmen.

Warum Autowracks an den Straßen herumstehen? Die Abmeldung ist kompliziert, dauert manchmal zwei Tage. Da schraubt manch einer lieber das Nummernschild ab und überläßt den Wagen Plünderern. Neuerdings versucht die Polizei, anhand der Fahrgestellnummer den Besitzer zu ermitteln. Er wird kräftig zur Kasse gebeten.

ZEIT:

Wie in Deutschland.

ZOLL

Die Bestimmungen sind identisch mit den deutschen (EG-Recht). Es dürfen 150.000 Pesetas ein- und 100.000 ausgeführt werden. Höhere Summen müssen deklariert werden. Bei hochwertigen Geräten (Fernseher, Videos) kann der Zoll verlangen, daß der Gegenwert hinterlegt wird. Rückzahlung bei der Ausreise. Kein Verständnis finden den Urlauber, die beim Drogenschmuggel erwischt werden. Auf Mallorca ist der Rauschgifthandel in den vergangenen Jahren kräftig gestiegen.

219

EIN PAAR WORTE SPANISCH

Diese Seite kann ein Wörterbuch nicht ersetzen. Aber Sie kommen mit einigen Begriffen im Buch besser zurecht, wenn Sie hier nachschlagen (in Klammern die mallorquinische Schreibweise).

SPANISCH — DEUTSCH

Spanisch	Deutsch
agua (aigua)	Wasser
atalaya (talaia)	Wachturm
avenida (avinguda)	Allee
ayuntamiento (ajuntament)	Stadt- bzw. Gemeindeverwaltung
bahía (badía)	große Bucht
ca'n	Haus des …
cabo (cab)	Kap
cala	kleine Bucht
calle (carrer)	Straße
camino (cami)	Weg
carretera	Landstraße
casa	Haus
coll (sprich: coi)	Hügel, Passhöhe
coll / pas	Paß
cruz	Kreuz
cueva (cova)	Höhle, Grotte
entrada	Eingang
ermita	Einsiedelei
finca	Bauernhof, Landgut
fuente (font)	Quelle
huerta (hort)	Nutzgarten
iglesia (eglesia)	Kirche
jardin	Garten
mar	Meer
mirador	Aussichtsterrasse
mola	Bergkuppe
monasterio	Kloster
municipio (municipi)	Gemeinde
oratorio (oratori)	Kapelle
paseo (Paseig)	Promenade
patio	Innenhof
playa (platja)	Strand
prohibido el paso	kein Durchgang
puerto (port)	Hafen
puig (sprich: putsch)	Gipfel
punta	Landspitze
roca (roque)	Fels
santuario (santuari)	Heiligtum, Stätte der Verehrung
sierra (serra)	Bergkette
son	Grundbesitz des …
tienda (tenda)	Laden, Geschäft
torre	Turm
torrente (torrent)	Wildwasserlauf
valle (vall)	Tal

NEUE ORTSNAMEN

heute	früher
L'Arenal	El Arenal
Andratx	Andraitx
Biniaratx	Biniaraitx
Colonia de Sant Jordi	Colonia de San Jordi
Colonia de Sant Pere	Colonia de San Pedro
Deià	Deyá
Esporles	Esporlas
Estellencs	Estallenchs
S'Illetes	Illetas
Lloret de Vistalegre	Llorito de Vista Alegre
Llucalcari	Lluch Alcari
Llucmajor	Lluchmayor
Mancor de la Vall	Mancor de la Valle
María de la Salut	María de la Salud
Palmanova	Palma Nova
Magaluf	Magalluf
Peguera	Paguera
La Pobla	La Puebla
Pollença	Pollensa
Porreres	Porreras
Port d'Alcúdia	Puerto de Alcúdia
Port d'Andratx	Puerto de Andraitx
Port de Sóller	Puerto de Sóller
Port de Pollença	Puerto de Pollensa
Portocolom	Porto Colom
Portocristo	Porto Cristo
Portopetro	Porto Petro
Sant Elm	San Telmo
Sant Joan	San Juan
Sant Llorenç del Cardassar	San Lorenzo Descardazar
Santa Margalida	Santa Margarita
Santa Ponça	Santa Ponsa
Vilafranca	Villafranca
Playa des Trenc (Es Trenc)	Playa del Trench
Platja dels Dolç	Playa dels Dols

Der Roman zur Serie

Der Roman aus Mallorca, der Insel der Träume von Millionen Deutschen. Eine unterhaltsame Familiengeschichte, gewürzt mit amüsanten und spannenden Episoden. Der jüngste Stoff des Erfinders der »Schwarzwaldklinik«.

HERBIG

REGISTER

BILDNACHWEIS